符号与传媒
Semiotics&Media

四川大学哲学社会科学出版基金资助
教育部人文社会科学研究规划基金项目"翻译符号学研究"（23YJA740027）

Reading Classics of Semiotics
符号学经典导读

吕红周　单　红◎编译

四川大学出版社
SICHUAN UNIVERSITY PRESS

图书在版编目（CIP）数据

符号学经典导读 / 吕红周，单红编译. -- 成都：
四川大学出版社，2024.7. --（中国符号学丛书 / 胡易
容，董明来主编）. -- ISBN 978-7-5690-6996-9

Ⅰ. H0

中国国家版本馆 CIP 数据核字第 20242WX907 号

书　　名：符号学经典导读
　　　　　Fuhaoxue Jingdian Daodu
编　　译：吕红周　单　红
丛 书 名：中国符号学丛书·互鉴
丛书主编：胡易容　董明来

出 版 人：侯宏虹
总 策 划：张宏辉
丛书策划：侯宏虹　陈　蓉
选题策划：吴近宇
责任编辑：吴近宇
责任校对：余　芳
装帧设计：墨创文化
责任印制：李金兰

出版发行：四川大学出版社有限责任公司
　　　　　地址：成都市一环路南一段 24 号（610065）
　　　　　电话：（028）85408311（发行部）、85400276（总编室）
　　　　　电子邮箱：scupress@vip.163.com
　　　　　网址：https://press.scu.edu.cn
印前制作：四川胜翔数码印务设计有限公司
印刷装订：成都金龙印务有限责任公司

成品尺寸：170mm×240mm
印　　张：20.25
字　　数：370 千字

版　　次：2024 年 11 月 第 1 版
印　　次：2024 年 11 月 第 1 次印刷
定　　价：87.00 元

扫码获取数字资源

四川大学出版社
微信公众号

自 序

经过几年的难产磨砺后，在众多师友的帮助和鼓励下，本书终于告一段落。在此向各位读者简要介绍本书的内容、结构和写作缘由。

在符号学史上有太多伟大学者，他们从不同学科领域进入符号学研究，丰富了符号学的研究内容、研究方法、研究领域，限于学力和能力，本书仅选取了其中八位代表人物，以《符号学经典》（*Classics of Semiotics*，1987）[①] 为基本语料，每章又由符号学关键词、译文、符号学核心文献以及符号学思考四部分构成。"符号学关键词"凝练该学者的符号学理论要点；"译文"则是权威学者研究代表人物论文原文的汉译，以供符号学初学者或对符号学感兴趣的读者阅读参考；"符号学核心文献"列举能代表该学者符号学思想的文献、著作；"符号学思考"评述该学者与符号学的渊源、符号学理论、研究方法、著作内容、与其他主要符号学派的可能关联和区别。概而观之，我们以符号学权威学者的论文为起点，以核心文献为拓展，以个人思考为重点，并尝试联系我国文化实际开展批判研究，以期为符号学入门者提供学习材料，在繁杂广阔的符号学领域中打基础、辨方向。

2016 年 12 月我初次接触《符号学经典》这本书。当时天津外国语大学王铭玉教授策划编写《符号学王国》，分别由张智庭教授写法国符号学、孟华教授写中国符号学、卢德平教授写美国符号学、陈勇教授写俄罗斯符号学。卢德平教授因为工作繁忙，便将这项工作交给了我。为了能完成这项艰巨的任务，我专门跑到北京语言大学请教卢德平教授。卢教授给了我很多鼓励，帮我梳理了美国符号学的大致脉络，提供了许多英文文献，《符号学经典》便是其中之

---

① Martin Krampen, Klaus Oehler, Roland Posner, Thomas A. Sebeok, Thure von Uexküll. *Classics of Semiotics*. New York：Plenum Press，1987.

一。那时我就萌生了翻译该书的想法，觉得这是学习符号学的重要文献。我的爱人单红同志承担了翻译初稿的任务，然后我们一起讨论修改译稿，她没有符号学基础，而我远未达到合格译者的水平，再加上其他诸种原因，本书的出版计划便被搁置下来。

2020 年 1 月贾洪伟师叔邀请我一起赴泰国西那瓦大学为符号学与文化研究中心的博士研究生们上课，我窃喜之余，又深深忐忑，我去讲什么？怎么讲？于是我翻箱倒柜找出了《符号学经典》这本书。每次在课堂上，洪伟师叔都能提出值得读的书、值得思考的问题和值得写的题目，我和师弟师妹们都被他的广博知识和学术激情所感染。一轮课程下来，我学习了一种新的读书方法，认识到批判思维的重要性。以往我只是泛泛而读，对于学派间的联系、渊源、发展脉络、优缺点以及与我国文化中相似观点以及相关内容的对比等缺乏思考，仅停留在对一些知识点的肤浅了解上，把握不住内在联系，没有形成知识网络。这种不足导致了我讲问题不透彻，总想着用已有理论去套现象，用西方的理论去解释我们的现象，不能深入挖掘我们文化中的符号学思想。2020 年 7 月新学期我再为博士生们上课时，已经感受到自己在每次讨论和点评环节的进步，感谢一同上符号学课程的师弟师妹们，与他们的讨论拓展了我的学术视野，丰富了我看待问题的视角，这种成就感激发了我继续读书的热情。洪伟师叔鼓励我尽快完稿，并提供了写作思路和建议。令人悲痛的是，师叔于 2021 年 5 月因病逝世，从此天人永隔，借本书出版之机，表达对洪伟师叔的深切怀念！

感谢四川大学赵毅衡先生和胡易容教授将本书纳入符号学译丛系列，才使本书得以出版！感谢赵毅衡先生提出的宝贵修改意见，使我能进一步深入思考、整理和完善本书的结构和内容。感谢四川大学出版社编辑为本书出版所付出的艰辛劳动！

吕红周

2021 年 11 月 18 日

浙江湖州

目 录

一、查尔斯·桑德斯·皮尔斯
（Charles Sanders Peirce）

1 皮尔斯符号学关键词

皮尔斯（Charles Sanders Peirce，1839—1914）生于美国马萨诸塞州坎布里奇镇，是美国哲学家、逻辑学家，现代数学逻辑的创始人之一，研究领域涉及哲学、地球形状计算、星球的光度和银河系的形态、数量经济等，还发明了电子交流计算机。

皮尔斯 12 岁学习惠特利（Whately）的《逻辑学要素》（*Elements of Logic*），16 岁学习康德（Kant）的《纯粹理性批判》（*Critique of Pure Reason*）[1]，在父亲哈佛大学数学家和天文学家本杰明·皮尔斯（Benjamin Peirce）的影响下，皮尔斯从小就养成了严谨的科学思维方式。皮尔斯将理论科学[2]分为数学、哲学、特殊科学，将哲学分为现象学、规范科学、形而上学，将特殊科学分为物理学、心理学和其他，将规范科学分为美学、伦理学、逻辑学。我们采用图 1-1 展现皮尔斯的科学体系划分。

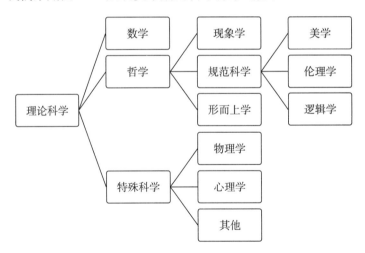

图 1-1 皮尔斯的科学体系划分

---

① 康德对皮尔斯的影响，参见：Kelly Parker. *The Continuity of Peirce's Thought*. Nashville：Vanderbilt University Press，1998.

② 皮尔斯关于科学的详细分类，参见：Beverly Kent. *Charles S. Peirce: Logic and the Classification of the Sciences*. Montreal：McGill-queen university press，1987.

从图 1－1 我们可清晰地看出，皮尔斯将数学置于最重要的位置，数学是一门形式科学，从完全假设或想象的条件中得出必然的结论，其前提和预设无关实在，完全不受客观现实的影响，是一种最理想和最完美的推理形式。皮尔斯反对经院派逻辑，认为"思维应建立在对真实事物操作的基础上，不是空洞的词汇和幻想的组合"（瓦尔，2003：2）①，这源于皮尔斯推崇科学实证主义、实验室数据，反对心理主义、先验主义，他把这种科学思维称为"思维－符号"（thought-sign）。皮尔斯认为，哲学研究的对象一般都是抽象的和无法观察的，具有极大的混乱性和被误解的危险，但他并不完全反对形而上学，而是努力追求形而上学的科学化。皮尔斯把现象学理解为"对出现在我们意识面前的东西的描述和分类，比如知觉、想象、概念等"（瓦尔，2003：23）。需要指出，皮尔斯术语体系中有现象学（phenomenology）与显象学（paneroscopy）两个概念，这是他的符号学的哲学基础，我们应避免将之混淆和等同。马克思主义文化批评、心理学、形式论、现象学/存在主义/解释学是批评理论的四个支柱体系。形式论是批评理论中的重要方法论，符号学原本是形式论的一个派别，20 世纪 60 年代后成为形式论的集大成者，被称为整个批评理论的方法论基础（赵毅衡，2011：197）。

皮尔斯 1861 年获得哈佛大学文学硕士学位，1863 年获得哈佛劳伦斯科学学院化学专业科学学士学位。之后，在美国海岸和大地勘测中心（United States Coast and Geodetic Survey）工作，曾被任命为研究钟摆的负责人，通过研究重力变化来推测地球形状。1879 年皮尔斯获得了约翰·霍普金斯大学半职讲师职位。1887 年，皮尔斯和第二任妻子搬到了宾夕法尼亚州的米尔福特镇，再不从教。

1.1　范畴（category）

数学（包括研究纯粹虚构物特殊关系的形式逻辑）是皮尔斯哲学体系的基础。皮尔斯与弗雷格（Gottlob Frege，1848—1925）和罗素（Bertrand

---

① 瓦尔. 皮尔士 [M]. 郝长墀，译. 北京：中华书局，2003.

Russell，1872—1970）两人在数学和逻辑的关系问题上持不同观点。皮尔斯认为，数学是逻辑的基础，每一门学科都有它的数学部分。作为研究正确推理理论的逻辑学家，在对于某些命题或假设的状态得出必然结果方面是依赖数学的。形式逻辑不是数学的基础，而仅仅是应用数学的一个分支。

在论及皮尔斯的"范畴"概念之前，我们先看逻辑学上一个关于范畴错误（category mistake）的例子：

（1）兔子有毛。

（2）乌龟有毛。

（3）数字没有毛。

（4）法国国王是一个秃子。

例（1）为真陈述。句子描述内容符合现实世界的情况，与我们的常识、知识一致。例（2）为假陈述。句子描述内容与我们日常生活所见不符，有矛盾。例（3）（4）既不真也不假。数字和毛不能搭配和互相界定，"数字有毛"和"数字没有毛"都是一种范畴错误。1870年法国王室被正式废除，当今法国没有国王，它的前提是不存在的，因此，也就无所谓是不是秃子的问题。

那么什么是范畴？范畴是如何定义的，又是如何发展的？范畴是知识的起点和组织原则，是适用于任何对象的最简概念，具有普遍性、不能化约性、穷尽性。真正普遍的范畴不仅适用于存在着的东西，也适用于任何可以被想象的东西，而不管该对象是客观现实世界存在的还是不存在的，物质的还是精神的，有形的还是无形的，自然的还是人工的。历史上亚里士多德、康德、皮尔斯都从范畴出发建构人类知识的大厦，但他们的路径并不相同。

亚里士多德《范畴篇》从语言出发提出10个范畴：本体、数量、性质、关系、地点、时间、状态、具有、主动、被动。这是对语词反映客观存在的最普遍分类，承载着思维运行的基本内容，是对人类经验常识的归纳总结，是人类最早的和最系统的范畴体系，具有明显的科学化和模式化特征。

康德认为，范畴是所有知识对象的分析基础，他通过范畴建构了体系论方法（the architectonic method）。康德哲学体系以亚里士多德以来的逻辑为基础，他认为判断是一切知识的起点，围绕"判断"的四个参数：量（全称、特称、单称）、质（肯定、否定、无限）、关系（直言、假言、选言）、方式（或然、必然、实然）提出 12 个范畴，而每一个判断只涉及 4 个范畴。例如，"吕红周不是双眼皮"就是一个特称、否定、直言、实然的判断。先验综合判断是获取知识的方法，是一种心理主义，主体是缺失的。

皮尔斯反对心理主义，推崇科学、实验室、实证的研究方法，认为数学研究假设事态，从可能性、假设、想象中推导出必然性结论，最大限度降低随意性，而不考虑它们是否与实际事物有关。"如果可以证明范畴在数学里是普遍适用的，那么，也就证明他们适用于我们所可能说的任何事物，包括哲学里和特殊科学里的所有事物"（瓦尔，2003：14）。毕达哥拉斯主义者把数字看成自然界里有待发现的普遍原理，具有自然法则的实在。皮尔斯称自己的范畴为新毕达哥拉斯范畴（cenopythagorean category），从数学里推导出三个范畴：一级范畴（firstness）、二级范畴（secondness）、三级范畴（thirdness），任何其他概念都可以简化为这三个范畴。一级范畴是这样的东西：任何感觉的简单的肯定的属性；短暂的、抓不住的；和任何其他事物没有联系，它们是绝对的自由（瓦尔，2003：25）。二级范畴是这样的东西：不自由的、有限的，"它们把它们自身强加给我们，由于蛮力（brute force）① 的存在而与另外一个事物相对或连接"（瓦尔，2003：25）。夜空中划过的流星打破了夜空原有的寂静，流星是对夜空粗鲁的、外在的强加，这里夜空是一级范畴，流星是二级范畴。三级范畴是这样的东西：将一级范畴和二级范畴联系起来的中介。如：火车把汽笛和寂静联系起来。皮尔斯相信，所有出现在心智面前的事物都包含着所有三个范畴，所有经验都包含着一种中介。"我们睁开眼睛并看到某些事物。现在，如果我们不是处于梦游状态，我们就会立即对我们看到的事物形成一个判断；而且，那个判断的对象具有某些一般的特性"（Peirce，1997：149）。在这里，我们所做的判断依据的是对象的一般性特性或称之为范畴。三个范畴间是互相渗透的，不出现就没有对抗，一级范畴是二级范畴的前提，没有一级范畴就不存在二级范畴，同样的，没有二级范畴就不会有三级范畴。

三大普遍范畴是一切知识的基础，人的符号活动遵循一级范畴、二级范畴、三级范畴的发展路径，智力活动主要归结为三种方法，即溯因法（abduction）、归纳法（induction）、演绎法（deduction）。皮尔斯的范畴不是

---

① 皮尔斯用 brute force 指自然力。

对亚里士多德、康德范畴的简化，而是以数学为基础的重构，并将之作为建立科学形而上学的基础。

一级范畴（the category of a first，firstness）是任何可能被想到的东西，完全不指向任何其他东西。任何可以被想到的东西以否定的方式与另外某物区分时，就引入了二级范畴（the category of a second，secondness）。因为一级范畴和二级范畴的互相关系，而引出了三级范畴（the category of a third，thirdness）。

皮尔斯曾使用数学绘图方法来推导范畴。先在一张纸上画一个点来代表"某物"（一级范畴）的概念，这张纸立即被分为两个部分：黑的和白的。二级范畴、三级范畴的概念伴随一级范畴出现，即使一个点已经包括了所有的三个范畴（瓦尔，2003：16）。三个范畴具有等级性，它们之间是互相渗透的。一级范畴产生了二级范畴，又引出了三级范畴。三级范畴中有二级范畴，二级范畴中有一级范畴。皮尔斯的三个范畴具有普遍适用性、不可化约性、完整性。

（5）我给你一个苹果和一个香蕉（我、苹果、香蕉、你）。

（6）我给你一个苹果（我、苹果、你）。

（7）我给你一个香蕉（我、香蕉、你）。

例（5）是一个四元关系，可化约为两个三元关系例（6）（7），而不丢失任何信息。

（8）我给你一个苹果。

（9）我和你。

（10）我和苹果。

（11）你和苹果。

例（8）为一个三元关系，却不能化约为三个二元关系例（9）（10）（11），而不丢失信息，不能得出"我给你苹果"的结论，即一个不可化约的三元关系。

"一个只有三条分叉的道路可以有任何数量的终点，但是一端接一端的直线的路只能产生两个终点。因此，任何数字，无论多大，都可以在三种事物组合基础上产生；而且结果是，没有任何观念可以包含这样一个与三的观念极为不同的数字"（W6：175）。

在皮尔斯看来，这三个范畴不仅可以互相渗透，而且可以退化，即退化的范畴（degenerated category）。"退化"在数学中指：它的一个或多个常量或变量等于零。比如，$x^2 = 0$ 是 $x^2 + 2xy + y^2 = 0$ 的退化形式（瓦尔，2003：19）。就一级范畴、二级范畴、三级范畴而言，一级范畴不可能退化，二级范畴、三级范畴都可能存在退化的形式。退化的范畴与真正的范畴是对立的，"真正的二级范畴是外在的，它事实上是一个对立。退化的二级范畴指一种内在关系，如喊叫与回音就是一种内在关系；或是同一性关系，如一朵花和它的气味是同一性关系"（瓦尔，2003：20）。真正的三级范畴以两个对象的存在为前提，如果其中一个对象消失，那么，三级范畴亦将不复存在。退化的三级范畴是这样的一种存在，如果其中一个对象消失，甚至两个对象同时或相继消失，三级范畴的特性依然存在。我们以路由器为例，路由器同时连接 wan 端口和 lan 端口，其中 wan 连接 DSL/电缆调制解调器，lan 连接计算机，如果把计算机从 lan 断开，并不影响路由器与 DSL/电缆调制解调器的关系。我们还是以路由器为例，当我们的新家还没有安装宽带，即没有 DSL/电缆调制解调器，同时我们的电脑在搬家过程中丢失了，路由器连接的两个对象都消失了，但路由器连接两个对象的功能依然存在，这就是一种退化的三级范畴。

皮尔斯曾亲口承认受到康德的影响，此外，我们还应进一步考察黑格尔、莱布尼茨对皮尔斯的可能性影响。还有，让我们感兴趣的是，在二元观如此盛行的西方哲学中皮尔斯为什么选择了三元，这与中国传统文化是否有某种关联。《道德经》中有"人法地，地法天，天法道，道法自然""道生一，一生二，二生三，三生万物"的论述，即"天、地、人"是一种三元关系，人生活在大地上，人的行为和活动应效法大地，大地又应效法天的法则运行，"道"则是天的依归。道法自然是《道德经》的哲学思想，"道"所反映的规律是自然而然的。老子把"道"视为天地形成以前就已经存在的一种混沌状态，无形、无声，不靠任何外力而独立存在，是万物之根本。"道法自然"是整个宇宙的运行规律，万事万物都要效法和遵循"道"的"自然而然"规律，道以自己为法则。《庄子·逍遥游》中的动物符号学思想、伦理观、生态观、范畴观等内容也值得进一步挖掘和阐释。

1.2 现象学（phenomenology）与显象学（phaneroscopy）

皮尔斯从数学里推导出三个普遍范畴之后，继续在现象学中深入探究，因为普遍范畴是适用于任何可能对象的。皮尔斯认为，所有现象共有的第一个最简单因素便是显现性（presentness），它们的存在是如此的肯定，以至于它们不和任何其他的事物有任何的关联（瓦尔，2003：25）。"在其中，没有比较、没有关系、没有可以辨认的多重性、没有变化、没有反思。除了一个简单肯定的特性，什么都没有。这样的意识可能仅仅是一种气味，例如，玫瑰油的香味"（EP 2：150）。

哲学研究每个人都可以接触的东西，探求肯定的知识，不依赖特殊的观察或使用特殊的工具，因而皮尔斯把哲学视为一门经验科学。哲学分为现象学、规范科学、形而上学，它们是一种先后等级顺序结构，即形而上学依赖数学、现象学和规范科学，规范科学依赖数学、现象学，现象学依赖数学。从这一划分的先后顺序我们可以得知皮尔斯所持的是反心理主义立场，即反对知识是以智力过程为中介的观点。现象学的主要目的是认识所有现象里普遍出现的因素、这些普遍因素的特性、互相联系，"哲学最开始的伟大分支是现象学。现象学的任务是辨认出每时每刻都出现在我们面前的现象的要素……现象学的工作就是制定一个范畴的目录，并且证明它是自足的，而不会是多余的"（EP2：147－148）。现象学是皮尔斯符号学的哲学基础，以"出现在心智面前的东西的普遍性"为研究对象，比如知觉、想象、概念等。黑格尔的现象学强调现象的逻辑，皮尔斯则倾向于将现象学视为前逻辑的科学，于是他提出了"显象学"（phaneroscopy）这个术语，研究"显象"（phaneron），是"无论以什么样的方式或意义出现在心智的集体总和，与它是否和实在的东西对应无关"（CP 1：284）。

1.3 实用主义（pragmatism）与实效主义（pragmaticism）①

除了现象学，皮尔斯的哲学体系中不可忽视的是他的"实用主义"（pragmatism），其宗旨在于澄清概念，是"弄清困难的词和抽象概念的方法"（*EP* 2：400）。在此之前，是大主教伯克莱将"实用主义"概念引入了哲学，皮尔斯对"实用主义"做了进一步阐释。威廉·詹姆斯（William James）在1898年题为《哲学概念与实际效果》的文章里第一次使用了 pragmatism 一词，詹姆斯指出是皮尔斯在坎布里奇形而上学俱乐部聚会上第一次使用该词的。詹姆斯坚持应该从实际效果维度判断一个概念的意义，也就是使用概念所能支配和导致的行为。约翰·杜威（John Dewey）是皮尔斯在霍普金斯大学的学生，但他秉持与詹姆斯相近的实用主义观，强调具体效果的工具主义。英国的席勒（F. C. Schiller）把实用主义理解为探究真理，真理就是有价值的东西，反映的是一种人本主义观。

皮尔斯表现出对詹姆斯、杜威和席勒实用主义观的不满，"现在，在文学的杂志里开始偶尔碰到这个词，但是像其他词一样，一旦落入文学的魔掌，它就会被无情地滥用"（*CP* 5.414）。为了表明自己的立场，皮尔斯创造了"实效主义"（pragmaticism），强调自己关注的是经验和想得到的效果，并非具体的行动和实际效果，"一种弄清任何概念、教条、命题、词和其他符号真实意义的方法"（*CP* 5.6）。皮尔斯的实用主义是对科学领域里所运用方法的思考，源于他对实验室精神的推崇，"证实或否定那个概念所隐含的所有可以想到的实验现象"（*EP* 2：332），至此，皮尔斯明确了词语或概念意义应采用科学实验方法的立场。

1878 年间，皮尔斯在《澄清概念》（"How to make our ideas clear"）一文中指出：考虑什么效果，以及可能有什么实际的关系，这是我们认为概念对象

---

　　①　贾洪伟专著《哲学实效论与翻译符号学》(2019) 梳理了实用主义（pragmatism）和实效主义（pragmaticism）两个术语的缘起与发展，界定了二者的边界，并涉及莫里斯（C. W. Morris）、佩尔斯（Jerzy Pelc）、杜威等人关于实用主义的分歧，且以实效主义为理论依托，尝试构建中国翻译符号学学科体系。

所具有的。那么，我们对于这些效果的概念是我们对于对象的概念的全部（*EP* 1：132）。

从这里我们可以窥探皮尔斯遵循的实用主义准则：任何概念，除了指我们所能想到的那个概念所具有的实际效果的整体，什么也不是。实际效果指的是，影响将来的理性或思考行为的经验效应（瓦尔，2003：36）。皮尔斯承认他与实证主义①者间的相似性，即证实原则，甚至把自己标榜为一个近实证主义者（prope-positivist）（*EP* 2：334），只有被经验所证实的才有意义。

1.4　科学方法

皮尔斯的探究始于对笛卡尔的怀疑和批判。笛卡尔的"我思故我在"要求人们从普遍怀疑开始，看什么样的信念经得住任何形式的怀疑。遵循笛卡尔的逻辑路径，一切都是可以怀疑的，只有"我在怀疑"这件事不用怀疑，遗憾的是，这是无法经过实践经验检验和论证的。皮尔斯并不认同笛卡尔把科学定义为"确定和明白的知识"②的观点，而是倾向于将科学视为遵循正确推理的方法所实施的一种持续和积极的探究。当人处于怀疑和不确定状态时就会不安，这是一种信念缺失的状态，探究就是"为减缓怀疑的烦躁而做的努力"（*EP* 1：114）。正确的探究才能帮助人们停止怀疑或找到解决方法，进而恢复到有信念的状态。皮尔斯持与笛卡尔相反的观点，认为人们应该从普遍信念开始。在《确定信念》（"The fixation of belief"，1877）③一文中，皮尔斯主要论述了传统上常见的解决意见的方法，即惯常法（method of tenacity）、权威法（method of authority）、先验法（priori method）的不足，进而指出逻辑推理才是唯一的科学方法。

我们在此简单回顾皮尔斯提出的四种解决意见的方法。第一，惯常法。即

---

① 20 世纪 20 年代逻辑实证主义发展成为盎格鲁－撒克逊哲学的主导力量，实用主义则逐渐式微。

② Karl Popper. *Objective Knowledge: An Evolutionary Approach*. Oxford：Clarendon Press，1972：213.

③ 该文于 1877 年 11 月发表在《大众科学月刊》（*Popular Science Monthly*）第 12 卷"科学逻辑述要"（Illustrations of the Logic of Science）专栏第 1—15 页。

不顾任何相反的证据、冲突的观点、无情的事实，而坚持自己的信念。第二，权威法。由国家、教会、特定组织、团体等具有统治地位或一定影响力的社会机构，把观点灌输、强加给人民大众。第三，先验法。在皮尔斯看来，先验法优于惯常法和权威法，因为先验法本质上是一种探究的方法。"通过寻找与理性一致的东西来解决我们的信念，我们所寻找的信念与我们其他的信念是一致的……"（瓦尔，2003：48），但先验法产生的信念具有不确定性，"今天似乎是最不可动摇的意见，明天会被发现是过时的"（CP 5.382n）。由于惯常法、权威法、先验法都无法产生确定的信念，于是，皮尔斯提出了第四种方法，即科学方法。"用独立于我们想法的东西来确定我们的信念"（瓦尔，2003：49），因为经验常常会背叛我们，将我们引向错误的方向。

如果我们不能说人是受经验控制的，至少可以说人倾向于相信经验。我们应认真对待经验，经验常常教育我们，事情并不总是我们想象的样子。"经验是我们伟大的老师"（EP 2：154）。"科学方法的中心是这样一个信念，存在着独立于你、我或任何特殊团体所认为它们是什么的事物"（瓦尔，2003：51）。对中世纪哲学家邓·司各脱（Duns Scotus，1266—1308）"实在"概念的不同解读导致了唯名论和实在论的纷争，这种纷争延续至今。

在深入认识皮尔斯的"实在"观之前，我们先引入他的科学形而上学观。形而上学不同于现象学之处在于，它把我们从直接观察带入抽象和不可见事物中，"形而上学的目的是研究实在与真实物体的最一般特征"（EP 2：375）。"我们每一个人都有一个形而上学，而且必须有一个。它将对于我们每一个人的生活有很大影响。那么，更好的是，那个形而上学应该被批评，不能让它任意发展。"（CP 1.129）这里皮尔斯沿用邓·司各脱的"实在"概念："某物是真实的，只有而且仅有它是独立于或不依赖于你、我及任何个别人对于它的看法……实在被理解为存在于人的意识之外的东西，它总是由外界强加给我们的东西，且我们的意识无法控制"（瓦尔，2003：67）。这种外界强加给我们的东西在本质上是一级范畴，不受任何其他的控制与影响，无关他物。"存在着实在的东西。它们的特性是完全独立于我们对于它们的看法。那些实在依据固定的法则影响着我们的感觉，尽管我们的感觉就像我们和对象的关系一样是不同的。然而，利用知觉的法则，我们可以通过推理来确定事物本来是什么样的。任何人，只要他有足够的经验和相当的理性，将会得出一个真实的结论。"

（*EP* 1：120）

通过形而上学所得到的认识，缺乏事实经验的验证。皮尔斯为了使形而上学能有效参与知识的产生与推理，借助逻辑的力量，把逻辑置于形而上学之前。"在实际事务上，逻辑性是动物所具有的最有用的特性，而且它可能是自然选择过程的结果"（*EP* 1：112）。皮尔斯不像逻辑实证主义者那样试图根除形而上学，而是努力把它科学化。皮尔斯科学探究的目的，是过滤个体研究者的个人观点或特异性内容，无限趋向共识、共相、最终意见或真理。

那么，究竟是否存在着"独立于你、我或任何人对它们看法的东西"呢？很有可能，皮尔斯关于"存在着实在事物"的断言只是一个假设，但在理论上或原则上，只要有足够长的时间，只要遵循科学的方法，人们就可以达成一个共同信念或共识（common sensus），皮尔斯在其他地方称之为"最终意见"（final opinion）或"真理"（truth）。

存在（existence）就是在其环境里与跟它类似的其他事物相作用（*CP* 6.495）。如果某物是存在的，那么，它必然既是实际的，又是个体的。存在的一定是实在的，实在的不一定存在。"任何事物至少在原则上都是可以被完全探究的，那么这样一个共同的探究将会最终克服无知和根除错误，个体的片面性，它将获得真理"（瓦尔，2003：52）。对于每一个问题，我们注定要达成一个所有探究者都同意的意见。这个最终意见不是我们创造的，不是一个如果我们想改变就会变得不同的东西，而是我们注定要去发现的东西，无论我们想还是不想，"对于某物的最终意见就是关于它的真理"（瓦尔，2003：53）。笛卡尔的"我思故我在"意欲强调知识的获取完全是个人的，人不应该盲目相信别人的话，而应该亲自探究，因为每个人都具有同样的思考能力。皮尔斯认为知识的获取是一种社会活动，只有过滤掉个体探究者的特异性才能到达真理。

实在论者认为，存在着独立于人心的实体，而唯心论者则认为，只有人心和精神状态是真实的。皮尔斯同时是实在论者和唯心论者。实在论者否认存在不可知的实在事物，即任何实在的事物都是可知的。唯心论者认为，真实的事物不可知，我们只能认识他们的外表，即由真实事物产生的观念。真实事物对于我们的唯一影响就是产生信念。不能被认识的事物不可能是实在的。皮尔斯认为，实在指永久固定下来的信念或意见的对象。"可知性和存在不仅在形而上学上是相同的，而且是同义的"（*EP* 1：25），真理与最终意见是一致的，最终意见的对象就是实在，即真理的对象就是实在。

人的知识只有很小部分来自直接经验，大部分需要依赖他人的证言，证言是知识的可靠来源。人们一生都离不开证言，"证言观念的诞生是自我意识的诞生。因为证言是与一个不出现的事实联系在一起的，这样，事实和现象之间的区别便被建立起来了。例如，一个孩子听到妈妈指着烤箱说：'烫！'，但他似乎并没有改变决定，而是触摸了烤箱，他终于体会到了'烫'的直接经验。他之所以敢触摸烤箱或许是因为他之前偶然碰到的烤箱是凉的，于是他还知道原来人是可以犯错的。可错性是人的本质属性之一，对于错误和无知的发现要求人们假设有一个可错的自我"（EP 1：20）。今天的社会现实是人们不再相信自己的感觉，而是依赖其专家式证言，特别是在那些自己不熟悉的领域。那么，随之而来的问题便是：证言会是最终意见吗？信念会错吗？怀疑论者认为，没有一个信念是绝对肯定的；独断论者认为，某些信念是真的。皮尔斯持可错论（fallibilism）的初衷或许在于强调"我们大多数观念可能是真的，但我们不能对任何一个特定的信念绝对肯定"（瓦尔，2003：55）。

皮尔斯究竟是基于什么立场提出了可错论？首先，皮尔斯的可错论对应宗教无错（religious infallibilism），重要之处在于，皮尔斯坚持科学是可错的。比如反事实条件（counterfactual conditionals）错误，就是前提错误的条件，比如"如果你没有嫁给我，那么，你可能成为一个富婆"。其次，皮尔斯反对笛卡尔在《心智方向的规则》（Rules for the Direction of the Mind）一书中提出的科学链条说，认为笛卡尔的研究方法是独断论者方法。"认为一个信念是绝对肯定的或没有错误的不仅是过早的，而且也是非哲学的，对于探究是毁灭性的。人应该在已有信念基础上建立新的东西，并且认识到这些信念可能是错的"（瓦尔，2003：56）。我们要做一个"悔过的可错论者"，"在经验反对他的信念时，抛弃他满车的信念"（CP 1.55）。由此得出，我们的信念是可错的，我们的观念里不存在绝对肯定的信念。皮尔斯在托马斯·里德（Thomas Reid，1710—1796）常识主义基础上，发展了批评的常识主义（critical common sensism），提倡哲学要从常识性信念出发，如：火能烫伤人；没有支持，东西就会落地。第三，皮尔斯受达尔文（Charles Darwin）《物种的起源》（The Origin of Species，1854）影响，提出了进化宇宙论，即在自然和意识里所有规则性的东西都被看作生长的产物，进化的宇宙是从一种完全混沌状态发展为绝对规则状态。在从绝对混沌到绝对规则的运动过程中，存在着一个三元关系：机会（opportunity）、发生（occurrence）、习惯（habit）（*CP* 1. 277）。

宇宙论的中心问题是：世界是由什么组成的？这种对于本原或第一原理的探求可追溯到前苏格拉底时期。公元前 6 世纪，泰勒斯假设万物是由水组成的，毕达哥拉斯主义者认为是数字，德谟克利特认为是原子。皮尔斯认为，宇宙最初是完全混沌的，没有时间，没有空间，没有任何规则性的东西，处于"完全的不确定和无层面的潜在性"（*CP* 6.193）状态，它们是新鲜的、直接的、自由的、自发的，不屈从于任何东西，某物出现的原因只能解释为纯粹的可能性，这就是一级范畴。皮尔斯对物质的观点不同于唯物主义者对物质的观点，后者认为宇宙中的物质是无生命的，皮尔斯则坚持认为，有生命的心灵（mind）是宇宙最原始的组成部分，物质是因习惯而几乎完全死亡的心智（瓦尔，2003：77）。"有关宇宙的可以理解的一个理论是客观唯心主义，即物质是衰老的心智，根深蒂固的习惯改变了物质规律。"（*EP* 1：293）一个存在着的东西除是这样的东西以外什么都不是，事物进入存在状态就失去了潜在性，获得了确定性。二级范畴是自然力或蛮力引发的对立形式，是一种强加的、不可控的发生（occurrence）。"形成习惯（habit）的倾向，或一般化的倾向，指通过自己的行动而生长，通过保留生长自身的习惯而生长的东西，它最初的萌芽起源于纯粹的机会。"（*CP* 8.317）根据皮尔斯的描述，我们会发现，人们获得习惯的过程与宇宙从混沌发展为规则的过程是一种相似的类比关系，都是在不断运动过程中从一级范畴向二级范畴再向三级范畴的转换，对应着机会（opportunity）→发生（occurrence）→习惯（habit）（*CP* 1.277）的轨迹。皮尔斯的进化宇宙论有以下要点：第一，规律既非先在的，也非绝对的或不变的，宇宙进化与发展是从混沌状态向规律的不断运动。人们获得习惯也是从一种纯粹偶然状态向一种完全规律状态发展。第二，宇宙中的一切都是由心灵（mind）组成的，它们之间的区分仅仅是如何以及在什么程度上被习惯束缚。第三，皮尔斯的宇宙进化论发展为连续论（synechism），"我们应该在最大程度上假定事物是连续的"（*CP* 6.277）。莱布尼茨（Gottfried Leibnitz）也秉持自然界是连续的观点。连续性与非连续性相反，如笛卡尔的身心二元、唯名论者的内在心智与外在心智。连续性不同于临近性（contiguity），临近性状态是两个事物在空间中的实际接触状态，是一种存在性联系。

皮尔斯通过科学方法获得"最后意见"或真理观点遭到了一些人的批评，他们认为永远不会达成最终意见。"而在实际上达成一个最终意见不是必要的。但如果我们的探究无限进行下去，那么，最终可以达成最后的意见"（瓦尔，2003：58）。皮尔斯认为，科学是一个持续的探究过程，不是一个僵死的完成的知识体系。进而，皮尔斯提出了科学推理（scientific reasoning）的三种方法：溯因法（abduction）、归纳法（induction）、演绎法（deduction），"溯因暗示可能是某物；演绎表明一定是某物；归纳表明实际是某物"（*EP* 2：216）。溯因是科学探究的开始，"研究者把那些引起他或她注意的事实收集起来，和其他的事实联系，直到有一个解释出现为止"（瓦尔，2003：61）。这个假设能够解释与该事件相关的诸多事实，并将它们联结为一个整体。演绎是假设性质的，从假设里引申出必要结论，从已有图式里找出隐含的关系，特别是那些可与现实世界对照的结果。归纳是检验演绎得到的诸多假设，检验假设是否与实际一致。

1.5　符号（sign）

人的出现、生存和发展以及人与世界的关系是一个常常被论及的话题。赫尔德在《人类的起源》①中有这样的论述："人作为一种特殊的生物被置于宇宙之中，他具有一定程度的感性和有机组织：整个宇宙从各个方面、通过所有感官加于他的身心之上，然而却是以人类的方式、通过人类的感官引发他的感知。所以，人这一能思维的生物不像其他动物那样完全被宇宙所制服。人拥有更自由的施展力量的空间，这种自由的关系就叫作理性力量……"（赫尔德，1998：25）

《易传·系辞》道："子曰：书不尽言，言不尽意。然圣人之意，其不可见乎？子曰：圣人立象以尽意。""言"即言语产品，"意"即无形的意义或意境，因为仅靠语言符号难以充分表达或穷尽意义，所以使用"象"，象则可视为一种抽象符号，即用符号来表意，从而超出语言中心主义，发展为一种广义的符

---

① 赫尔德. 论语言的起源［M］. 姚小平，译. 北京：商务印书馆，1998.

号观。需要注意区分的是，意、象、言并不构成不可化约的三元关系，而是以意为核心的言与意、象与意的二元关系，所以与皮尔斯符号载体、对象、解释项三位一体的符号概念存在本质的区分。

在语言最宽泛的意义上（包括姿势、文身、绘画、歌曲等），"人所用的语词或符号是人自身。因为把每一个思想是一个符号的事实与生命是思想列车的事实联系起来，我们可以证明人是一个符号，因此，每一个思想是一个外在的符号，证明人是一个外在的符号……我的语言就是我自己的总和，因为人就是他的思想"（*EP* 1：54），可见，皮尔斯把人视为一个符号。范畴、科学形而上学、宇宙进化论、可错论、显象学、实效主义等都是皮尔斯建构自己符号学体系的基础。皮尔斯持一种广义的符号观，"如果宇宙不是完全由符号组成的话，那么，至少可以说整个宇宙充满了符号"（*EP* 2：394）。符号不限于人类的语言、文化领域，宇宙中一切都可以是潜在的符号，符号活动①（semiosis）就是在符号主体（人、动物、生物、人工智能等）那里产生一个同等的符号或一个更加发达的符号，这样就形成了符号载体（sign vehicle）、对象（object）、解释项（interpretant）不可化约的三元关系。每经历一次符号活动，符号能力都会增强。一个符号被前一个符号决定，同时被后一个符号阐释，这就形成了符号链。随着符号链的扩展和传播，社会共识也不断形成和扩大。

符号是皮尔斯全部科学理论的核心术语与概念，1869 皮尔斯对符号（sign）给予了明确的阐释："一个符号有三项指称：首先，对于解释它的某种思想来说，它是一个符号；其次，对于这一思想中它所等同的某个对象而言，它是一个符号；再者，在将它和对象关联起来的某个方面和品质而言，它是一个符号。"（*CP* 5.283）皮尔斯这一论述的贡献至少表现在以下两个方面：第一，使用"符号"（sign）代替了"再现"（representation），符号成为他全部科学理论的核心术语与概念。第二，较为清晰地体现了他的符号三元观，即符号分为符号载体、对象和解释项。第三，体现出坚定的符号三位一体观，区别于索绪尔的符号能指与所指的两面心理实体，超出了语言界限，符号是开放的状态并与现实世界建立了联系。符号的三位一体关系中，对象决定符号，符号

---

① 经梳理现有汉语文献，semiosis 的汉译有符号过程、符号活动、符指过程，本书中统一使用符号活动。

决定意义，对象同时通过符号以间接的方式决定意义：对象（object）→决定再现体或符号载体（representmen or sign vehicles）→决定解释项（interpretants），这里符号载体和解释项可以是多个。关于这一点皮尔斯也强调：“一个符号是与第二个东西，即它的对象，相联系的任何事物，就一个质的方面以这种方式把第三个事物，即它的意义，和同一个对象联系起来。”（CP 1.92）根据这个理解，一个符号就是将对象和解释项联系起来的中介，但符号影响和决定的不是对象，而是解释项。

符号总是产生新的符号，皮尔斯将这种无限过程命名为符号活动（semiosis），一个符号要想成为符号，它就要发展为一个更加发达的符号。“把宇宙是由符号构成的观点与符号活动的连续性和无限性联系起来，我们就会得出进化论的泛符号观。”（瓦尔，2003：101）1894 年以后皮尔斯开始努力祛除心理学影响，从实证、逻辑出发建构一个科学的符号学体系，作为新的知识范畴的基础哲学。历史上任何伟大的思想都有其产生的背景、理论来源，皮尔斯符号学是宏大的、发展的理论，我们在这里提及几位可能对皮尔斯产生影响的人物，以期能更好理解他的符号学思想。

洛克（John Locke）在《人类理解论》（1959：721）① 中把科学分为符号学、物理学和伦理学，符号学是标记之学，其任务在于考察人为了理解事物、传达知识时对标记的使用。洛克把标记视为观念，认为观念和文字是记录知识的工具，并预言符号学会为人类带来不同于传统的知识划分体系。从某种意义上可以说，皮尔斯赋予符号学在科学中的定位以及在知识体系重建过程中的角色是对洛克遗志的继承和发展。

惠特尼（William Dwight Whitney）提出“语言具有生产符号的能力”（sign-making faculty），他的语言制度、任意性、规约性、动物信号、语言符号等概念对索绪尔产生了直接影响，惠特尼主编的《世纪词典》（The Century Dictionary）专门邀请皮尔斯撰写了 semiotics 词条，惠特尼与符号学有着深厚渊源，应赋予他符号学先锋的身份。

劳赫（F. A. Rauch）关于“自然中的一切事物都是潜在的符号且符号

---

① 洛克. 人类理解论 [M]. 关文运，译. 北京：商务印书馆，1959. 英文原本为：John Locke. *An Essay Concerning Human Understanding*. Oxford：Oxford University Press，1975.

存在于特定的时空中并永远处于运动状态"以及他的 symbolical、emlematical、semeiotical 符号三分法给皮尔斯带来了启示。皮尔斯把符号学视为一门研究有关各种可能的符号活动之本质特征及基本种类的学说，是一门具有普遍方法论意义的科学，对任何科学都具有参考和应用价值，是科学的共识之学（ceonoscopic science of science）。皮尔斯通过符号学来建构一个完整的无所不包的科学体系的努力，在一定程度上受到了爱德华兹（Jonathan Edwards）和劳赫的影响。

现有文献无法证明索绪尔（Ferdinand de Saussure）与皮尔斯之间存在直接对话，但他们几乎在同一时期提出了符号学的概念，不同的是索绪尔停留在设想阶段，没有深入的理论剖析和学科建构，但影响深远。皮尔斯做了复杂的符号分类并写作了大量手稿，但其工程之庞杂、术语之晦涩影响了其符号学理论和思想的广泛传播。无论如何，全面了解和对比二人的思想有助于我们加深对符号学的认识。索绪尔对符号学的思考发生在 1907—1911 年间三次讲授普通语言学课程时期，1916 年他的学生根据课程笔记出版了《普通语言学教程》（简称《教程》），这成为我们理解索绪尔符号学观点的主要依据。从《教程》可知，索绪尔的符号学以语言符号为对象，符号是能指（signifier）和所指（signified）构成的两面心理实体，语言符号具有任意性、约定性、结构性。索绪尔主要采用二元观（dyadic）① 讨论语言的结构特征，如共时（synchrony）/历时（diachrony）、语言（language）/言语（speech）、组合（syntagmatic）/联想（associative）等。在学科划分上，语言学属于符号学的一部分，而符号学属于社会心理学，进而属于一般心理学，因此，符号学（semiology）的地位仅是一门特殊学科，只能依赖于更一般的特殊学科，如物理学、心理学。通过简单介绍，我们可初步得出以下认识：第一，索绪尔是从

---

① 关于一元、二元、三元的讨论，请参阅 "On the triadic ascendance of dualism"（Jesper Hoffmeyer. *Signs of Meaning in the Universe*, Bloomington：Indiana University Press，1997：89 - 96）。庞秀成. 翻译理论"一分为三"的视域［J］. 外国语（上海外国语大学学报），2010（3）：80 - 88. 庞秀成（2010：81）认为，世界统一于一元与和谐是语言间可译性、文化间可理解性和翻译终极目的的总前提。为了达到这一目的，应将人视为现实世界的有机构成和经验/体验一实践的能动力量，它基于人存在的有限性、历史性和矛盾性以及由此决定的翻译活动的有限性、历史性和可错性，反对工具论、二元论和完美论。文本间性、主体间性、符号间性、文化间性正是从一种第三的视角出发，遵循对话、互动、共建原则，旨在形成或趋向于形成伽达默尔的视域融合与第三种境界，不是非此即彼的对立和对抗，由此，翻译突破了原来归化与异化的二元，成为第三种存在，即间性存在。

语言学开展符号学思考的，具有语言中心主义和人类中心主义色彩；皮尔斯从数学的范畴观出发建构符号学理论，旨在重新建构人类的知识体系，具有普遍主义、科学主义色彩，超出了人类语言中心主义甚至人类中心主义，主张广义的符号观。第二，索绪尔多运用二元对立，而皮尔斯倾向于三元，从符号定义、符号分类、推理方法等都体现了明显的三元观。第三，索绪尔认为符号学属于心理学下社会心理学的一部分，符号是一个两面心理实体；皮尔斯把符号学置于哲学下的规范科学，符号是符号载体、对象和解释项的三元互动。第四，索绪尔在系统观下开展研究，系统是封闭的、完成的；皮尔斯的符号活动具有开放性、未完成性。第五，索绪尔认为概念是能指与所指的结合，通过约定俗成的方式联结在一起；皮尔斯从普遍范畴出发，明确科学是可错的，概念遵循着从一级范畴到二级范畴到三级范畴的转换。

1.6 三分法（trichotomy）

普安索在《符号原理》（*Tractatus de Signis*，1632）中最早明确论述了符号是一个三元关系的观点：因为逻辑阐释的所有工具都是由符号构成的，为了避免逻辑和命题论述的基础得不到验证，我们必须解释符号的本质以及符号的划分（Deely，2018：340）。皮尔斯设想重塑人类的逻辑体系以及科学划分，把符号学视为基础性学科并持广义符号观，其符号学具有鲜明的三元观倾向，充斥着大量的三分：本体论如语法学/普遍逻辑学/思辨修辞学、符号/对象/解释项、像似符/指示符/规约符、质符/单符/型符、呈符/述符/论符、直接解释项/动态解释项/最终解释项，认识论如一级范畴/二级范畴/三级范畴、机会/发生/习惯，方法论如归纳、演绎、溯因等。皮尔斯通过符号分类建构了他的符号学类型，为符号关系的深入系统研究提供了基础和框架。皮尔斯倾注了大量心血不断修正自己的符号分类，如"符号的十种分类"就是在像似符/指示符/规约符、质符/单符/型符、呈符/述符/论符分类基础上得出的十种不同的组合，此外，他还尝试将两种对象（直接对象、动态对象）与每一个符号和三种解释项（直接解释项/动态解释项/最终解释项）组合，得出了更加复杂的分类列表。

1.6.1 语法学（Semiotic Grammar）/修辞学（Universal Rhetoric）/逻辑学（Critical Logic）[①]

皮尔斯把语法学、逻辑学、修辞学[②]视为最基础的科学，语法学研究符号的性质与分类，逻辑学研究符号与对象的关系，修辞学研究符号意义。在逻辑学与符号学的关系问题上，皮尔斯的观点前后并不一致，在最初的理论科学分类体系中是这样的上下位关系：哲学→规范科学→逻辑学（与美学、伦理学并列），到后期逐渐将逻辑学和符号学等同。"逻辑学在一般意义上只是符号学的别名，是符号学带有必然性或形式的学说。我用必然性或形式的来描述这个学说，我的意思是指，我们以自己的知识来观察这种符号的特征，从这种观察出发，通过一个我并不反对将其命名为抽象的过程，我们被引向极易犯错误的在某种意义上绝不是必然的陈述，这种陈述涉及一种科学的才智，即通过经验而获得知识的才智所使用的全部符号的特征究竟是什么。"（CP 2：227）在这一点上，皮尔斯与洛克的观点是一致的，但与索绪尔的不同。皮尔斯的符号学是元科学（metascience），依靠的是现象学和数学，而索绪尔的符号学属于社会心理学，是特殊科学，其依赖更一般的特殊科学，如心理学和物理学。"在1867年，这个作者把逻辑学定义为研究符号与它对象关系的形式规则的科学。但是，对于科学不同分支界限的性质更加成熟的考虑，使得他相信最好把逻辑看作对于象征所做的全方位研究，而不仅是规约符号（symbols），还包括所有种类的符号（signs）。"（EP 2：387）

1.6.2 质符（qualisign）/单符（sinsign）/型符（legisign）

根据符号载体或再现体（representamen）自身的属性，我们得到质符（qualisign）/单符（sinsign）/型符（legisign）；根据符号与对象之间的可能性关系，得到像似符（icon）/指示符（index）/规约符（symbol）；根据符号与解释项的关系，得到呈符（rheme）/述符（dicent）/论符（argument）。我

[①] James Jakób Liszka. *A General Introduction to the Semeiotic of Charles Sanders Peirce*. Bloomington：Indiana University Press，1996.

[②] 中世纪大学里所教授的七门人文学科的前三门统称为 trivium，即语法、修辞、逻辑是最基础的学科。

们下面引入皮尔斯的三个普遍范畴即一级范畴、二级范畴、三级范畴分析再现体，因为范畴是适用于所有概念的。

质符对应一级范畴，它再现的对象仅仅是一种特质，比如红色的特性（redness）、民族性（nationality），这种特质存在于某个东西里，或是某个存在的东西所具有的特性。单符表示实际存在的事物、事件或标志，如"金星""西那瓦""喜马拉雅""9·11"等，存在即对立与强加，是二级范畴。型符表示类别，这已经是抽象化的产物，是三级范畴，比如"树""狗""金毛"，这些都是型符，这里虽然"狗""金毛"是上下位关系，但它们都是型符，表示一类事物，是范畴化的结果。"贾老师家里养了一条金毛"中的"金毛"是型符的具体化，体现在一个个体事物上，我们称之为复制品（replica），因此，一个型符可有无限数量的复制品。"苹果手机销量最高的是 iPhone 6，达到了2.2亿部"，iPhone 6 是一个型符，而它有 2.2 亿个单符。这里就又引入了类符（type）/例符（token）/调符（tone）三分，类符对应型符，例符对应单符，调符则是不同符号主体在使用一个单符或例符或复制品时附加的不同态度、情感，具有表意和区分意义的功能，如同一句话中，词句重音位置、升调、降调的使用等。两个男孩同时送给女孩一部 iPhone 13 pro max，这两部手机都是一个单符（复制品、例符），但这个礼物花费了男孩 A 万分之一的零花钱，花费了男孩 B 所有的积蓄，那么，在调符上就会具有差异性的表意，代表着男孩 A 和 B 的不同态度。

1.6.3 像似符（icon）/指示符（index）/规约符（symbol）

像似符与它所指对象之间一般存在着某种相似性，这种相似性包括外观相似（照片）、结构相似（地图）等，但不规定或要求对象是否真的存在，即对象是否存在或出现不影响像似符的意义。像似符通过自身特征来指示而与其对象是否存在无关，无论像似符再现的对象是否真实存在，都不影响它的意义，如龙、凤凰、麒麟等。像似符独立于你、我和任何人的主观看法以及独立于任何其他事物，所以，它是一级范畴。另外需要提及的是，像似符本身存在着程度问题。①

极端情况下，并非所有像似符都与其对象之间存在相似性。皮尔斯举例说，一个醉醺醺的人可以用来展示与他相反的有节制的品德。这肯定是一个像似符，但它不是通过相似性来指示的（EP 2：13），我们通常把这类表意方式称为反面教材或某种警示教育，如驾照考场一般会放一辆事故车作为安全教育的素材。

指示符"所具有的特性是这样的，如果它的对象不存在，它也不具有这个特性"（EP 2：163），即指示符是通过"与事实相对应的关系"（W 2：56）或"存在性关系"（CP 4.572）来指示的，指示符的功能或目的是让注意力集中在所指对象而不描述该对象，如果所指对象消失，指示符也就消失，因为它失去了指示意义。与指示符共存的是"一个强加于心灵的无可争议的实在性，一个特定的'那时'和一个具体的'那里'"（瓦尔，2003：105）。指示符中的对象必须存在，它由于与对象的联结关系才有意义，因此，它是二级范畴。

规约符基于意义而存在，是符号使用者在符号载体与对象之间所建立起来的一种约定性意义联结。"一般性的名字或描述，是通过观念的联系方式或名字与指示特征之间的习惯性关系来指示其对象的"（W 5.243）。规约符的对象可以存在也可以不存在，规约符把两个对象联系起来才成为它所是的东西，因此，它是三级范畴。

西比奥克（Thomas Albert Sebeok）从生物主义、全球主义、伦理主义出发，反对语言中心主义、文化中心主义、人类中心主义，提出了三元系统（primary modeling，secondary modeling，tertiary modeling）以及系统分析理论（systems analysis theory）②。具体而言，一级模式化系统（primary modeling）是一种自然的和意向性的模拟（natural and intentional

---

① Lucia Santaella Braga. "From pure icon to metaphor: six degrees of iconicity". In *Peirce's Doctrine of Signs*. Berlin: Mouton De Gruyter, 1996: 205－213.

② 余红兵的《西比奥克建模系统理论研究》（南京师范大学博士学位论文，2014）以及译著《意义的形式：建模系统理论与符号学分析》（西比奥克、德尼西，2016）系统介绍了西比奥克的模式化系统理论，术语上采用建模系统（modeling system）、模型（model）、初级建模系统（primary modeling system）、二级建模系统（secondary modeling system）、三级建模系统（tertiary modeling system），指出建模系统理论与以往的符号学理论有本质上的差异，以主体世界和符号活动为理论根基，以建模和模型为核心概念，创造性地从生命与认知科学的广义视角来探索复杂符号现象和意义生成机制，集中体现了西比奥克符号学的反人类中心主义立场和反语言中心主义的多元符号观。

simulation），依据是像似性特征（iconic features），对应皮尔斯的像似符或图形符（icon sign；image）；二级模式化系统（secondary modeling）对应皮尔斯的指示符或图示符（index sign；diagram）；三级模式化系统（tertiary modeling）对应皮尔斯的规约符或隐喻符（symbol sign；metaphor）。图形符（image）→图示符（diagram）→隐喻符（metaphor）是符号载体与解释项之间的任意性逐渐增强，像似性（理据性）逐渐减弱的过程。

1.6.4 呈符（rheme）/述符（dicisign or dicent）/论符（argument）

根据第三个三分，一个符号可被称为一个呈符（rheme）、一个述符（dicisign 或 dicent）即一个命题或准命题，或一个论符（argument）。一个呈符对其解释项而言是一个表达品质可能性的符号，即被理解为再现一个对象或一个可能对象。任何一个呈符，或许将携带某些信息，但并不做如此解释（CP 2.250）。一个述符对于其解释项而言是一个现实存在。一个述符必须包含一个呈符，来描述它被解释为指称的事实。但这是一个特殊种类的呈符，鉴于它对于述符至关重要，它绝不可能构成述符（CP 2.251）。一个论符对于它的解释项而言是一个法则符（a sign of law）。或者我们可以说，一个呈符只是通过其特征来再现对象；一个述符通过与现实存在的关系再现对象；一个论符通过自身作为符号的属性来再现对象（CP 2.252）。

本类符号划分的依据是符号对阐释者的不同影响方式，与传统逻辑里的词语、命题、论证相对应（CP 8.337）。呈符表可能性的质，不存在真或假的问题，比如红色（redness）；述符代表真实存在的符号，其最典型例子是命题，如"男人长胡子""吕红周是一个帅哥"，这里把"男人"与"胡子"、"吕红周"和"帅"联系起来，因此，述符可以有真有假。论符是这样一类符号，规约符独立决定着它们的解释项，因而也决定着它们所求助的心灵，前期是存在着一个或多个被承认的命题（CP 1.559）。一个解释项或三级范畴的指称概念在论符的定义中永远具有重要作用。规约符或其他符号或者是项（terms）、命题（propostions）或者是论证（arguments）。一个术语是与它的对象分离的符号，更不用说它的解释项。一个命题是这样一个符号，它清晰地指称它的对象，即其主项，而不考虑其解释项。论符清晰地再现其解释项，即它想要确定的结论（CP 2.95）。一个命题去掉主项后剩下的术语称为谓项。一个论符去掉结论后剩下前提，或更常见的情况是诸多前提。论符分为三类：溯因、归纳和演绎（通常称之为采用假设）（*CP* 2. 96）。

除了以上常见的三分，皮尔斯还提出了本能/经验/习惯（instinct/experience/habit）三分，科学研究对象间的关系，我们人类天生具有两种原始的本能：吃（feeding）和生育（breeding），它们蕴含着最基本的知识和动机（*CP* 1. 118）。

So it all comes down to common sense in these two branches, of which the one is founded on those instincts about physical forces that are required for the feeding impulsion and the other upon those instincts about our fellows that are required for the satisfaction of the reproductive impulse. Thus, then all science is nothing but an outgrowth from these two instincts. (*CP* 6. 499)

因此，这一切都可以归结为这两个分支中的常识，其中一个是建立在关于物质力量的本能上的，这是喂养冲动所必需的；另一个是建立在关于我们同伴的本能上的，这是满足生殖冲动所必需的。因此，所有的科学都是这两种本能的产物。①

Instinct is capable of development and growth — though by a movement which is slow in the proportion in which it is vital; and this development takes place upon lines which are altogether parallel to those of reasoning. (*CP* 1. 648)

本能是能够发展和成长的——尽管它的发展和成长是通过一个行为来实现的，而这个行为在它至关重要的部分上是缓慢的，并且本能与推理同步发展。

世界上活跃着三种要素：偶然、法则和习惯（*CP* 1. 409），本能可能被认为是一种模糊的认知，即时间序列是逻辑序列的镜像或框架（*CP* 1. 496）。本能的模糊性常常表现在我们无法解释清楚那些被后来事实所证明的准确预测。动物的生存和发展更多依靠本能，而且每一物种都有独特的本能。在自然灾害

---

① 译文由本书译者译出，以下不再一一说明——译者注。

来临之前，动物会有异常的反应，这已经超出了我们人类感官的认知范围。本能是人获取信息的潜在或固有能力倾向，或者说，人都有不同程度上正确推理的本能，"本能和情感构成了灵魂的实质。认知只是它的表面，它与外部事物的接触点"（CP 1.628）。经验将本能与符号联结，经过多次实践后的认知归纳，人的推理本能在经验中得到加强和发展，逐渐过渡到逻辑本能。习惯是惯常的思维和行为模式，有时候我们无法区分人们的行为是出于本能还是习惯。但推理必须依赖逻辑，推理是经过深思熟虑的，具有批判性和自我控制性。我们必须在这些关键问题上采取行动；我们愿意据之采取行动的原则便是信念（CP 1.636）。每一个个体的习惯都是一条法则；但这些法则很容易被自我控制的操作改变，一个最明显的事实便是思想通常对人的行为有很大的影响。真理和正义是世界上的强大力量，这不是一种比喻，而是一种理论必须适应的简单事实（CP 1.348）。

1.6.5 直接对象（immediate object）/动态对象（dynamic object）

皮尔斯认为，每一个符号都有两个对象：直接对象即"符号所代表的对象"；动态对象即"真正有效但不直接呈现的对象"（EP 2：482）。海市蜃楼的直接对象是"一片绿洲"，动态对象是"沙漠上活动的热空气"（瓦尔，2003：109）。我们在此摘录皮尔斯关于两个对象的定义，以便加深理解：

> But it remains to point out that there are usually two Objects, and more than two Interpretants. Namely, we have to distinguish the immediate object, which is the Object as the Sign itself represents it, and whose Being is thus dependent upon the Representation of it in the Sign, from the Dynamical Object, which is the Reality which by some means contrives to determine the Sign to its Representation. (CP 4.536)

一般存在两个对象和两个以上解释项。即，我们需要区分直接对象和动态对象，直接对象是符号自身再现的对象，其存在取决于符号的再现；动态对象是通过某些方式决定符号和其再现的现实。

> The immediate object of all knowledge and all thought is, in the last analysis, the Percept. (CP 4.539)

一切知识和思维的直接对象归根结底就是知觉对象。

Every cognition involves something represented，or that of which we are conscious，and some action or passion of the self whereby it becomes represented. The former shall be termed the objective，the latter the subjective，element of the cognition. The cognition itself is an intuition of its objective element，which may therefore be called，also，the immediate object. (*CP* 5.238)

每一次认知都包括再现某物，或我们所意识到的东西，以及一些过程或自我的激情成为再现。前者可被称为认知的客观成分，后者是主观成分。认知本身是其客观成分的一种直觉，可被称为直接对象。

In these cases，however，a mental representation of the index is produced，which mental representation is called the immediate object of the sign；and this object does triadically produce the intended，or proper，effect of the sign strictly by means of another mental sign... (*CP* 5.473)

在这些情况中产生了指示符的心理再现，心理再现被称为符号的直接对象；这个对象（直接对象）通过另一个心理符号以三元形式产生预期的或合适的效果。

... every act of consciousness，in short，of which the immediate object is an individual，thing，act，or state of mind，presented under the condition of distinct existence in space and time. (*CP* 5.300)

意识的每一个行为，简单来说，直接对象是一个个体、事件、行为，或心智的状态，在空间和时间不同存在条件下被再现。

As to the object，that may mean the Object as cognized in the Sign and therefore an Idea，or it may be the Object as it is regardless of any particular aspect of it，the Object in such relations as unlimited and final study would show it to be. The former I call the immediate object，the latter the Dynamical Object. (*CP* 8.183)

关于对象，即可能表示在符号中认知的对象以及一个想法，或者它就是对象本身而与它的任何特别方面无关，处于这种关系中的对象在无限的和终极研究中将呈现自己所是的样子。前者我称之为直接对象，后者是动态对象。

In respect to its immediate object a sign may either be a sign of a quality, of an existent, or of a law. (*CP* 8.183)

一个符号对于它的直接对象是一个质符，或存在符，或法则符。

皮尔斯（*CP* 8.183）举例来解释直接对象和动态对象，在 The Sun is blue 这句话中的对象是 the Sun 和 blueness，其中 blueness 是直接对象，是一种感觉质，只能通过感觉来感知。Sun 可能表示各种不同的感知，直接对象也是如此，或者它表示我们用地点、质量等术语来阐释这些感知，这时它就是动态对象。此外，皮尔斯还提出了真实对象概念（*CP* 8.314）。与前述一致，他把直接对象视为符号再现的对象，而真实对象（real object）与虚构对象（fictive object）相对，如龙、凤凰、麒麟等就是现实世界中不存在的虚构对象。而动态对象因为事物的本质，符号不能表达（express），只能指示（indicate），交由阐释者借助间接经验（collateral experience）来认知。

1.6.6　直接解释项（immediate interpretant）/动态解释项（dynamic interpretant）/最终解释项（final interpretant）

皮尔斯（*CP* 8.314）根据符号接收者做出反应的类型区分出三类解释项：从感觉得出的直接解释项（immediate interpretant），即符号所指，在有关符号自身的正确理解之中显示出来，通常被称为符号的意义；从行为得出的动态解释项（dynamic interpretant），即在人心里所产生的实际效果或符号造成的实际效力；从思维得出的最终解释项（final or ultimate interpretant），符号以一种方式将自身与对象建立联系，是"在思想足够发展后，符号在人心里所产生的效果"（*EP* 2：482），这个最终解释项就是皮尔斯的真理（truth）或最后的意见（final opinion）。

对解释者而言，直接解释项便是关于一个人、一幅画、一个空间、一部交响乐未经分析和反思的印象（Mittelberg，2019：205−206），雅柯布森的诗学功能在一定程度上也可归结为一级范畴。人类以直接或间接的方式通过身体感知世界，如从人的基本感官触觉、味觉、嗅觉、视觉、听觉等，"感觉（feeling）是当我们处于清醒状态下，无关强迫和理由而出现在我们意识中的东西"（*EP* 2：4）。根据皮尔斯的分类，感觉属于意识和经验的第一个层级，如本能、直觉、模糊的心理或情感状态，更倾向于通过身体符号来表征。习惯对应着人的心智状态存在：一级范畴的感觉习惯、二级范畴的行为习惯、三级范畴的思维习惯。直接解释项（一级范畴）目的在于把符号理解为一个符号，划定解释情境的可能性范围，同时也意味着否定了其他的可能性（Corrington，1993：160）。动态解释项（二级范畴）是单个解释事件中符号引发的解释，比如一个手势被理解为具有特定意义。手势符号在升级为习惯、规则、法则之前，具有高度的情境依赖性，主要表达处于二级范畴的指示性关系。此外，动态解释项也可以是具体符号解释者的解释或理解，是型符的具体实现和情境化，得到型符的一个复制品。比如关于饮酒的解释，"适量饮酒有益健康""饮酒的安全剂量是零"便是截然相反的解释，两者都是型符"酒"的复制品。"动态解释项是每一个解释行为的体验内容，但不同于任何其他的解释行为"（Oehler，1987：6），它强调的是动态解释项的情境化。我们还应注意，受到体验概念隐喻和意向图示驱动的手势表现出更强的形成概念的倾向，二级范畴的经验经过不断重复或具体化后，可能会转换到三级范畴的习惯，具有明显的文化塑造痕迹。终极解释项（三级范畴）是一个符号对符号解释者施加的规则性、法则性或习惯性影响，解释的倾向或行为的习惯是"逻辑解释项（logical interpretant）的表兄弟"（Liszka，1996：27），"逻辑解释项可被视为概念意义、符号意义"（CP5.475），终极解释项是解释习惯或行为习惯（CP5.491）。当手势或姿势获得型符特征时，语义结构和语用功能就具有独立的可辨别性（Wolf et al.，2018）。手势和运动轨迹具有对应的语义结构，手势可以在不同程度上将感觉、行为和思维组合起来呈现，即手势可以同时具有三个普遍范畴的属性（Mittelberg，2019：215）（参见表1-1）。

表1-1 皮尔士普遍范畴、符号相关项、符号分类图式关系（Mittelberg，2019：200）

普遍范畴（universal categories）	符号学关系（semiotic relations）	符号相关项（correlates of triadic sign relations）	根据符号自身属性的符号三分：表象的、直觉的（presentative）	根据符号与对象关系的符号三分：再现（representative）	根据符号与解释项关系的符号三分：解释的（interpretative）
一级范畴（firstness）可能性（possibility）感觉（feeling）	相似性（similarity）	符号再现体（representamen）	质符（qualisign）	像似符（icon）	呈符（rheme）

续表1-1

普遍范畴 (universal categories)	符号学关系 (semiotic relations)	符号相关项 (correlates of triadic sign relations)	根据符号自身属性的符号三分：表象的、直觉的 (presentative)	根据符号与对象关系的符号三分：再现 (representative)	根据符号与解释项关系的符号三分：解释的 (interpretative)
二级范畴 (secondness) 现实性 (actuality) 事实 (facts) 行事 (acting)	临近性 (contiguity)	对象 (object)	单符 (sinsign)	指示符 (index)	述符 (dicisign)
三级范畴 (thirdness) 法则 (law) 规则 (regularity) 习惯 (habit) 思维 (thinking)	规约性 (conventionality)	解释项 (interpretant)	型符 (legisign)	规约符 (symbol)	论符 (argument)

1.7 符号活动（semiosis）/符号活动系（semiosics）

皮尔斯从数学出发建构了一个全新的范畴目录，以此为基础实现了他重构人类知识体系的宏观理想。皮尔斯哲学具有明显的三元观倾向，与以往的二元观哲学传统形成鲜明对照，不再局限于语言范围（如索绪尔、雅柯布森）、文化范畴（如洛特曼、特洛普），而是将符号外延扩张至整个宇宙。在皮尔斯的众多三元关系中，符号活动（semiosis）概念尤其重要，这是我们理解皮尔斯符号生长理论（sign growth）、进化宇宙论、可错论的重要来源，众多学者从不同学科和理论视角审视和触及符号活动或其衍生概念，如莫里斯（C. W. Morris，1938；1971）从有机体视角对符号活动的修正以及对符号活动三维度的划分；佩尔斯（Jerzy Pelc，2000）基于莫里斯符号活动三维度划分创造了"符号活动系"（semiosics）这一新术语；丹麦奥登塞大学约根·D. 约翰森[①]

---

① Jørgen Dines Johansen. *Dialogic Semiosis*. Bloomington & Indianapolis：Indiana University Press，1993.

（Jørgen Dines Johansen，1993）基于皮尔斯的符号概念，在对索绪尔和叶姆斯列夫批判的基础上提出了"对话符号活动"（dialogic semiosis），意在呈现人类交际过程中符号产生、传递和阐释的符号学研究领域；弗洛伊德·梅里尔（Floyd Merrell，1996）[①]的专著《符号生长：符号活动和生命过程》（*Signs Grow: Semiosis and Life Process*）是继《符号成为符号》（*Signs Becoming Signs*，1991）和《后现代时期的符号活动》（*Semiosis in the Postmodern Age*，1995）之后围绕符号学的深入探索。梅里尔提出所有思维符号（thought-signs）和符号事件（sign-events）永恒变化的形象以及明显的符号性；马丁尼（Sergio Torres Martínez，2015）提出"符指翻译"（semiosic translation）及其应用于字幕翻译教学的研究。[②] 符号主体（sign user/interpreter）按照外延范围从小到大，应该是人→动物→生物→有机体→符号主体（包括人工智能）。符号主体能通过使用符号作用于他者或建构自己的环境，同时还能识别符号，接受影响从而改变自己的存在样态，这是符号作用或符号与符号主体联结的方式和结果，符号就是要发挥作用和产生影响。符号活动的无限过程（infinite process）可类比轮回概念，是从初始符号（initial sign/begining）逐渐发展生长为一个更加发达的符号。如"我下辈子要投胎变成大熊猫"。这种轮回具有空间性、不确定性，能确定的就是无限性、连续性，这是无常/常在二元概念。这种转换也是一种轮回观体现，"谁过年还不吃顿饺子""Everything has its time"，是具有辩证性的观点，类似的表述还有"花无百日红，人无千日好""富不过三代"等。

皮尔斯 1907 年在手稿《实用论》中首次界定了"符号活动"（semiosis），该定义被收录进《皮尔斯选集》（*Collected Papers of Charles Sanders Peirce*）；（*CP*. 5. 484）[③] 和《皮尔斯思想精要——哲学选集》（*The*

[①] Floyd Merrell. *Signs Grow: Semiosis and Life Processes*. Toronto：University of Toronto Press，1996.

[②] Sergio Torres Martínez. "Semiosic translation：a new theoretical framework for the implementation of pedagogically-oriented subtitling". *Sign Systems Studies*，2015，43（1）：102−130；Sergio Torres Martínez. Semiosic Translation. *Semiotica*，2018，225：353−382. 关于马丁尼"符指翻译"理论批判分析请参见：贾洪伟. 哲学实效论与翻译符号学 [M]. 苏州：苏州大学出版社，2019：313−330.

[③] *CP*. 5. 484.

Essential Peirce：Selected Philosophical Writings）.《皮尔斯思想精要》第 2 卷
收录的 "Pragmatism"（pp. 398－433）一文中，semiosis 先后出现 8 次（此
外，在第 2 卷前言中，前言谈及在 "What is a Sign?" 一文中，皮尔斯论及逻
辑学和符号学关系时，将推理等同于符号活动（equating reasoning with
semiosis）。为了加深理解，我们在此摘录其中两处：

> Yet this does quite tell us just what the nature is of the essential
> effect upon the interpreter, brought about by the sēmiōsis of the sign,
> which constitutes the logical interpretant. It is important to understand
> what I mean by *semiosis*. All dynamical action, or action of brute force,
> physical or psychical, either takes place between two subjects, －whether
> they react equally upon each other, or one is agent and the other patient,
> entirely or partially, － or at any rate is a resultant of such actions
> between pairs. But by "semiosis" I mean, on the contrary, an action, or
> influence, which is, or involves, a cooperation of three *subjects*, such as
> a sign, its object, and its interpretant, this tri-relative influence not
> being in any way resolvable into actions between pairs. Σημείωσις（在
> *CP*. 5.484 该词为 Sémeiösis）in Greek of the Roman Period, as early as
> Cicero's time, if I remember rightly, meant the action of almost any kind
> of sign; and my definition confers on anything that so acts the title of a
> "sign". (*EP*. Vol. 2. 411)

　　符号活动构成逻辑解释项，这告诉我们符号活动对阐释者施加的本质
影响。理解我提出的符号活动（semiosis）的意义非常重要。所有动态过
程，或自然力的过程，物理的或心理的，或发生在两个主体间——不论是
对两者施加相同的影响，还是其中一个是施事，另一个是受事，部分的或
整体的——或是二元项间这种过程的一个结果。但我把符号活动界定为由
符号、对象、解释项三者协作构成的过程或作用（influence），这种三元
作用不能消解为二元过程。在罗马时期的希腊语中，如果我记得没错，早
在西塞罗时期，符号活动就指几乎所有种类符号的过程；我把所有如此这
般发挥作用的事物都称为"符号"。

　　... as far as I know, a pioneer, or rather a backwoodsman, in the work of clearing and opening up what I call *semiotic*, that is, the doctrine of the essential nature and fundamental varieties of possible semiosis; and I find the field too vast, the labor too great, for a first-comer. (*EP*. Vol. 2. 413)

……我所谓的符号学，就是关于可能符号活动的本质和主要变体的学说……

莫里斯的"符号理论基础"（foundations of the theory of signs）将符号活动定义为"某物作为一个符号发挥作用的过程"，提及了符号活动的四要素：符号载体（sign vehicle）、指称（designatum）①、解释项（interpretant）、阐释者（interpreter），并强调四要素指称符号活动的不同方面；把符号活动分为符构②、符义和符效三个维度，对应研究符号与符号关系的符构学、研究符号与对象关系的符义学与符号和使用者关系的符效学。下面我们摘译莫里斯于1938年和1971年分别给出的关于 semiosis 的说明。

The process in which something functions as a sign may be called *semiosis*. This process, in a tradition which goes back to the Greeks, has commonly been regarded as involving three (or four) factors: that which acts as a sign, that which the sign refers to, and that effect on some interpreter in virtue of which the thing in question is a sign to that interpreter. These three components in semiosis may be called, respectively, the sign vehicle, the designatum, and the interpretant; the interpreter may be included as a fourth factor. These terms make explicit the factors left undesignated in the common statement that a sign refers to something for someone. (Morris, 1938: 3)③

某物作为一个符号发挥作用的过程可被称为符号活动。这一符号活动

---

① 我们将在第三章莫里斯符号学中对 Designatum（designata 的复数形式）、denotata、designate、denote、express 等术语展开详细论述。

② 其他关于符号学的文献中常将莫里斯的符号学三分译为句法学、语义学和语用学，为了规范使用符号学术语并减少与传统已有学科术语的混淆，我们采用符构学、符义学、符效学的说法。

③ Charles W. Morris. Foundations of the Theory of Signs. *International Encyclopedia of Unified Science*，Vol. 1，No. 2. 1—59.

可追溯至古希腊时期，通常被认为涉及三个（或四个）要素：作为符号发挥作用的某物，符号的所指，谈及的某物对该阐释者而言是一个符号以及借此符号对阐释者的作用。符号活动中的这三个成分可被相应地称为符号载体（sign vehicle），符号所指（designatum），解释项（interpretant），阐释者可作为第四个要素。这些术语澄清了一个符号为某人指称某物这一公用语句中没有明确指称的因素。

Thus in semiosis something takes account of something else mediately, i. e., by means of a third something. Semiosis is accordingly a mediated-taking-account-of. The mediators are sign vehicles; the takings-account-of are interpretants; the agents of the process are interpreters; what is taken account of are designata. (Morris, 1938: 4)

在符号活动中，某物通过中介阐释另一物，即第三物。符号活动是一个中介阐释过程。中介是符号载体，阐释就是阐释项，阐释过程的主体是阐释者，被阐释的是所指。

The properties of being a sign, a designatum, an interpreter, or an interpretant are relational properties which things take on by participating in the functional process of semiosis. Semiotic, then is not concerned with the study of a particular kind of object, but with ordinary objects in so far (and only in so far) as they participate in semiosis. (Morris, 1938: 4)

成为一个符号、一个所指、一个阐释者或一个解释项的属性是事物在参与符号活动时所具有的关系属性。符号学与具体类型的对象研究无关，而只与参与符号活动的一般对象有关。

Semiotic as the science of semiosis is as distinct from semiosis as is any science from its subject matter. (Morris, 1938: 8)

符号学作为符号活动的科学不同于符号活动，就像任何一门科学和它研究对象之间的区别。

A sign-process, that is, a process in which something is a sign to some organism. It is to be distinguished from semiotic as the study of semiosis. The terms "semiosical" and "semiotical" may be distinguished in a similar way. (Morris, 1971: 366)①

　　一个符号活动，即在某一过程中某物对某有机体而言是一个符号。这是要将符号学和符号活动区分开。术语 semiosical 和 semiotical 或许也可以类似的形式区分开。

　　To signify is to act as a sign in a process of semiosis. 'To have signification' and 'to have a significatum' are synonymous with 'to signify'. A sign is said to signify (but not denote) its significatum, that is, the conditions under which it denotes. All sings signify; not all signs denote. (Morris, 1971: 367)

　　指称就是在符号活动中发挥符号的作用。"有指称意义"和"有一个意指"和"指称"是同义的。一个符号指称（而非涉指）它的意指，即它在某些条件下涉指。所有的符号都指称，但并非所有的符号涉指。

佩尔斯（Jerzy Pelc，2000: 428）② 把符号活动三分为符号生产（creation of signs）、符号信息传递（communication of signs）、符号处理（processing of signs），将符号活动关系的总和称为符号活动系（semiosics）。

　　Modefying the views of both Peirce and Morris, and borrowing Kazimierz Twardowski's distinction between activities and their products (Twardowski 1912), I treat semiosis as activities which in some cases produce signs together with selected semiosic properties or semiosic relations thereof, and sometimes semiosics, i. e., the totality of semiosic properties of these signs or the totality of semiosic relations containing the signs as their element. (Pelc，2000: 428)

　　在修改皮尔斯和莫里斯的观点以及借鉴卡济梅尔兹·塔多斯基有关活动及其产物的区别时，我将符号活动视为在某些情况下产生并携带特定符号活动属性或符号活动关系的符号，有时是符号活动系，即这些符号活动属性的总和或包含这些符号作为它们成分的符号活动关系的总和。

---

① Charles W. Morris. *Writings on the General Theory of Signs*. The Hague: Mouton, 1971.

② Jerzy Pelc. "Semiosis and semiosics vs. semiotics". *Semiotica*, 2000, Vol. 128, No. 3/4: 425－434.

　　根据皮尔斯"宇宙中充满了符号"的论断，我们稍加观察就会发现符号活动是宇宙运动和发展的机制，符号活动渗透人类的语言、思维、生活甚至整个生物界。西比奥克的《全球符号学》（Global Semiotics，2001）深刻剖析了符号以及符号活动的机制、范围。佩特丽莉呼吁作为符号动物人类要勇于承担责任，关注符号伦理。赵毅衡敏锐洞察到了符号泛滥和意义旋涡给当代文化带来的巨大危机。为拓展我们对符号活动的理解和认知，我们在此简要提及符号活动与翻译符号学、符号活动与符号伦理、符号活动与符号异化等论题，以期引发更深入的思考。

　　符号活动（semiosis）与间性（interness）概念可为翻译符号学这一分支学科和跨域研究提供重要理论支撑。翻译符号学以符号转换为研究对象，把翻译过程视为符号转换过程，即"翻译符号学属于以广义所指翻译为参考的符号学研究，确立翻译符号学的本体论、认识论、目的论和方法论，界定翻译符号学的相关术语，勾勒翻译符号学的框架，设立翻译符号学的理论和应用任务"[①]。斯泰科尼（Ubaldo Stecconi）认为，"所有的翻译都是符号活动，但并非所有的符号活动都是翻译"[②]。格雷（Dinda L. Gorlée）[③] 论述了以符号活动作为翻译研究范式的合理性，符号载体→对象→解释项本身就是一个动态的意指过程，翻译符号活动研究可以扩大翻译研究的视域。符号载体通过符号活动成为符号，再现它自身以外的他物。符号转换过程是从解码（decoding）到再编码（recoding），这样才能进入符号阐释者的知识体系，正是遵循符号载体→对象→解释项的正向符号活动（forward semiosis）。而编码过程则相反，是一个逆向符号活动（backward semiosis），其路径是解释项→对象→符号载体，可见，无论正向还是逆向，符号活动都要以阐释为基础。符号活动广义性的优势在于，它可以将传统翻译中难以统摄的非语言符号纳入符号转换过程，从语言符号和非语言符号的对立进入无形符号和有形符号构成的三个二元关系：有形符号到有形符号、有形符号到无形符号以及无形符号到有形符号，这

---

① 贾洪伟. 哲学实效论与翻译符号学［M］. 苏州：苏州大学出版社，2019，前言：3.

② Ubaldo，Stecconi. Interpretative semiotics and translation theory：The semiotic conditions to translation. *Semiotica*，2004，Vol. 150，No. 1：473.

③ Dinda L. Gorlée. *Semiotics and the Problem of Translation: With Special Reference to the Semiotics of Charles Sanders Peirce*. Amsterdam and Atlanta：Rodopi，1994.

无疑扩大了传统翻译研究的视域，从符号载体属性的多维度（物质的/精神的、有形的/无形的、语言的/非语言的），到符号组合的多维度即我们所熟知的多模态，如解释项通过声、光、电、影、音等组合呈现表意，再到符号阐释者的解码和再编码依据的多维度（除了传统的五感即视觉、听觉、触觉、味觉、嗅觉，还有空间感、立体感、平衡感、热觉感受、疼痛感等）。符号活动为翻译研究带来了新的视角，按照皮尔斯无限符号活动的观点，即符号载体、对象和解释项的无限往复过程，任何一个特定的解释项都是整个符号活动特定时间、特定空间、特定个人（或群体）在某一特定阶段的理解与认知结果，具有暂时性、动态性、未完成性，涉及符号间性、主体间性、文本间性、文化间性，符号主体的言语和思维习惯除了受到源语和目的语影响，毫无疑问还受到了第三种语言文化的影响，因为翻译产品是一种既不同于源语，又不同于目的语的中间存在形态。

除了翻译领域，符号活动概念还被应用于更为广泛的领域。图尔・冯・乌克斯库尔（Thure von Uexküll，1986：204）认为："符号活动使用化学的、热的、机械的和电的过程作为符号载体。所传递的信息包括身体一个系统（细胞、组织、单个器官、器官系统）对其他系统或整个调节系统（特别是大脑）和控制系统（比如免疫系统）的意义。"对多细胞有机体而言，只有特定的细胞直接受到环境的影响，荷尔蒙的分泌通常会刺激神经。符号活动不受能量、物质的和物理的、化学的和地理的限制，"共生是微观世界符号活动的关键"（Sebeok，2001：24）。共生（symbiosis）是两种或两种以上生物的共同生存状态，它们之间存在交际形式。物理环境对不同物种而言是相同的存在，但客观世界对每一种生命形式和生命个体都具有物种特异性和唯一性。基于生物学遗传属性，个体主体在与客观环境的互动中建构了自己的环境界（Umwelt），雅各布・冯・乌克斯库尔（Jakob von UexküⅡ）把环境界视为一种以个体生命体为中心和视角的主观与客观相混合的世界。客观物质世界是生命体生命活动展开的环境，为生命体提供空间和能量，在与客观世界的互动过程中，生命体逐渐形成了自己的活动模型，具有了符号关系意义。这样一来，符号活动就超出了人类而拓展至所有生命体，如动物、植物。这一术语适用于动物界的任何一种生命形式，当然也包括人类，它们都是在各自基因代码系统的基础上展开生命活动，只不过人发展了语言符号系统。

　　我们人类的经验和经验的客观结构是什么关系？对象不能化约为事物，对象脱离了关系便不复存在，客观指任何被经验或被认识的存在，无关乎一个给定的客观要素在将来的某一时刻是否继续存在于经验中。对每一个物种而言，其环境界都是一个整体性的存在，一个具有意义的对象世界或客观世界，环境界中存在着物种生命过程中与环境的互动，肯定会伴随着作为关系的心智与意识。通过关系得以区分不同的事物，严谨地说，不是事物而是经验的对象。"动物依靠各种关系模式（patterns of relationships）来识别事物并创造自己特有的存在方式，总是冒着犯各式各样错误的风险，但也因此而发展（通过经常性地避免这些可能性错误）"（Deely，2018：214）。"人是唯一能够意识到符号存在并拥有符号反思能力的动物，能力意味着责任和担当，意味着人类能够对全球性的地球生命持一种负责任的态度"（佩特丽莉，2014：21）。符号活动的价值评判涉及行为动机是否高尚、善良，行为本身是否应该，行为方式是否得当，行为效果是否良好，符号主体是否具备不断反思持续改进的意识等。

　　"解释意义不在场是符号过程的前提"（赵毅衡，2012：140），这一解释把符号活动和符号意义二分对立，意义成了一种独立的存在，可以不受控制地离场。如果这一假设成立，那么符号的泛滥只能进一步挤压意义的存在空间，符号主体无暇顾及和思考意义，看到的只是意义不在场的符号能指或符号形式、符号载体、符号表征素。我们倾向于把符号活动理解为对意义的选择和明确，符号活动并非因为意义不在场，与之相反，在无处不在的符号及其携带着的各种意义交织面前，人们失去了选择的能力，在瞻前顾后、顾此失彼、无所适从的情境下，辨别轻重缓急的标准不再是唯一的，人们急需走出意义的旋涡和选择的困境。但在符号泛滥时代，理性的思考和消费面临重重障碍。马克思把工人创造的被资本家无偿占有的超过劳动力价值的部分称为剩余价值，用于揭示资本的剥削本质。最早的异化现象出现于原始社会末期，在神学和经院哲学中被解释为精神与肉体脱离、人性与神性疏远。在马克思看来，异化是和阶级一同出现的一种社会现象，表现为人的物质或精神生产的产品成为统治人的一种力量，马克思把私有制视为异化的根源。人在异化的物质或精神力量奴役下丧失了能动性，异化并非简单的物化或对象化，异化的直接结果是人的片面甚至畸形发展，这是人的全面发展的主要障碍，消除异化需要消灭阶级、私有制、社会分工。符号异化表现在符号疏远了最初的能指与所指的表意联结模式，在符号不断增长模式下，符号对象本身已经不是主要消费内容，而是用刻意附加的虚拟概念或剩余价值煽动、引导、控制消费者，营造一种充盈的虚无。这时与符号一同在场的不是意义，而是欲望、诱惑以及"对欲望的欲望"（赵毅衡，2012：141）。苹果公司的产品在近十年间创造了符号的神话，那个被上帝咬了一口的苹果标志象征着消费者永远不能满足的消费欲望，正是对符号异化作用的充分把握，苹果公司制造的不是消费者需要的产品，而是消费者想要的产品，永远去引领去创造消费的方向。"品牌不是原料，不是做工，甚至不是标牌，不是投入的劳动量，而是一个没有形体，但是价值溢出的纯粹的符号"（赵毅衡，2012：141）。人的衣食住行等满足温饱需求的物质消费在推动经济增长方面的作用逐渐式微，可见，塑造品牌、追逐品牌的循环已经成为今日社会符号异化的突出特征。

2　皮尔斯符号学大纲①

〔德国〕　克劳斯·厄赫勒（Klaus Oehler）

汉堡大学哲学系

　　本文共分四部分，首先介绍皮尔斯在符号学史上的地位。第一部分介绍皮尔斯符号学理论建构的不同阶段。以 1865 年皮尔斯在哈佛大学开设"科学的逻辑"讲座为始，1903—1911 年皮尔斯和维尔比夫人的通信止。第二部分从系统观角度分析他的符号学建构。第三部分关注的是符号学最基本和最普遍的角色，即皮尔斯所说的"最普遍的科学"，以及使用符号学术语建构知识新理论的重要性。第四部分讨论皮尔斯共识理论和语用共性之间的关系，并且回答能否以及在什么情况下情境言语（与抽象的"语言"相对）可作为逻辑分析的对象。

　　自古希腊始，"符号学"就被用来指称"符号的理论"。同样，今天符号学

---

　　① 《皮尔斯符号学大纲》一文用德语写作，1979 年发表于德语符号学杂志 *Zeitschrift für Semiotik* 1，该文扩展于 1981 年收录于德语版论文集 *Die Welt als Zeichen: Klassiker der modernen Semiotik*，1987 年该论文集英文版《符号学经典》（*Classics of Semiotics*）出版，本译文译自《符号学经典》英文版，曾发表在《语言与符号》第 1 辑（高等教育出版社，2016 年，第 105—116 页），部分内容有所调整。——译者注

话语中所使用的大部分术语都能追溯至希腊语或从希腊语翻译过来的拉丁语。符号学理论的根源最早可追溯到公元前 6 世纪。前苏格拉底哲学家们、诡辩学派、柏拉图都研究过符号，涉及语言的本质、交际的本质、符号与其所指关系、说话人和听话人的角色、词的可组合性和不可组合性、可能形成错误句子的原因等。亚里士多德在他的逻辑学和修辞学框架下对以上讨论继续展开研究，开创了第一个包含了规约符号（symbol）概念的符号学系统。在古代，斯多葛学派发展出最为成熟的符号学系统，他们提出了第一个逻辑学命题。但伊壁鸠鲁及其追随者也为之做出了重要贡献，如公元前 3 世纪由菲利努斯（Philinos）和塞拉皮翁（Serapion）创立的征候学和类推理论。之后的新柏拉图学派和基督教形而上学对符号概念做了重要延伸，代表人物为奥古斯丁。中世纪的经院学派继续就符号学问题做了更细致的研究。17—18 世纪的一些哲学家，如洛克、莱布尼茨、伯克利、休谟、兰伯特①等都为符号学做出了贡献。19 世纪当代符号学形成，首先是布尔查诺（Bolzano）在 1837 年出版了《科学理论》（*Wissenschaftslehre*），自 1867 年以来主要是美国逻辑学家、数学家、科学家和哲学家皮尔斯的著作。今天，皮尔斯（1839—1914）被视为当代符号学的主要创始人。在他的符号学理论基础上，符号学作为符号的科学获得进一步发展。与此同时，符号学已经成为继逻辑学和语言学之后的又一核心基础科学。任何形式的交际或再现都需要符号。

2.1　符号学形成的不同阶段

皮尔斯的符号学思想最早体现在他 1867 年公开发表的论文《论新的范畴分类》②。其实早在 1865 年，他在哈佛大学开设"科学的逻辑"系列讲座时就已经开始了符号学研究。在其保留下来的演讲稿中可以清楚地发现，皮尔斯在

---

① 关于当代符号学的先驱者们请参考 E. Walther. *Allgemeine Zeichenlehre Stuttgart:Deutsche Verlagsanstalt*, 1975, p. 9 ff.；R. Jakobson. *Coup d'Oeil sur le Développement de la Sémiotique*（符号研究第 3 卷，印第安纳布卢明顿：语言和符号学研究中心，1975）。

② 《查尔斯·桑德斯·皮尔斯选集》（剑桥：哈佛大学出版社）第 1—6 卷的编者为查尔斯·哈特肖恩（Ch. Hartshorne）和魏斯，1931—1935；第 7—8 卷的编者为伯克斯（A. Burks），1958。引用时标注的是卷数和段落数，比如论文 "On a new list of categories" 标注的引用是 1.545—567。

这个阶段的主要目标是重新定义逻辑学，并把逻辑学重新建构为一门符号的理论。[1] 我们发现，除了后来术语的改变和完善，皮尔斯此时已经形成了关于符号概念的成熟构想。他在讲座中介绍了构成符号学基本框架的符号学核心概念。他带着极度的自信和掌控力建构了符号（此时皮尔斯用的仍然是 symbol 一词，即规约符号）分析的方法：符号是再现，即符号代表某物，而且符号指向某物，即它的解释项，因此，符号包含信息。再现的概念还隐含了源于对象的不同种类再现的区分，基于此，皮尔斯在之后的分类中区分出了指示符（index）、像似符（icon）和规约符（symbol）。与再现概念相关，他整个理论都围绕三元关系进一步展开，事物（thing）、再现（representation）、形式（form），他把"形式"理解为再现所代表的关系。我们可完全确定的是，皮尔斯指出再现是我们能知道的所有，事物和形式只有通过再现才能为我们所知。

1866 年，皮尔斯以"科学的逻辑或归纳和假设"为题的讲座，继续进行符号学理论研究。这些讲座的手稿[2]清楚地表明，皮尔斯从一开始就在逻辑研究和范畴理论中思考符号概念。尤其是早期对关系逻辑的研究对他的符号学研究产生了重要影响。[3] 反之也如此，他对逻辑关系的阐述也受到了符号学的影响。

我们从他发表的第一篇论文《一个新的范畴目录》中可看到他之前两年对符号学研究框架的反思。"再现"（representation）与后来"符号"（sign）以同样的方式被使用。皮尔斯用自己的分类，即新的三类范畴：品质（quality）、关系（relation）和再现（representation），分别代替了亚里士多德的 10 种范畴和康德的 12 种范畴。他用这些范畴区分了（1）三种类型的再现：相似符（similarities）（后来称之为像似符即 icons）、指示符（indices）和规约符（symbols）；（2）参照传统分类，皮尔斯分出形式语法学、逻辑学和形式修辞学；（3）三大科学中比较普遍的符号种类：项（terms）、命题（propositions）和结论（consequences）；

---

[1] MS 340−348. 除非另有所述，对手稿的引用与哈佛大学霍顿图书馆查尔斯·桑德斯·皮尔斯论文编码一致。

[2] MS 351−359.

[3] 迈克尔（E. Michael）的《皮尔斯早期关系逻辑研究 1865−1867》，见《查尔斯·桑德斯·皮尔斯研究会杂志》，1974 年第 10 期，第 63−76 页。E. Walther. Erste Uberlegungen zur Semiotik von C. S. Peirce in den Jahren 1860−1866, *Semiosis*, 1976（Ⅰ），35−41.

(4) 三种结论：演绎（deduction）、假设（hypothesis）和归纳（induction）。

皮尔斯于 1868—1869 年发表了三篇文章《人与生俱来的能力》（"Questions concerning certain faculties claimed for man"）、《缺乏四种能力的后果》（"Some consequences of four incapacities"）、《逻辑法则的有效性根据——缺乏四种能力的进一步后果》（"Grounds of validity of the laws of logic：further consequences of four incapacities"）[1]，但他并不满足于把逻辑学建构为一门符号学理论。在这三篇文章中，他很明显倾向于把符号学作为基础科学，即科学的科学。三篇文章的主要观点即"所有想法都存在于符号中"，含蓄地表达出符号学的普遍适用性。皮尔斯通过在这些论文中首先发展符号学的认识论来坚守这一观点。

1877—1878 年，皮尔斯就"科学的逻辑的说明"（"Illustrations of the logic of science"）发表了 6 篇系列文章，其中前两篇《确定信念》（"The fixation of belief"）和《澄清概念》（"How to make our ideas clear"）最为出名。[2] 皮尔斯实用主义的基础由此奠定。皮尔斯研究中最无可争议的一个发现是：他的实用主义理论从一开始就受到符号理论的影响，因此只能从符号学视角才能完全理解。关于这一点最有力的证据是他 1903 年在哈佛大学和洛厄尔学院讲座中对实用主义的论述。[3]

皮尔斯的数学逻辑也一样。他于 1870 年发表了《关系逻辑的符号分析》（"Description of a notation for the logic of relatives"）[4] 讨论各种符号，如包含、相等、相加和乘法。关系逻辑扩展了像似性（iconicity）的概念，从图表转为逻辑法则的代数公式。虽然图表的像似性是自明性的，但逻辑法则的代数公式只能借助关系逻辑才能变得清晰。皮尔斯关于符号理论和图表理论最终的和最综合的阐释，是他在 1906 年发表的《实效主义前言》（"Prolegomena to

---

[1]　CP 5.213－357.

[2]　CP 5.358－410. 关于这一点请参考厄赫勒（K. Oehler）的论文《查尔斯·桑德斯·皮尔斯：〈澄清概念〉》。关于皮尔斯的实用主义扎根于他的符号理论请参考 John J. Fitzgerald 的论文《皮尔斯的符号理论是实用主义的基础》以及菲什（Max H. Fisch）的论文《皮尔斯的一般符号理论》，这两篇论文收录在托马斯·A. 西比奥克主编的论文集《视觉，听觉和感觉》（印第安纳大学出版社，1978 年，第 134－159 页）中。

[3]　CP 5.14－212.

[4]　CP 3.45－149.

an apology for pragmaticism"）①，这是皮尔斯就实用主义所写的系列文章的第三篇。1905 年的《什么是实用主义》（"What pragmatism is"）是该系列的第一篇②，为了与其他实用主义者如詹姆斯和席勒区分开来，他把自己的实用主义称为"实效主义"（pragmaticism）。第二篇文章《实效主义》（"Pragmaticism"）也出版于 1905 年③，他的批判常识主义理论和对经院式现实主义的接受成为他的实用主义结论。他早在 19 世纪 70 年代就已经研究过这两种理论。第二篇文章中提出的模糊符号学（the semiotics of vagueness）是全新的，成为他共识理论（common-sensism）的一部分。

1903 年，维尔比夫人出版了《什么是意义?》（*What Is Meaning*?）一书，同年，《国家》杂志刊登了这本书的一篇书评。④ 这篇书评的作者就是皮尔斯。此后这位英国女士和皮尔斯之间就开始了书信往来⑤，其中包括皮尔斯对符号学概念最经典的部分阐释。也是维尔比夫人鼓励皮尔斯以自传的形式进行阐述。她在 1908 年 12 月 4 日写给他的信中说："你对我毕生所从事的工作总是表现出友善的兴趣。"皮尔斯在 12 月 23 日给她的回信中说："看到'你对我毕生所从事的工作总是表现出友善的兴趣'这句话时，我笑了。这似乎是分歧，我倾向于说是偏离了我的关注视线。在我 12 岁或 13 岁的某一天，我在哥哥的房间里看到惠特利的《逻辑学要素》，我问他逻辑学是什么，他简单地回答了我，于是我开始趴在地板上埋头读书。除了符号学，我从来没能学好任何东西：数学、伦理学、形而上学、引力学、热力学、光学、化学、类比法、天文学、心理学、语音学、经济学、科学史、惠斯特（扑克牌游戏的一种）、男人和女人、酒和计量学。"⑥

皮尔斯在给维尔比夫人的信中提到的理查德·惠特利的《逻辑学要素》，自 1826 年出版以来，一直是英国和美国几代大学里的教科书，皮尔斯在哈佛大学读书时用的也是这本书。惠特利的另一部《修辞学要素》（1828）也同样

---

① *CP* 4.530—572.

② *CP* 5.411—437.

③ *CP* 5.438—463.

④ *The Nation*，77（1903），308—309.

⑤ 《符号学和意义学》（*Semiotic and Signifies*，1977）一卷中收录了查尔斯·桑德斯·皮尔斯和维尔比夫人的所有信函，编者哈德威克（Charles S. Hardwick），印第安纳大学出版社出版。

⑥ 《符号学和意义学》，p. 85 ff.

作为教材使用。惠特利和他之后的皮尔斯，继承了以奥卡姆、培根、霍布斯、莱布尼茨、贝克莱和孔狄亚克为主要代表的传统。作为这一传统影响的主要结果，皮尔斯也一直强调符号研究的逻辑特征，并努力避免心理主义。从这个意义上讲，惠特利对皮尔斯的逻辑概念起了推动作用，或许也可以说，皮尔斯的符号学事实和方法论都受到了他的影响。

可以说皮尔斯是当代符号学的真正创始人，没有他的话，符号学的发展将是无法想象的，这在如今已是一个被人或多或少接受的事实，目前他的著作只有少部分被出版，而他的大部分论文正在准备首次出版。如果我们把已出版和未出版的材料考虑进去，这些都是记录皮尔斯半个世纪以来对符号学内在语言的思考，因此，如果要为皮尔斯长达半个世纪的符号学思考做一个内在对话的注解，那么可以肯定的是，加上未出版的材料，对皮尔斯符号学基础进行注解面临着特别的困难。尽管有这些困难，但我已然决定采用纲要法来呈现皮尔斯符号学的清晰范式。对皮尔斯众多符号学草稿的透彻概括对于系统研究他的符号基本理论是必要的。

2.2　皮尔斯符号学的根基

皮尔斯对于符号是什么的思考，始于大家都知道的东西：符号是用一种东西代替另一种东西并被某人理解或对某人有意义。这种对符号的常识性定义首先具有自明性，但进一步思考并非如此简单。符号的三个方面或要素：符号本身、符号与它的对象、符号与它的解释项，相互之间是特殊的逻辑三元关系。三元关系的三个方面：符号、对象、解释项中的每一项可被继续分成三要素。符号分成质符、单符、型符，质符描述符号的感觉品质，其内在的、可见的表现（如绿色的），与之相反，单符是个体的现实（如一条特殊街道的特别路标），型符是符号的一般类型（如单词"树"）。基于符号与对象的关系，符号又可分为像似符、指示符、规约符。像似符与它的真实或虚拟对象之间具有相似性，如，图片、样式、图表，指示符与它的对象之间的关系不是作为副本，而是某种真实的标记或指针，如路标、风向标、箭头或一种疾病的症状。规约符与它的对象没有相似性或物理联系，只有在它被如此解释的意义上才由其对象决定，如旗帜。最后，基于符号与解释项的关系，符号可被分为呈符、述符、论符。这一分类对应着过去旧的分类：项、命题、论证，但它们被按照这种方式修正，以适用于一般符号。任何符号不管真伪，都是一个呈符，如单独的词。一个述符是有能力被解释为一个命题的符号。一个论符是它的理性必然性必须被承认的符号。

在符号三元三分基础上，可通过组合方式对符号进一步分类，每一组三元关系都有一个要素与符号、对象和解释项有关。[①] 严格坚持符号三元和三分对符号分类主要关系的分析是很有效的。最为重要的两种关系是与对象和与解释项的关系。

三要素即符号本身、符号对象和符号解释项促成了符号功能。解释项是一个符号在阐释者身上所产生的效果，它决定了一种感情、一个行为或一个符号。这种决定性就是解释项。存在各种各样的解释项，正如存在各种各样的对象。有直接对象，符号自身所再现的对象，它的存在依靠符号的再现；动态对象，即对象本身，独立于任何再现，但它决定着符号，符号是它的再现。直接对象被符号再现，而动态对象则生产符号。关于解释项必须区分：直接解释项，在对符号的正确理解中显现自身，如符号的意义是什么；动态解释项，符号的实际效果，符号所引起的反应；最终解释项，如果条件如此，符号将发挥它的全部作用，符号的效果将完全清晰地呈现。换句话说，如果符号被审查得足够仔细，那么，最终解释项就是每个阐释者注定要达到的解释结果。直接解释项源于这样的事实：每个符号在有一个解释项之前都有自己特别的阐释形式。动态解释项是每一个解释行为所经历的内容并且有别于任何其他解释行为。因此，直接解释项是一种可能的抽象，动态解释项是单一的实际事件，最终解释项是实际解释过程的倾向。解释必须总是始于对符号本质的正确分析。在符号本体论中对概念差异有明确的陈述，按照三分模式，符号的存在主要分为十类。

至今在关于皮尔斯的符号学纲要中，我们还没能清晰地重现其系统的每一个方面，还未谈及任何构成其符号理论基础的学说，即与他的关系逻辑相关的

---

① 关于这一点请参考《符号学和意指学》（*Semiotic and Signifies*）的附录 B《皮尔斯的符号分类》，第 160 页，以及华尔特（E. Walther）发表在《符号活动》（*Semiosis*）1976 年第 3 期的论文 "Die Haupteinteilungen der Zeichen von C. S. Peirce"，32—41.

范畴理论。① 从符号的一般定义，即符号对某种东西（解释项）来讲是对某物（对象）的替代，可看出符号与个性相关。特别清楚的是，符号关系的基本结构是三分的，通过三分法皮尔斯把相关项（correlata）或关系项（relata）描述成一级范畴、二级范畴和三级范畴。他把从自己范畴理论中借用来的这些术语，以类似的方式应用于自己的符号理论中。在形式上，一级范畴、二级范畴和三级范畴这三个范畴是三种关系：一元的（monadic）、二元的（dyadic）和三元的（triadic）。换句话说，一级范畴、二级范畴和三级范畴的普遍范畴被皮尔斯定义为一元关系、二元关系和三元关系（three-place relations），正如在他的关系逻辑中所发展的。② 皮尔斯的观点似乎是分类的每一级都不可化约，并且所有高级别的关系都可简化为这三种分类的组合。因此，四元关系（tetradic）、五元关系（pentadic）等都可以被化约为三元关系；但三元关系是不能简化的，不能降解为二元关系或一元关系。③ 对皮尔斯来说，关系逻辑理论具有启发性。一个完整的三元关系，如果没有三级范畴的中介作用，三者中的任何两个都不相关。在符号关系中也是如此：符号关联着对象和解释项，解

---

① 关于皮尔斯符号理论和范畴理论的逻辑关系，请参考道格拉斯·格林李（D. Greenke）的《皮尔斯的符号概念》，海牙：木桐出版社，1973，以及随后出现在查尔斯·桑德斯·皮尔斯学会杂志中的争议性文章，此外还有《道格拉斯·格林李〈皮尔斯的符号概念〉的评论集》（*A Symposium on Douglas Greenlee's Peirce's Concept of Sign*）；奥米斯顿（Gayle L. Ormiston）发表在《符号学》（*Semiotica*）的论文《皮尔斯的范畴：符号学的结构》，1977（19），209—232；厄赫勒的会议论文《皮尔斯与亚里士多德的对立：范畴理论的两种形式》（"Peirce contra Aristotle. Two Forms of the Theory of Categories"），该论文集 1981 年由得克萨斯大学出版社出版，第 335—342 页。

② 关于皮尔斯的关系逻辑请参考下列论文和书籍：M. H. Fisch, A. Turquette. "Peirce's triadic logic", *Transactions of the Charles S. Peirce Society*，1966（2），71—85；A. R. Turquette, "Peirce's Phi and psi operators for triadic logic", *TCSPS*，1967（3），66—73；idem, "Peirce's complete system of triadic logic", *TCSPS*，1969（5），199—210；D. E. Buzelli, "The argument of peirce's 'New List of Categories'" *TCSPS*，1972（8），63—89；E. Michael, "Peirce's early study of the logic of realtions 1865－1867", *TCSPS*，1974（10），63—75；K. Oehler, "Peirce contra aristotle", *Proceedings of the C. S. Peirce Bicentennial International Congress Amsterdam*，1976，（Lubbock, Tex., 1981），pp. 335—340. H. M. Stiebing, "Dreistelligkeit der relationenlogik－ kommentierende bemerkungen zu Peirce's 'The Logic of Relatives'"，*Semiosis*，1976（3），20—25；G. Gunther, Grundzuge einer neuen theorie des Denkens in hegels logik，（1933），2. *Mit einem neuen Vorwort erweiterte Auflage*，（1978）pp. V－XV；H. G. Herzberger, "Peirce on definability", *Pragmatism and Purpose：Essays Presented to Thomas A. Goudge*，ed. John G. Slater, Fred Wilson, and L. W. Sumner，（Toronto：University of Toronto Press，1979）.

③ 赫兹伯格（H. G. Herzberger）的研究提供了形式上的证明，即只使用二元或一元关系（dyads or monads）不能定义一个三元关系（triad）。

释项关联着符号和对象，对象关联着符号和解释项。

某物可作为符号发挥作用的充分条件就是它进入三元关系，意指其他事物，且这种指称具有某种意义并被某种智力所理解。符号能被理解的能力是先决条件，也是符号可重复性的要求，还是符号能被教授和被习得的要求。此外，符号存在预先决定了符号的出现总是与某种物质的、可感知的媒介相关，如符号作为符号，与它的物质形式相关联，这样才能成为感官的对象。

符号作为三元关系的概念也为意指的另一面提供了启示，即一个符号永远都不会单独存在或与其他符号无关联。从定义上讲，每一个符号都必须是可以解释的，这意味着至少存在另一个符号。只有在可解释的条件下，这个较远的符号才像一个符号，并由此预先决定了另外一个符号。如此循环往复以至无穷。这一论证可称为每一个解释过程无休止性的符号学证据。从实践观点来看，理论的无休止性是没有问题的，因为我们每天的行动都是被简化的过程控制着。人与人之间每天的交流都是通过有限数量的解释、缩约形式、姿势、举止、语调等。在每天的交流中，符号交流因行为的必要性而变少。因为我们需要行动，所以我们可在任何时候打断原则上无限的解释过程，行为也证明了一个情境中的解释需要被打断。

符号要素间的三元关系暗示了一个过程，即意指过程或符号活动。符号作为符号发挥作用，必须产生一种反应，相应的只有以第三种要素为中介，符号对它的接收者来说才能真正再现它的对象。这第三种要素就是解释项，符号的这个成分使它成为传统的、可解释的社会存在。在索绪尔的模式中，符号表达的信息是从发送者到接收者。皮尔斯的三元符号活动模式经对比证实更为高级，因为它也适用于其他不涉及发送者的现象，如自然现象，我们将之解释为症状，如发烧作为特殊疾病的症状。把症状纳入符号活动的分类意味着自然现象也可被当作符号来解码，因此，也同样适用于符号再现。符号的三元定义也能把信号传送包括在内，因为传送不是在两点之间存在的非调和状态，就像我们现在所知的，更应该是一个复杂的选择过程，只能与解释过程类比才能解释。

2.3　皮尔斯符号学的重要性和一般性

　　不管将来"符号学史"如何呈现，可以肯定的是，符号学史学家一定会把符号学的发展分为两个时代，即皮尔斯之前和皮尔斯之后。没人会怀疑皮尔斯的出现标志着符号学进入新的时代。因为他的研究起点既具有基础性又具有普遍性：构成世界的两种事物并不是相互排斥的，符号和非符号，又或是有意义的实体和无意义的实体。对于皮尔斯来说，没有无意义的对象。所有对象都是意指对象，不存在无意义的符号——这是一种自相矛盾的想法。显而易见，正是符号概念的三元结构使事情的这种状态变得清晰。同样，符号的特别类型，如像似符、指示符、规约符，并不是相互排斥的，而是意指过程和符号活动的个别方面。因为我们只是根据在特定时间占主导的方面来定义符号，而不是依据任何绝对的意义。

　　1868—1869 年关于人四种能力缺失的系列文章表明，对皮尔斯而言，符号学一开始就不仅是逻辑学的一个次范畴。符号理论的提出与传统的认识论问题有关，并延伸到知识符号学或一种符号学认识论，同时意味着一种关于现实的理论。这里发展起来的主要观点是：所有的思考都是一种符号思考："所有思想都存在于符号中。"[①] 这里暗含的意思是，我们没有能力去应对没有预设的知识（presuppositionless knowledge）、直觉，但所有知识都是由以前的知识决定的。我们没有能力构想绝对的未知，且我们也没有这样的概念。无论想法产生于何处，它都以词和符号为媒介："我们要想弄清外在事实，我们能发现的思想都是存在于符号中的。显然没有任何其他思维可被外在事实证明。但我们发现，只有通过外在事实思想才能为人所知。唯一可能被认知的思想就是存在于符号中的思想。但不被人认知的思想并不存在。因此，所有思想都必须以符号的形式存在。"[②] 从符号－思维这一概念开始去解释基本结构或思想才是可靠的，思维和对象再现为二元关系就显得不充分了。皮尔斯从这一前提出

---

① *CP* 5.253.

② *CP* 5.251.

发激烈地批评了唯理论者和经验论者。

　　他给对象的定义与思维－符号（thought-sign）的定义完全一致。后者的定义解释了一个思维－符号代表什么，"思维－符号代表的是对象被思考的那一方面；也就是说，这一方面是思维中意识的直接对象，换句话说，是思维本身，或至少是思维在接下来的思考中被思考成什么，它对随后的思考而言是一个符号"①。在还没有出版的手稿（MS 318，c. 1907）中，皮尔斯扩展了对象符号的概念，使直接对象和真实对象（real object）间的差别和联系更加清楚。符号的直接对象是与发送者的意图一样的一个想法或空概念（ens-rationis），"或许并不存在这样的事物或事实，或不存在于任何其他的现实模式中"。"如果存在任何真实的事物（即任何事情特征是真实的，不取决于不管是你，还是我，或任何人，或任何数量的人认为这是或不是事物的特征），与直接对象一致（因为它是某种理解，所以不是真实的），那么，与所谓的对象严格一致与否，它都应该被称作通常也是被称作符号的真实对象。"② 换言之，直接对象可以没有真实对象，但没有直接对象的真实对象是不存在的。直接对象是真实对象的构成要素。皮尔斯关于符号－对象的定义采用了下面的隐喻形式："如果此想法是符号建立的基础，那么就是直接对象，如果想法建立的基础是真实的事物或情况，那么就是真实对象。"③ 这意味着既然直接对象是主观的④，其中一个想法是"伴随想象和思考的附属观察"⑤，如果从思维存在（a thinking being）可能是一个无意义的对象这一假设出发，即一个没意义的对象，在逻辑上就是不一致的。相反，如果从皮尔斯符号学最基本和普遍的假设，即每个想法都是一个符号出发，那么就很难说，对一个思维存在而言什么不是符号。皮尔斯正是基于这个首要观点把符号学称为"最一般的科学"⑥。符号关系的基本结构，也是我们的经验结构或我们经验的对象，赋予了符号学最一般科学和基础科学的位置。基于这样的预设，不存在独立于我们思维的诸如"现实"的事物。换句话说，对人类而言，不能被符号再现的现实是不存在的。

---

① *CP* 5.286.

② *MS* 318（Prag 41－142）.

③ *MS* 318（Prag 33）.

④ *MS* 318（Prag 45）.

⑤ *MS* 318（Prag 40）.

⑥ *MS* 318（Prag 15）.

符号学认识论对传统的心灵概念有重要影响。为了回答思维一致性的根源问题，以及从笛卡尔到德国唯心主义心智哲学的基本问题，康德提出了先验统觉学说（《纯粹理性批判》，B132ff），符号认识论以一种全新的和有说服力的方式解决了上述问题。皮尔斯在论文《缺乏四种能力的后果》中提出了心灵的现实存在于哪里的问题。① 答案是："有时候意识被用来表达我所想的，或在思维中的统一，但统一只是一致性，或对它的重新认识。只要是符号，每一个符号都有一致性；因为符号意谓的内容主要是它是一个符号，意谓它自己的一致性。"② 但符号的一致性仅是对象可理解的本质，或在皮尔斯的构想中："一致性是一个事物的智力特征，即它所表达的某物。"③ 用这一办法，皮尔斯解决了当代哲学所面临的困难，即经验的多样性是如何来源于自我意识的统一性和相同性的。对于皮尔斯来说，统一性和多样性的中介要素不是通过个人的自我意识形成的，而是在符号活动中通过符号形成的，这个过程本质上是一个社会过程，其根源在于社群。皮尔斯从对话情景的现象学分析中得出了他的意指概念，了解这一点很重要。④ 说话人和听话人的角色区分以及他们的关系，使皮尔斯认为思维也是一个交流过程，是与自身的对话，因此他把对话的结构归于思维。

皮尔斯在晚年从主体间性来思考主体性的想法变得强烈。他的符号学认识论逐渐转变成等同于逻辑学的形式符号学，但他认为逻辑学就是符号学。皮尔斯在生命的最后十年投入写作《作为符号学的逻辑学系统》（*A System of Logic，Considered as Semeiotic*），但未能完成。他的目标就是希望他的这部著作能像 19 世纪约翰·米尔的《逻辑学系统》（1843）一样，成为 20 世纪具有广泛影响的书。他越来越被宇宙理性的想法吸引，在其势力范围内，思维不仅是大脑的功能，而且以各种现象在物质世界中得以体现。皮尔斯在《实用主

---

① CP 5.313.

② CP 5.313.

③ CP 5.315.

④ 参考 Klaus Oeher. "Zur Logik einer universal pragmatik". *Semiosis*，I（1976），14—23；J. J. 译曼. 皮尔斯的符号理论［M］//西比奥克. 充满符号的世界. 布卢明顿：印第安纳大学出版社，1977：22—39；Idem. "The Esthetic Sign in Peirce's Semiotic". *Semiotica*，19（1977），241—258. 关于皮尔斯的符号和卡西尔象征之间的对比请参考 Rulon S. Wells. Peirce's Notion of the Symbol. *Semiotica*，1977（19）：197—208.

义导论》（1906）中写道："思维并非必须与大脑关联。思维存在于蜜蜂的工作中、水晶中，并且普遍存在于纯粹的物质世界中。人不能否认它真的存在，就像不能否认对象的颜色、形状等的真实存在一样。一贯地坚持难以辩护的否定，就会使你成为和费希特一样的唯名论者。思维不仅存在于有机世界，它也在发展。就像没有具体就没有一般一样，没有符号也就没有思维。"[1] 心灵（mind）被认为是宇宙的一个（命题）功能，它的价值是所有符号的意义。符号的作用是相互之间的有效连接："心灵是最广阔的可能宇宙的一个命题功能，由此，它的价值是所有符号的意义，而这些符号的实际影响处于有效的互相关联之中。"[2] 皮尔斯符号学的主导地位来自这一普遍性，从符号宇宙学和符号精神学扩展到符号学认识论和相互作用理论，指导着实践结果和经验适用性。皮尔斯符号理论的经验相关性已被信息理论家发现并获得评价。[3] 这一点和其他方面的发展说明，我们见证着对皮尔斯兴趣的复兴，他对 20 世纪产生影响的希望有些已经实现了，虽然也许并没有像他自己所期望的那样。

2.4 皮尔斯共识理论的一些方面

康德认识论的核心——知觉的先验综合，已经无法为知识的主体间有效性提供有效答案。康德关于意识总体上的形而上建议需要让位给新的尝试去解释知识的公共效力。以前哲学家们坚持的经典先验认识论，只是把语言视为附着物，没有怀疑康德的普遍意识概念作为知识先验主体的问题。比如，卡西尔的"符号形式"作为完全孤立获取的意识工具仍出自传统的认识论框架。鉴于这一点，卡西尔《符号形式的哲学》（*Philosophy of Symbolic Forms*）一书的地位已经不像早期那么重要，不仅是明显的地位，而且在现实中通过看到和分析思维在本质上是依靠交流的一种作用，把他们自己从对认识论的唯我论方法中解放出来。这一点并不适用于早期的维特根斯坦或卡尔纳普，他们的著作没有谈及主体性，而是有意识地尝试从新的角度重新思考这一问题。

---

① *CP* 4.551.

② *CP* 4.550（footnote）.

③ 参考 Charles Pearson. "A theory of sign structure". *Semiotic Scene*，1977（I）.

皮尔斯用解释的符号综合（the semiotic synthesis of interpretation）代替了康德的知觉先验综合（transcendental synthesis of apperception），符号综合发生在真实的交际世界中并最大化地靠近理想的界限，"最终意见"（final opinion），他认为一个最终的一致性就是一个理想社团的本质构成。一般性共识作为一个调节原则控制着社团的行动并指导着它的实现。先验主体性概念的这种变形并不是新近的事情①，而是在 100 多年前受皮尔斯影响的产物。我下面要讨论的是皮尔斯共识理论与语用共性之间的关系，并回答话语（与抽象的语言相对）能否和以什么方式成为逻辑分析的对象。由此，我们来讨论语用共性的逻辑问题。

首先讨论理想的交际组（communicative group）概念。皮尔斯把这一概念和他的现实性理论结合在一起，现实性理论的前提是对象的概念最终是有效的形式，如果研究无限制进行下去，一个调查者的理想社团会达成一致，即对象的内容。皮尔斯假设，知识的无限发展将汇集成一个关于现实的正确概念。皮尔斯共识理论面临的重要问题就是产生共识的最好方法是什么。为了回答这一问题，皮尔斯做了大量的努力证实科学方法的正确性，对他来说证实归纳与假设一样重要。他认为，科学思考的最终目的是现实性，而现实性存在于以现实性为对象的真实句子之中。皮尔斯认为这一假定是信念问题而不是证据问题，他关于共识形而上学的信念文章具有末世论特征。坚持和重复使用科学方法必将导向最后的结论，即"最终意见"。"最终意见"是理想过程的催化剂，在这一过程中科学方法不断用于那些来自常识的未经批判的观念。

只有涉及未来的某一人文学科时，"最终意见"才会发挥理想的共识作用。它的直接作用是为理想条件的概念提供实际应用，这一概念在科学思维中尤其重要。理想条件在当前情境下与真实条件的差异才变得能被感知。因此，在选择研究的相关对象和简化计划时，理想条件可作为标准发挥作用，最重要的是作为定义理论和实践目标的标准。皮尔斯清楚地强调了其共识理论的这个方面。他的真理概念与理想条件相关，在理想条件下，一个命题与真实对象相关。真理和现实的概念在皮尔斯那里已经做了必要的修正（mutatis mutandis），康德把这一功能归结为规定性理念（regulative ideas）。皮尔斯的

---

① 如果缺乏对皮尔斯著作的认识，可能会出现这种误解。

理想化社区的概念以及其中的最终共识，是通过科学方法得以建立的，方法控制着行为的标准化，呈现为科学的规定性想法。还需要提及的是，皮尔斯的某些陈述似乎暗示了这一想法的历史可实现性。这是完整科学知识的理想化形式，也是与之一致的一门人文学科。

在这一主张中，关于交际的主体间性基础是由什么构成的仍然存有疑虑，以及皮尔斯理想社区中的认知者和推理者是否有能力提供这样的基础，是语言普遍性问题之一。皮尔斯一直在寻找能够使一种自然语言翻译到另一种自然语言的常量，符号学这门科学的基础和核心问题是研究交际发生的普遍机制。他认为语言共性并不是语言能力的事实，而是使交际成为可能的思维的普遍结构。

皮尔斯留给了我们关于符号的诸多定义。一般来说，一个符号是与某物相关的另一物的替代物。这一定义清楚地说明了符号的相关性特征。符号关系是三元的，被皮尔斯描述为一级范畴、二级范畴和三级范畴。这一术语与皮尔斯的范畴框架相关，并从中获得了意义。

皮尔斯关于交际行为的普遍结构是三元关系的论断似乎是无可争辩的，任何寻求更为普遍的基础从而超越这个结构的尝试都是错误的。语言学追寻和研究的语言共性是简单事实，受到三级范畴的逻辑约束。不仅皮尔斯坚持三级范畴不可化约，维特根斯坦也反对简化论。[①] 维特根斯坦反对形式简化论的所有主要论点，指向了它们所产生的无限倒退。皮尔斯正是用这一论点批评笛卡尔的直观论（intuitionism）。

这些考虑与我们最初讨论的先验哲学的"转化"问题有关，即阿佩尔所谓的"先验解释学计划"。[②] 这一计划用"以语言学为中介的先验综合"代替"直觉的先验综合"。这个计划坚持寻找普遍常量作为以语言为中介的解释的普遍条件。我想要辩护的论点是：这些普遍条件的逻辑就是意指三元关系逻辑，

---

① 关于皮尔斯和维特根斯坦之间的相似性，请参考罗蒂（R. Rorty）的论文《实用主义，范畴和语言》（"Pragmatism, categories and language"），*Philosophical Review*，1961，197—223。关于皮尔斯的认识论以及认识论和概率论的关系请参考塞耶（H. S. Thayer）的《意义与行为：实用主义批评史》（"Meaning and action. a critical history of pragmatism"），Transactions of the Charles S. Peirce Society，3CSumner，1982：255—265。

② 阿佩尔（Apel）对语言概念的先验阐释学解释收录在《哲学的基本概念手册 3》（*Handbuch Philosophischer Grundbegriffe Ⅲ*）中，Munich，1974：1383—1402。

不可进一步简化。阿佩尔的先验解释学或先验语用学，尽管其反面的肯定性，并非总是合理地对待符号关系的本质三元性。阿佩尔计划中对科学逻辑分析的反对意见，批评了未能对主观性给予说明，对二元逻辑（a two-place logic）的简化，当阿佩尔计划——据称在先验哲学框架内——在人类情境下依赖人类学常量以及据说是先天的"普遍语言能力"时，这被认为是代表着人类语言本能的可能性。人们别无选择，只能把这些技能看成在先验主义哲学伪装下的建构简化论（constituting reductionism），把三级范畴降为二级范畴是一种退化，皮尔斯小心地将这称为唯名论（nominalism）。

在这一点上，也许值得重申这一疑虑，即在阿佩尔计划中"先验的"这一表达是否只表示知识的事实条件。[①] 阿佩尔企图借助皮尔斯认知者和推理者理想社区的规则概念，即从完全不同的逻辑学框架下发展起来的概念，来赋予"先验的"合理性，但这一疑虑仍然存在。从批评的角度来看，皮尔斯的概念确实和自康德以来被称为先验的研究无关。因为康德理性批判的先验论核心失去了系统性地位，出于对经验构成理论的兴趣，皮尔斯成为当代研究的兴趣点。当前似乎没有必要指出到底这一框架中偶然加入了什么"先验主义"的内容——特别是普遍实用主义的目标是分析论证话语（argumentative discourse）的一般命题。可以使用的逻辑工具是符号三元关系逻辑，这是适用于普遍语用学目的和特征的唯一逻辑。

哈贝马斯[②]建议的普遍实用主义，目的是发现交际的普遍命题，代表社会－文化发展阶段的交际过程作为言语行为得以范畴化。哈贝马斯确定并重构了任何参与交际行为的人都会主张的四种要求：可理解性（comprehensability）、真实性（truth）、诚实性（truthfulness）和正确性（correctness）。把这些作为说话人－听话人关系的本质特征貌似合理。这些曾

---

① 比特纳（R. Bittner）在《先验的》（"Transzendental"）一文中讨论了该问题，该论文收录于《哲学的基本概念手册 3》（*Handbuch Philosophischer Grundbegriffe Ⅲ*），Munich，1974：1524. 此外，参考阿尔伯特（H. Albert）的批评性文章《阿佩尔的语言游戏和阐释学》，汉堡，1975。

② 参考 J. Habermas' preliminary sketches for a universal pragmatism：J. Habermas，"Vorbereitende bemerkungen zu einer theorie der kommunikativen kompetenz" in：J. Habermas，and N. Luhmann，*Theorie der Gesellschaft*，（Frankfurt a. M.，1971），101−141；and J. Habermas，"Was heisst Universalpragmatik?" in：*Sprachpragmatik und Philosophie*，ed. by K. -O. Apel，（Frankfurt a. M.，1976），174−272. 也见于 J. Habermas，Theorie des kommunikativen Handelns，（Frankfurt a. M.，1981）.

是古代哲学和修辞学长达几个世纪的争论中心，而且在传统论题中发挥着重要作用。表达的可理解性、信息的真实性、话语的诚实性和言语的正确性，被视为普遍条件的公认标准和价值，这一交际的结构只能用关系术语来描述。这些普遍条件规定了再现、表达和信息三个普遍语用学功能获得实现的标准以及这三个功能只能用关系术语分析。它们的结构本质上是三元的，即它们满足皮尔斯符号概念的逻辑条件，因此，这一结构是每个言语行为的基础。除了基本命题理论、意图表达或言外行为理论中的普遍语用学分析，分析的首要目的必须是普遍语用学的逻辑，这适用于普遍语用学的各个部分甚至任何交际理论。正如我们所见，在本质上，逻辑必须是三元的。哈贝马斯的普遍语用学建议在我看来似乎与这种改进的理论一致。这些改进相当于一个结构上简化的普遍语用学框架。对我来说，没有关系逻辑，可能交际的普遍条件就是不充分的。意义的主体间性问题至少对两个说话人来讲是一致的。

　　符号关系本质上是三元的，这一提议在人类行为现象学中是普遍有效的。即符号关系的三元性是不可化约的，并为符号学的普遍合法性提供了基础。[①]皮尔斯之所以把符号学描述为"最一般的科学"，是因为它同时决定着它作为基本科学的特征和作用。这一构想出现在他未出版的 318 号手稿（从 1907 页开始），其作为皮尔斯理论中最清楚的一个阐述最近得到了很多关注。[②] 在这一手稿中（MS318，Prag 15－46），皮尔斯把"每个概念和每个想法都是符号"作为他的出发点，希腊语 Logos（逻各斯）一词表示只有通过这一途径才能形成概念。任何人基于内在的自我观察都可以说服自己，他的反思以自我对话的形式呈现，加上"对话是由符号构成的"（MS 318，Prag 14）则显得多余。皮尔斯本可以用更多的经典哲学文本来证实思维的阐释即对话。但他却对基本交际情形采用了一种让人印象深刻的现象学分析，使符号不可化约的三元

---

① 参见 M. Bense，"Fundamentalitiit und universalitiit der semiotik"，Paper I of the Institute for Philosophy and Theory of Science at the University of Stuttgart，1975. Max Bense's proposals are developed on the basis of the contribution of the Stuttgart Institute to semiotic studies，in the development of the basic Peircian theory to a modem functionally operative theory. 参见 E. Walther，*Allgemeine Zefchentheorie. Einfiihrung in die Grundlagen der Semiotik*，（Stuttgart，1975），and M. Bense，*Semiotische Prozesse und Systeme*，（Baden-Baden，1975 ）.

② 参考兰斯德尔（J. M. Ransdell）发表在 1976 年第 12 期对 MS 318 的评价和阐释，以及作者的文章（1976 年第 12 期第 185 页）。

结构更为清晰，即从基本对话情形重构中得出符号概念、符号对象、符号解释项。这一点在皮尔斯为符号－发送者（sign-utterer）、符号－表达（sign-utterance）、符号－解释项（sign-interpretant）寻找"基本要素"（MS 318，Prag 21）中被特别注意到。这里我们不能逐一细说皮尔斯得出的结论。指出皮尔斯成功地展示了符号三个术语的互相依赖性就已经达到了我们的目的。符号生产者对某人表达关于某物的信息（无论声音的、视觉的还是触觉的），即解释项。但符号生产者不仅传递信息，他在此过程中也有某种意图。他的意图通过解释项与话语的解释发生联系。因此，符号生产者的意图是解释正确与否的标准，也有可能存在错误的解释。所以，解释项的兴趣在于说话人的意图。

符号和其解释之间关系的定义提前决定了符号的对象是什么。（既然符号作为符号仅有一个功能——语用功能——能被正确地解释，符号对象的客观性仅包含符号的正确解释。）皮尔斯称符号对象为"直接对象"：符号是基于再现或概念的。再现或概念依赖的对象或事物的状态就是皮尔斯所称的"真实对象"。前文曾引用皮尔斯的这句话"我用 requaesitum 这一术语指符号对象：如果符号建立在概念之上，那么就是直接对象；如果符号建立在真实事物或条件上，那就是真实对象"（MS 318，Prag 33）。符号的直接对象可依赖观察或想象，无论哪种情况都在本质上依赖主体性，在这一意义上被皮尔斯描述为"主观的""说话者意图""某些想法""某种理解"。"或许不存在这样的事物或事实，或在现实性的任何其他形式中；但我们绝对不能以符号的名义否认凤凰的图片或赤裸的真相，仅仅因为这种鸟是虚构的和理性的真理。"（MS 318，Prag 41）真实对象也依赖主体性，即符号直接对象的主体性。但它并不是完全被主体性包围的，还有其他，即对象独立于主体性的那一方面，在主观上与符号的直接对象一致。"如果存在任何真实（即它的特征是真实的独立于你、我或任何人，或不管有多少人认为这是或不是它的特征）与直接对象一致（因为这是某种理解，而不是真的），那么，不管这是否与严格的所谓对象一致，他应该且通常被叫作符号的真实对象。"（MS 318，Prag 41/42）每个符号都有一个直接对象，但并不是每个符号都有一个真实对象，而且每个真实对象都有一个直接对象，但并非每个直接对象都有一个真实对象。符号理论中发展起来的对象概念，在这两种情况下都与解释项关联——虽然每种情况不同。受这一理论限制，没有解释项是无法想象的。符号在解释项和对象之间充当媒介，一方面与解释项有关，另一方面与对象有关，这样将解释项和对象联系在一起。对象和解释项的必然关系是三元关系的最基本形式。因此，皮尔斯认为对象和解释项是符号的两种"相关关系"（correlative correlates），从而在理论上确保对象和解释项的一致。

最后，皮尔斯在 *MS* 318 中给出了符号的清晰定义，集中论述符号的本质。他这样写道："我认为一个符号是关于任何存在模式的某物，它是一个对象和一个解释项的中介；鉴于符号既被对象决定而与解释项相关，又决定着解释项而与对象相关，并以此形式使解释项通过符号的中介而被对象所决定。"（*MS* 318，Prag 44）符号的这一定义把被理解为交际行为逻辑的符号学简化为最清晰的、可理解的表述，即符号的普遍三元关系结构。这种关系的三个术语（符号、对象、解释项，一级范畴、二级范畴、三级范畴）描述对象的客观性——什么使它成为一个对象，同时也描述了思维、言语和过程的逻辑结构，这样一来，交际行为这三要素的同构性也清楚了。任何可以想象的东西都体现着这种关系结构，我将之视为既成的符号学事实，认为将三级范畴简化为二级范畴的尝试是不可行的。符号学作为交际行为（思考、言说、行事）的逻辑是一个三级范畴理论，也就是一个再现。思考、言说、行事在这一理论中只意味着：以一种与初始三元关系逻辑形式一致的方式被再现的可能性。为发现交际行为要素的逻辑基础，这一解决办法与其他尝试相比具有极大的简化性。符号概念形式结构的简明性也解释了它对任何与思维相关的或可能相关的事物的普遍有效性，而思维在这里被理解为一个阐释过程。这样，符号关系概念就成功地赋予了科学和作为整体的阐释行为统一性。

3 皮尔斯符号学核心文献

[1] Charles Hartshorne, Paul Weiss, Arthur Burks. *Collected Papers of Charles Sanders Peirce*. Cambridge：Harvard University Press，1931—1958.

[2] Charles S. Hardwick. *Semiotic and Significs. The Correspondence between Charles S. Peirce and Victoria Lady Welby*. Bloomington：Indiana University Press，1977.

［3］ James Jakób Liszka. *A General Introduction to the Semeiotic of Charles Sanders Peirce*. Bloomington：Indiana University Press，1996.

［4］ The Peirce Edition Project. *The Essential Peirce*（Vol. 1-2）. Bloomington：Indiana University Press，1992-1998.

［5］ Charles Peirce. *Writings of Charles S. Peirce：A Chronological Edition*. Bloomington：Indiana University Press，1982.

4 关于《皮尔斯符号学大纲》的思考

该文作者从四个方面勾勒了皮尔斯符号学理论框架：皮尔斯符号学理论形成的阶段、皮尔斯符号学理论体系、皮尔斯符号学的学科地位、皮尔斯的共识理论。笔者在此记录翻译该文过程中的部分思考。

第一，关于符号的起源时间问题。厄赫勒在文章开篇提及符号学理论可追溯至古希腊时期，其实，我们可以把视野再向前推进。因为从广义上看，自从人类降生，就开始了人与自己、人与他人、人与自然、人与种群、部落与部落之间的交际行为，按照皮尔斯的符号观，交际过程必然涉及符号的创生、信息的传递过程，正是因为符号活动的持续开展才积累了人的认知，不断拓展着人们的活动范围和知识界限。在公元前 3000 多年的美索不达米亚时期，人类已经发明了占卜术或巫术，这在本质上已经是人类对符号载体的使用以及借助符号开展表意和解码的行为，也是人类通过特定的符号组合形成的仪式与自然、超自然力量的一种交际行为。

第二，关于皮尔斯符号学理论形成的阶段。根据可追溯的文献来看，皮尔斯对符号学理论的思考和学科体系的建构先后持续了 46 年，从 1865 年的哈佛大学讲座开始，到 1911 年与维尔比夫人的通信结束。从已经出版的著作来看，皮尔斯的符号学思想并没有一个界限清晰的分期，但大致可根据其三个阶段的标志性文献来把握。第一阶段，1865—1876 年，1865 年皮尔斯在哈佛大学关于"科学的逻辑"系列讲座开启了他的符号学研究，1867 年"一个新的范畴目录"体现出皮尔斯关于符号学理论体系的思考，皮尔斯找到了自己重构人类知识体系的方法和起点，他从对康德范畴的批判开始，提出了新的三类范畴：品质（quality）、关系（relation）和再现（representation），即从数学中得到了一级范畴（firstness）、二级范畴（secondness）、三级范畴（thirdness）。这个时期皮尔斯主要关注符号的再现以及再现的分类、符号的形式等问题，从而为像似符/指示符/规约符、语法/修辞/逻辑、术语（term）/命题（proposition）/结论（argument）、归纳/演绎/溯因等一系列三元划分奠定了基础。第二阶段，1877—1903年。1877—1878年皮尔斯发表的《澄清概念》《确定信念》代表了他这一时期对实用主义的思考。皮尔斯反对心理主义，不同于实证主义之处在于，他努力将形而上学科学化；他不是纯粹的唯心主义，但他发展了进化宇宙论，认为宇宙是一个从完全混沌状态向一个绝对规则状态发展的过程，遵循机会（opportunity）→发生（occurrence）→习惯（habit）的发展路径，得出宇宙中一切都具有"心智"（mind），绝对规则状态是死亡了的心智状态，也就是一种习惯状态的结论。库尔（Kalevi Kull）[①]对皮尔斯的"习惯"提出了不同的解读方式，认为物质世界中的规律并非"习惯"，但生命发展起来的规则可以是"习惯"，由此，深入发展了生物符号学。第三阶段，1903—1911年。这一时期1905—1906年发表的《什么是实效主义》《实效主义》《实效主义序言》三篇论文阐释了他的实效主义哲学观。皮尔斯和维尔比夫人间的书信往来中包含了皮尔斯晚年对符号学的集中思考。

第三，关于皮尔斯符号学理论体系。《皮尔斯符号学大纲》一文的目的不是列举皮尔斯广博庞杂的符号学知识点，而且也不可能做到。该文作者从符号定义出发，涉及符号的分类[②]：质符/单符/型符，像似符/指示符/规约符，呈符/述符/论符；直接对象/动态对象；直接解释项/动态解释项/最终解释项；一级范畴/二级范畴/三级范畴；一元关系/二元关系/三元关系；符号活动/符号活动。这些内容在前文的皮尔斯符号学关键词部分都有涉及，应该说文中所列的三元关系或概念只是皮尔斯符号学理论体系中很小的一部分。根据《皮尔斯文集》《皮尔斯精粹》可看到，至少还有以下概念需要我们进一步阅读和阐释，如逻辑解释项（logical interpretant）/情感解释项（emotional interpretant）/能量解释项（energetic interpretant）/最终解释项（final

① Kalevi Kull. "Physical laws are not habits, while rules of life are". In Torkild Thellefsen, Bent Sørensen (eds.) *Charles Sanders Peirce in His Own Words*. Mouton：De Gruyter，2004：87-94.

② Priscila Borges. "Peirce's system of 66 classes of signs". In Torkild Thellefsen, Bent Sørensen (eds.) *Charles Sanders Peirce in His Own Words*. Mouton：De Gruyter，2004：507-512.

interpretant）；意义的三个层级（three grades of meaning）；清晰的三个层级（three grades of clearness）；三个连续的本体论模式（three successive ontological modes），可能性（possibility）/现实性（actuality）/必要性（necessity）等。

第四，关于科学方法。厄赫勒并没有过多陈述皮尔斯科学方法的重要性，在对传统的三种推理方法（惯常法、权威法、先验法）批判的基础上推出了唯一正确可行的方法——科学方法，并将科学方法细分为溯因、归纳和演绎，人类知识的元语言不是自然语言，而是符号学。皮尔斯既反对独断论者，也反对怀疑论者，而提倡可错论：科学不是链条式的存在而是不断编织的麻绳，部分的错误不影响整个科学的总体走向。皮尔斯的研究计划是要把所有学科、整个人类思维都纳入他的理论范围，他的实效论基于实验室数据和科学实证，吸收了可错论、进化论等动态思想去探求意义和真理，皮尔斯称之为终极共同体（final community）。

第五，关于共识理论。厄赫勒用三分之一的篇幅论述了皮尔斯的共识理论，从康德的认识论、卡西尔的符号形式哲学再到维特根斯坦和卡尔纳普的观点，指出了主体性缺失的问题。皮尔斯用符号学综合替代了康德的先验综合，把知识的起源、发展、积累带到真实的交际世界。皮尔斯通过符号三元关系即符号、对象、解释项重构对话情境或交际，阐释者对直接对象（真实对象）的观察、对动态对象的想象，体现的是一种主体性存在或理性存在（ens rationis）。而在符号的众多特征中，独立于主体性/主观性是符号能够再现一切存在的前提。

第六，关于皮尔斯符号学的一般科学地位问题。皮尔斯发展的是一门科学符号学，想通过符号学的术语体系重构我们的认识论和方法论，最终重构人类的知识体系，所以皮尔斯把符号学视为一门基础性科学，符号学借助现象学和数学发展科学知识，澄清概念，固定信念，消除人们不断产生的怀疑，使人们能处于一种有信念的满足状态。理论上，通过无限的符号活动和符号生长，整个宇宙将充满符号，符号活动的终极目标必将实现，即达到最后的意见（final opinion）或真理（truth）。

二、费尔迪南·德·索绪尔

（Ferdinand de Saussure）

1 索绪尔符号学关键词

费尔迪南·德·索绪尔（Ferdinand de Saussure，1857—1913）出生在瑞士日内瓦的一个法国人家庭，1878 年发表了《论印欧系语言元音的原始系统》，1881 年完成博士论文《梵语中的绝对属格用法》。1881—1890 年在法国巴黎高等研究学院教授梵语并兼任巴黎语言学学会秘书，1891 年回到瑞士日内瓦大学。1906—1907 年、1908—1909 年、1910—1911 年连续三学年讲授普通语言学，1913 年，索绪尔去世。1916 年他的学生整理出版了《普通语言学教程》，1980 年汉译版出版。索绪尔的符号学思想多源于后人对《普通语言学教程》的不断挖掘和阐释，如索绪尔结构主义语言研究的整体和系统视角，专注共时状态描写；语音、语法、语义研究的层级策略；强调区分性特征，尤其是二元对立。索绪尔将状态与演变、部分与整体、要素与关系、组合与聚合、符号任意性等概念组建成共时语言学，使语言共时研究成为 20 世纪各学派的主要研究方向，如布拉格学派、哥本哈根学派、伦敦学派、美国描写主义。

1.1 semiology，semiotic，semeiotic，semiotica vs. significs

我们应把柏拉图（《克拉底鲁篇》）、亚里士多德、昆提利安、康德、洪堡特、卡西尔、索绪尔加入符号学的主要思想来源，他们的符号学思想目前仍被误解和被低估（Haller，1959：154）。现有文献通常将索绪尔和皮尔斯视为现代符号学的两位奠基人，他们分别从语言学和逻辑学进入符号学研究。赵毅衡（2011：198）认为符号学发展经历了四种模式：索绪尔的语言学模式、皮尔斯的逻辑修辞学模式、卡西尔的文化符号论、巴赫金语言中心的马克思主义。语言学模式（索绪尔、雅柯布森、特鲁别茨柯伊、列维－斯特劳斯、巴特、格雷马斯、叶尔姆斯列夫、本维尼斯特）天生具有结构主义的封闭性缺陷和二元对立的简化倾向，皮尔斯的符号学（莫里斯、米德、西比奥克、艾柯）突破人类中心主义和语言中心主义藩篱，极大地扩展了符号活动的范围；卡西尔的文化符号论，在朗格的文艺美学下进一步发展，但少有支持和研究者；苏联符号学具有独特的文化和政治背景，洛特曼、伊万诺夫、乌斯宾斯基等，从莫斯科－塔尔图符号学派发展为新塔尔图符号学派，依然是世界符号学的重要中心。

英语中存在"符号学"的不同写法，如 semiology、semiotic、semeiotic、semiotica、significs 等，西比奥克（1971：9－10）[1] 对这几个名称给出了说明。1690 年洛克（John Locke）在《人类理解论》中将斯多葛学派的 semiotic 一词引入英语，1897 年皮尔斯使用了 semiotic 一词[2]。在 1908 年 12 月 23 日写给维尔比夫人的信中，皮尔斯称自己是符号学中一个坚定的实效主义者（being a convinced pragmaticist in semeiotic），这里使用的是 semeiotic，而且在《符号学和意义学：皮尔斯和维尔比夫人的通信》（Semiotic and Significs: The Correspondence between Charles S. Peirce and Victoria Lady Welby）中，皮尔斯先后使用了 10 次 semeiotic，但没有使用过 semiotic。国际符号学会（The International Association for Semiotic Studies）使用了 semiotic 一词，而会刊《符号学》（Semiotica）则使用了拉丁语形式。此外还存在 semeiotic[3]，西比奥克认为这体现的是学术偏好，而他的偏好表现在他编辑出版的系列书籍《符号学研究方法》（Approaches to Semiotics）中使用的是 Semiotics。

Significs 一词主要是维尔比夫人倡导和使用，维尔比夫人用 significs 表示符号研究和使用的所有方面（Hardwick，1977：167）。在《大英百科全书》（The Encyclopaedia Britannica，Vol. XXV，1911，pp. 78－81）中，维尔比夫人给出了该词的定义：

The term "Significs" may be defined as the science of meaning or the

---

① T. A. Sebeok. "Terminological note". In Charles W. Morris. *Writings on the General Theory of Signs*. The Hague：1971：9－10.

② 皮尔斯在 1907 年发表的《实用主义》（"Pragmatism"）一文中使用了 semiotic，原文如下：My excuse for not answering the question scientifically is that I am，as far as I know，a pioneer，or rather a backwoodsman，in the work of clearing and opening un what I call semiotic，that is，the doctrine of the essential nature and fundamental varieties of possible semiosis；and I find the field too vast，the labor too great，for a first-comer.（cf. *The Essential Peirce* Vol. 2，p. 413）

③ James Jakób Liszka. *A General Introduction to the Semeiotic of Charles Sanders Peirce*. Bloomington and Indianapolis：Indiana University Press，1996.

study of significance, provided sufficient recognition is given to its practical aspect as a method of mind, one which is involved in all forms of mental activity, including that of logic. (Hardwick, 1977: 167)[①]

"意义学"可被界定为关于意义的科学或对意指的研究，只要足够的认识作为一种思维方法被赋予它的实践方面，这种方法也被包含在所有形式的心智活动中，其中包括逻辑。

在鲍德温主编的《哲学和心理学词典（1901—1905）》[*Dictionary of Philosophy and Psychology*（1901—1905）]中有这样的描述：意义学在最广泛的意义上论述符号与 sense、signification、meaning、intention、significance、ideal worth 之间的关系……意义学作为一门科学，将集中、协调、阐释意义的所有形式并建立起它们间的相互联系，旨在给予意指属性的各种不同应用以清晰的分类（Hardwick, 1977: 167）。

1894 年索绪尔在自己的笔记中使用了术语 sémiologie，其内容与 semiotic 大致相同，都是关于符号的学问。巴特（Roland Barthes）在 1964 年法文版《符号学原理》（*Eléments de sémiologie*）中沿用了索绪尔的符号学一词，1968 年的英文版书名翻译为 *Elements of Semiology*，从此，在英语中出现了 semiotic 和 semiology 并用的情况。西比奥克认为，在法国和意大利，semiotic 和 semiology 是作为同义词使用的，此外，semiology 同医学的分支学科"征候学"（symptomatology）也是同义的。索绪尔的符号学研究对象是自然语言，他把语言学划归在符号学之下，而符号学属于社会心理学，进而属于普通心理学的一部分，"我们可以设想有一门研究社会生活中符号生命的科学；它将构成社会心理学的一部分，因而也是普通心理学的一部分；我们管它叫符号学（sémiologie，来自希腊语 sēmeîon'符号'）"（索绪尔，1981：36）。这是索绪尔唯一一段集中描述他关于符号学设想的文字，虽然简短，但观点明确而坚定，那就是：在科学体系中，符号学属于心理学。

---

① Charles S. Hardwick. *Semiotic and Significs: The Correspondence between Charles S. Peirce and Victoria Lady Welby*. Bloomington and London: Indiana University Press, 1977.

1.2　符号

惠特尼（William Dwight Whitney，1827—1849）在索绪尔之前就提出过符号的任意性特征，只不过惠特尼把语言学视为历史科学。惠特尼提出"语言具有生产符号的能力（sign-making faculty）"，他的语言制度、任意性、规约性、动物信号、语言符号等概念均对索绪尔产生了直接影响。

分节音（articulus）是语言的基本单位，索绪尔要去除分节音的物理成分，只考虑纯心理层面，他称之为音响形象或能指（signifiant），另一个方面是所指（signifié）即概念，两个方面都是心理的，它们以任意的方式构成了符号（sign），任意性也即语言符号的第一原则。索绪尔的符号缺失指示性和像似性，因为语词与事物或能指与所指的符号结构还不是完全意义上的符号，只有把位于语词与事物中间"心灵的激情部分"补充完整，符号才是真正意义上的符号，即一个不可化约的三元关系，而不是二元关系。

索绪尔的 signifié 是"一个所指对象（an object signified），一个所指（significatum），语言使用者的心理状态"（Deely，2018：330）。句子属于言语（parole）而不属于语言（langue），语言和言语构成了言语活动（langage）。甲柏连孜《语言学》（1891）中有类似的三分法，即具体情境下用以表达思想的言语、表达思想手段的总和语言与属于人类生物功能的语言能力。言语的特性是个人的、具体的、异质的、主动的、变化的、临时的、历时的。langue 需根据上下文具体分析其意义：一种特定的语言或方言、人类语言总体、语言系统。亚里士多德的三元关系：语词（words）、事物（things）、心灵的激情（passions of the soul）。语词与事物之间是纯粹的单向关系，且只有象征关系，不存在任何指示性（indexicality）和像似性（iconicity），因此也是任意的，反向看，从事物到语词没有直接关系，所谈论的事物完全独立于表达或意指该事物的语词。进一步看，当事物作为对象而存在时，那么它与语词之间就不再是独立关系。在这一意义上，索绪尔能指（signifiant 或 signifier）和所指（signifié 或 signified）之间的任意性就是正确的。需要注意的是，这里的任意性关系不是个体的，而是一种集体的规约。

语言符号的第二原则是线性，在时间中展开。18 世纪孔狄亚克已经论及思想外化时需要以线条的顺序展开。除了语言符号，动物的叫声也具有时间延展性。索绪尔的共时语言学以语言系统为研究对象，具有以下特征：具有社会性、抽象性、心理性、工具性、后天习得、均质性、共时性，由分节音构成的符号系统，基于音响形象和概念的结合，呈现为相对稳定的静态。言语活动是操持者运用语言系统来表达和交换思想感情的过程，涉及心理的、生理的、物理的、社会的等诸多要素，言语活动是人类话语的全部事实，言语是具体的言语行为，语言则包括语言意识、语言能力、语言系统以及语言系统发挥作用的社会环境。

1.3　索绪尔的符号系统观

索绪尔在系统观下探究语言：语言是一个社会符号系统、层级符号系统、纯粹价值系统、共时内部系统、多维的关系系统等。他区分了两种不同的语言学研究对象，共时与历时之分，即状态与演化之别，共时针对特定时间的语言事实，历时关注语言在时间中的延展变化。系统赋予一个要素价值，这与苏格拉底字母和字母表的例子相似，字母是部分，字母表是整体，部分在整体中才具有意义并发挥作用。索绪尔对语言本质以及语言单位间关系的考察均以语言系统观①为指导原则，语言系统观是索绪尔语言学理论的基础。索绪尔的系统观是结构主义语言学的出发点，无疑也是结构主义的重要特征。不是要素堆积起来构成系统，而是系统作为一个格式塔而存在，遵循从上向下、从整体到部分的研究路径，"语言是一个系统，它的任何部分都可以而且应该从它们共时的连带关系方面对其所有组成部分加以考虑"（索绪尔，1980：127）。"语言是一个系统，它只知道自己固有的秩序……一切与系统和规则有关的都是内部的……一切在任何程度上改变了系统的都是内部的"（索绪尔，1980：46），在区分了共时语言学与历时语言学，并且把语言共时研究放在主要位置之后，才

---

① 参见吕红周. 索绪尔的语言系统观研究［J］. 外语学刊，2010 年（4）. 本节关于语言系统的观点主要来自该文。

有了现代语言学的开端。"语言是一种表达观念的符号系统……"（索绪尔，1980：37），自然语言是迄今最复杂的符号系统，其双重分节结构体现出了极大优势。音响形象（acoustic image）和概念（concept）的联结构成了符号，即第一层级，表达最基本的、往往与客观外界事物联系起来的意义，其主要内容是指物性。第一层级的能指和所指结合的符号整体在第二层级中作为高一级的能指，此时的所指往往是民族文化、宗教信仰和美学等附加意义。索绪尔在系统内部对各种关系加以考察，认为语言是一个符号关系系统。"在语言状态中，一切都是以关系为基础的"（索绪尔，1980：170），要确定一个成分不是依据它本身的实体特征，而是依据其与系统中其他成分的关系，如语言的线条特性、语言符号能指和所指之间的任意性关系、语言单位的句段关系和联想关系等。语言是一个纯粹的价值系统，语言的价值来自语言符号系统，来自系统中语言要素之间的关系，来自系统中的差异和对立。价值的概念是索绪尔从政治经济学引进语言学的，提出语言是纯粹价值系统，"因为语言是一个纯粹的价值系统，除它各项要素的暂时状态外并不决定于任何东西"（Соссюр，1999：82）①。

1.4 索绪尔的心理主义情结

瓦罗（前116—前27）著有《论拉丁语》，把语言研究分为词源学、形态学、句法学，区分了个人语言和群体语言，把个人语言视为群体语言不完全的体现，这与索绪尔的言语（parole）和语言（langue）二分法具有高度相似性。卢克莱修（前99—前55）著有《物性论》，持唯物主义观，认为语言是人这一物种特有的能力，且语言的出现是因为使用的需要。卢克莱修认为语言是自然发生的，最初的概念及其语言表达的源泉是感觉，他提出了语音模仿论。

洛克（1632—1704）著有《人类理解论》（*An Essay Concerning Human Understanding*，1689）讨论观念（ideas）和词语（words）的关系，探究人

---

① Ф. де. Соссюр. *Курс общей лингвистики*. Екатеринберг：Издательство Уральского университета，1999.

类知识缘何发生、如何构成，知识的可靠程度、适用范围等，该书第三卷专论词语问题，涉及关于符号的阐释。洛克持经验主义语言观，认为一切知识都源于经验，不存在任何天赋观念（区别于柏拉图的"理念"）；观念或来自对外部事物的感觉，或来自内心反省。心灵初期空白无物，犹如一块白板，需要感觉和反思来充实，洛克认识论的"白板说"与笛卡尔、莱布尼茨的天赋观念说对立。洛克把科学分为探索自然物象的物理学、探索人类行为和伦理道德的实践学、研究语言文字的符号学。洛克的符号观已经论及任意性、规约性、音义结合等内容，与索绪尔的语言符号观大体相似，"词语的用途就在于充当观念的记号，而它们所代表的观念就是它们独有和直接的意义（signification）"（洛克，1991：386）。

莱布尼茨的《人类理智新论》（1704）是对洛克观点的批判，而孔狄亚克的《人类知识起源论》（1746）则更多是拥护洛克的认识论和符号说。孔狄亚克持与培根、洛克相似的经验主义观，认为一切观念都是后天生成的，最初的观念直接来自感官，而后的观念得自经验。孔狄亚克批评洛克没有认识到符号运用对于心理活动的绝对必要性，洛克认为观念可不经由符号形成，而孔狄亚克不同意这一说法，他提出符号的使用是发展一切观念的幼芽，知识的起源和进步完全取决于我们使用符号的方式。孔狄亚克把符号分为三种：偶然符号、自然符号、约定符号。偶然符号指符号与所指对象只是临时性联结，不会进而发展为规约关系或象征关系。自然符号具有群体相似性，与所受到的刺激具有固定联系，如表示恐惧、痛苦、快乐的喊叫等。约定符号是人为选择的结果，是人类社会活动的产物，语言是最重要的约定符号。孔狄亚克认为记忆是人所独具的心理功能，记忆是观念与语言符号的结合。孔狄亚克提出了语言符号的线性特征，并提出话语以线条顺序展开的方式。孔狄亚克区分了体态语言和有声语言，人类语言需经过行为语言才能上升到分节语言。

巴特（Barthes，1964：11）对于符号学与语言学关系的看法与索绪尔相反，认为符号学是语言学的一部分。索绪尔认为，音响形象是能指的心理印迹，与人头脑中的概念结合构成了符号，他把符号与外在现实之间的联系排斥在符号研究之外。索绪尔把符号与符号之间的关系放在关注的中心位置，因为在他看来，符号的价值在于与系统中其他符号的区别，而并不在于符号与外部世界的关系。"一个符号只有在三级范畴中才作为符号发挥作用，即所有符号关系项互相作用：符号载体、对象、解释项"（*CP* 2.228）。就皮尔斯符号构成的三个相关项而言，如果我们将上课前老师举起的手视为符号载体，符号对象是"请大家安静！"，符号解释项是学生脑中产生的该手势的意义。按照这一理解模式，索绪尔的符号能指和所指是一个两面心理实体，能指是一种心理印迹，是符号载体对大脑的一种刺激，并不对应皮尔斯的符号载体，因为皮尔斯排斥心理学，他的符号载体更倾向于具有物质属性；而索绪尔的所指是受到心理印迹刺激所引发的关联，这一关联存在这样的前提：一个特定符号的能指与所指的关联是已经存在的，他称之为语言，但索绪尔并没有交代语言是何时开始出现并存在于人的头脑中的。所以，索绪尔的所指既不能对应皮尔斯的对象，也不能简化为解释项。此外，我们还要具体区分符号种类中能指与所指结合的差异，语言符号的能指和所指具有较强的规约性和固定性，与之相比，手势符号或姿势符号则存在较大的文化差异、语体差异、人群差异、性别差异等影响因素。经过长期反复的社群文化实践，人会形成具有特定文化痕迹的习惯，在感受、动作、交际、认知诸方面体现出一定的模式化或模态化倾向。

索绪尔有着强烈的心理学倾向，"言语活动是异质的，而这样规定下来的语言却是同质的：它是一种符号系统；在这系统里，只有意义和音响形象的结合是主要的；在这系统里，符号的两个部分都是心理的"（索绪尔，1980：36）。从这一观点出发，索绪尔又称能指为音响形象和书写形象（image graphique）①，认为其只是一种心理印迹，而与符号载体的物质属性无关，是祛除全部物理要素或属性之后的印迹，"语言的能指更是如此；它在实质上不是声音的，而是无形的——不是由它的物质，而是由它的音响形象和其他任何音响形象的差别构成的"（索绪尔，1980：165），同时，所指也与一切客观事物、事件、状态无关，能指这种心理印迹所联结的所指只能是概念，"这种结合产生的是形式（forme），而不是实质（substance）"（索绪尔，1980：158）。

---

① 按照索绪尔的逻辑，这里应该还有人的五种感官所产生的触觉形象、味觉形象、嗅觉形象。

1.5 符号学的大传统和小传统

普安索、洛克、皮尔斯的理论为符号学大传统中的主流发展方向，他们认为符号学的核心研究对象是符号过程，符号是不可化约的三元关系，符号学的研究领域超越人类语言和文化，将动物、植物、生物、自然界均纳入研究范围，这是一种广义符号观。皮尔斯的符号学超越人类中心主义，以宇宙为边界，学科归属上是科学主义。

与之相对，索绪尔符号学是符号学的小传统，认为符号学是社会心理学的一部分，符号是两面心理实体，以语言符号为核心研究对象，研究领域局限在人类文化的边界内。"小传统符号学是一种狭隘的语言中心主义，根据语词符号的任意性和规约性，天真地认为语言学是符号学的模型"（Sebeok，1977：181ff.）。索绪尔的符号学是人类中心的、二元的、任意性、规约性、基于代码的、是部分代整体、以人类文化为边界、以语言符号为代表，学科归属上是社会心理学、经验主义。

西比奥克（Sebeok，1977a：182）将 20 世纪的符号学研究分为大传统（major tradition）和小传统（minor tradition），但似乎不宜简单地称其为索绪尔符号学传统和皮尔斯符号学传统，更不应该将其简化为术语 sémiologie 和 sem（e）iotic 的对立。西比奥克认为，词语范式的符号学研究是基于部分代整体的错误（pars pro toto fallacy），而"符号活动必须被视为自然和文化的一个普遍事实"（Sebeok，1977a：183），"乌克斯库尔的生物符号学传统是两个传统融合的一个可行前景"（Sebeok，2001：introduction，xviii）。

2 费尔迪南·德·索绪尔及其符号学发展①

〔德国〕马丁·克兰佩恩（Martin Krampen）

柏林艺术大学

2.1 索绪尔生平②

德·索绪尔，1857 年 11 月 26 日出生在日内瓦一个信奉加尔文教的显赫贵族家庭。德·索绪尔家族的几代人在自然科学领域都做出了巨大贡献，成员中有著名的植物学家和矿物学家。③ 德·索绪尔在很小的时候就可以说流利的法语、德语、英语、拉丁语和希腊语，这在当时有教养的家庭中是很常见的。15 岁时，他写了一篇关于语言普遍系统的论文（"Essai sur les langues"，1872），这篇论文很明显受到索绪尔家族的一位朋友——历史语言学家皮科特（Pictet）的影响。1873—1875 年，索绪尔上了中学。然后，按照父母的意愿，他开始在日内瓦大学学习物理学和化学。然而，1876 年在征得父母同意后，他转到莱比锡大学学习语言学。同年，他成为新成立的巴黎语言协会（Société de Linguistique de Paris）会员，为协会写了一系列的专门研究论文。

---

① 《费尔迪南·德·索绪尔及其符号学发展》一文用德语写作，1979 年发表在德语符号学杂志 *Zeitschrift für Semiotik* 1，该文扩展版于 1981 年收录于德语版论文集 *Die Welt als Zeichen: Klassiker der modernen Semiotik*，1987 年该论文集英文版《符号学经典》（*Classics of Semiotics*）出版，本文译自《符号学经典》英文版。semiology 这一术语是索绪尔为符号的一般科学所创造的，本文中并未使用当今被广泛接受的术语 semiotics。关于这两个术语的历史请参考西比奥克（1976：47—58）。——译者注

② 本传记基于 Robert Codel（1969）和 Tullio de Mauro（1976）对索绪尔生活和工作的详细调查。

③ 1899 年 12 月 14 日在《民族》（*The Nation*）杂志上皮尔斯（Charles Sanders Peirce）所写的一篇书评显示，皮尔斯知道索绪尔家族（尤其是费尔迪南德·索绪尔的父亲亨利·德·索绪尔）。皮尔斯在两次欧洲之行期间也去过日内瓦。但没有证据显示，皮尔斯认识（或知道）费尔迪南德·索绪尔（或他的作品）（cf. Sebeok，1977b：27—32）。

除了 1878—1879 年在柏林短暂停留，索绪尔还在莱比锡待了四年。1878 年，参照印欧语的元音 a，他发表了论文《元音的一般系统》。这篇论文已经提到语言成分的"对立"（opposition）概念，这也是后来索绪尔普通语言学理论的基本原则之一。

1880 年，23 岁的索绪尔获得了博士学位，他的《论梵语绝对属格的用法》获评最佳论文。由于与"新语法学派"（Neogrammarians）的科学争论，索绪尔离开莱比锡。结束在立陶宛的学习之旅后，索绪尔回到巴黎继续他的事业。

在巴黎，索绪尔听了布雷亚（Bréal）和德姆斯特（Darmesteter）的讲座。1881 年，他被巴黎高等研究院聘为哥特语和古高地德语的讲师。此外，他在索邦大学（今巴黎大学）教书，继续为巴黎语言协会撰写专栏文章。

1891 年，索绪尔作为"优秀教授"接受了日内瓦大学特别为他设置的教职。1896 年，他被聘为梵文和印欧语系全职教授，教授梵文、当代法语语音学和有关德语的各种课程。

回到日内瓦后，索绪尔公开发表的文章越来越少。他致力研究《尼伯龙根之歌》（*Nibelungen Song*）和变位词的诗歌形式。这种不断增加的沉默被归因于他的完美主义倾向。索绪尔对普通语言学理论的思考，正是发生于 1890—1900 年这段时间。1894 年 1 月 4 日，在给朋友也是他在巴黎的继任者梅耶的信中提到，他正在考虑写一本书，语言学的所有术语将被放入一个新的秩序中。[1] 同年，索绪尔受美国语言协会之邀，参加为纪念已故语言学家惠特尼而举办的第一届美国语言学家大会。索绪尔为这次大会写了 70 页的手稿，但他并没有写完，也没去参加这次大会。索绪尔在手稿中表达了自己同意惠特尼关于语言是一种人类制度的思想。但他反对美国无限制的保守主义，他认为语言成分是相互联系地存在于一个系统中，言语音响和意义最初不是直接联系的，比如，在一个语言系统的外部，在第二时刻通过传统联结成一个整体，但始于语言系统所预先产生的（任意的）联系。

"符号学"（semiology）这一术语也是产生于这十年。早在 1893 年或 1894 年，索绪尔的笔记中就出现了写给梅耶的信中所提到的那本书。日内瓦大学文

---

[1] 索绪尔为此书缩写的一些笔记以及关于符号学一章的参考文献被保存下来（cf. N9.1—2；SM：36f.）。

学和社会科学系主任纳维尔（Adrien Naville）在 1901 年于巴黎出版的《科学新分类》卷中（*Nouvelle classification des sciences. Étude philosophique*），明确把"符号学"这一术语的发明归功于索绪尔。

1906 年，除已有职位，文学科学系还委任索绪尔讲授普通语言学及历史和比较印欧语。

接下来三年的课程讲授为《普通语言学教程》提供了材料，这本书由索绪尔的学生巴利（Bally）、薛施霭（Sechehaye）与里德林格（Riedlinger）在几位学生课程笔记的基础上整理而成（索绪尔经常丢掉他的讲座手稿）。第一次课程从 1907 年 1 月 15 日到 7 月 3 日，索绪尔主要对语言主体性和客体性展开分析（前者包括言语音响的感知，后者是词根、词缀和历史语法的其他单位）并阐释言语音响产生的生理机制。第二次课程从 1908 年 11 月初至 1909 年 6 月 24 日，索绪尔定义了普通语言学的核心术语（系统、同一性、价值、共时和历时）。第三次课程从 1910 年 10 月 29 日至 1911 年 7 月 4 日，索绪尔整合了第一次课程的分析材料和第二次课程的理论概念，用不同语言的具体例子证明他的想法。

尽管早期受到国际称赞，但索绪尔在生命的最后阶段似乎被孤单和沮丧笼罩。1916 年，他的学生戈第业（Gautier）这样回忆，"他过着孤独的生活"（引自莫罗，1976：358）。1912 年索绪尔因病停止教学。他在那时已经完全退出公众生活，隐居于他妻子的家族在维夫朗靠近莫尔日的城堡里，于 1913 年 2 月 22 日逝世。

2.2　索绪尔的符号学和语言学

2.2.1　符号学与普通语言学的关系

索绪尔对普通语言学发展做出的巨大贡献，在今天看来是毋庸置疑的。《普通语言学教程》相继被翻译成日语、德语、俄语、西班牙语、英语、波兰语、匈牙利语、葡萄牙语和意大利语等，至今仍被全世界的人阅读。

自奥戈登和瑞恰慈（1923）以来，对于索绪尔语言学和符号学概念的误解就出现在了英语文献中。因此，上面提到的作者（奥戈登和瑞恰慈）就符号学这样写道："不幸的是，这种符号理论完全忽略了符号所代表的事物，因此从一开始，就割裂了与科学验证方法的联系。"

然而，美国重要的语言学家如布龙菲尔德、霍凯特、威尔斯和乔姆斯基，已经认识到索绪尔为现代语言学所做的贡献，将皮尔斯符号学（semiotics）与索绪尔符号学（semiology）进行对比研究成为一些符号学家的时尚，但这仅存在于计划阶段。本泽（Bense，1976：144）写道："索绪尔没有提出符号的一般理论，仅就语言中可以使用的特定术语进行最原始的区分，这在马克思主义者的结构主义中被以一种非理性的形式过分强调了。"

瓦尔特（Walther，1974：97）在她"从柏拉图到现今的符号学史调查"一节中，也仅在"符号学基础"中提及了索绪尔。在其著作的前言部分提到造成这一忽视的原因可能是："在法国，基于索绪尔和列维-斯特劳斯采用语言学和结构主义工具的结构主义符号学研究，和基于心理学和社会学的马克思主义者关于符号学的出版物，在建构符号一般理论方面都是没有用的。"

事实上，这是在并不知道索绪尔手稿的情况下，把体系的明确完整性作为衡量理论贡献的一个标准——很明显，上面提到的那些作者都是这样的情况。人们在索绪尔的《普通语言学教程》里只找到了他关于符号学的著名预言"符号学是研究社会生活中符号生命的科学"（Saussure，1964：16），它将是社会心理学，因此也是普通心理学的一部分。

然而，在恩格勒（Engler，1974）的推动下，索绪尔原始笔记出版，20世纪70年代后期索绪尔研究出现了复兴（Jäger，1976；Stetter，1978；Stetter without date）。对索绪尔的新阐释基于这样的假设，即《普通语言学教程》是迈向解构主义（structuralist corruption）的第一步，这是索绪尔真正的语言学理论。人们尝试通过索绪尔的笔记，尤其是"杂记"（notes item，N15.1—19），来重建他对于符号学的最初想法，这样就不会被《普通语言学教程》的编者们影响。这个过程作为一种方法令人充满了兴趣，虽然以前是为了与结构主义进行辩论，但马上又为另一意识形态服务：现在成了语用语言学的拥护者。语用语言学（pragmalinguistics）将会被取消，它是语言学中阐释符号使用影响的一个方向，如关于意义言语使用的语用学。这与结构主义对语言的理解不同，结构主义认为语言作为一个系统，独立于它的用法。现在，从符号学角度看，没有理由批评这种事实，即语用学的（解释学的）考虑，也许参考了康德的先验论，赋予索绪尔语言学新理解如此重要的功能，关于这一点可在斯泰特尔（Stetter，1978）的著作中读到——即使过分强调这些考虑会揭示其意识形态。然而，令人深感遗憾的是，这种对索绪尔的新理解只导向关于语言学和语言哲学的结论，而不是导向普通符号学。另外，这种方法本身也被证明过于激进。

这一问题使人想起《圣经·新约》语文学中对"耶稣真实名言"的重建。一些语言学家倾向依靠保罗信中对耶稣语录的引用来重建"耶稣到底说了什么"，因为这些信与历史上耶稣所处的时代更接近。有人认为，四本福音书简介中的耶稣语录是编者从不同的信源拼凑而成的，因此肯定要比保罗的信晚很久。然而，完全否认这些简介作为来源也是无意义的，因为这样激进的看法会明显导致信息的丢失，对于索绪尔的正确阐释也是一样。即使从索绪尔自己的笔记中重新建构早期的索绪尔是可能的，那么，这要比他的学生们从1907年到1911年根据他的课程所做的笔记更能反映真实的他吗？将两方面结合起来看似乎更合理，为了描述索绪尔的符号学，应把学生的笔记和索绪尔的个人手稿结合起来。

首先，重要的是《普通语言学教程》（以及在索绪尔学生里德林格、薛施蔼、约瑟夫的课程笔记中）清楚地界定了语言学和符号学的关系："语言是一种表达观念的符号系统，因此，可比之于文字、聋哑人的字母、象征仪式、礼节形式、军用信号等。但它是这些系统中最为重要的……语言学只是普通符号学科学的一部分；符号学发现的规律也可以应用于语言学，后者将属于全部人文事实中一个非常确定的领域。"（索绪尔，1964，16，CLG33：46-49）

语言学和"研究社会生活中符号生命的科学"之间关系的明确定义，经常被遗忘甚至被索绪尔的追随者滥用。因此，巴特（1964a）在他著名的《符号学原理》的前言中将两者的关系倒置："符号学是语言学的一部分。"

基于对《普通语言学教程》中一段话的阐释，因此把符号学归于语言学的类似倾向被认为是索绪尔的观点。书中写道："完全任意的符号比其他符号能更好地实现理想的符号活动，这就是为什么语言是所有表达系统中最复杂和普遍的，也是最典型的；从这层意义来说，语言学能够成为符号学所有分支最主要的形式，虽然语言仅仅是一个特殊的符号学系统。"（Saussure，1964：68）在索绪尔的符号学框架中来评估语言的重要性会发现，返回学生的课堂笔记才能发现其重要性（Baer in this volume，p. 186f. ）。只读上面所引用的《普通语言学教程》的内容，语言似乎在事实上是符号系统，被索绪尔赋予了符号学模型的角色；但是，阅读学生笔记，好像又不是这回事。

"主要形式"（patron général）这一表达来自里德林格记录 1908 年—1909年讲课内容的抄写本。但戈第业（Léopold Gautier）、弗朗索瓦·布沙尔迪（François Bouchardy）、康斯坦丁（Emile Constantin）的笔记中却没有提到这一点。巴利和薛施蔼同样使用他们的手抄本与《普通语言学教程》（102：154）中关于"语言符号的本质"一章进行综合，保留了有疑问的段落。戈第业的笔记中提到语言在符号学中的特殊角色："但这一定是个意外：从理论角度，它（语言）只是一个特例。"在布沙尔迪笔记中也有类似的表述："但这是一个意外，理论上说这是众多例子中的一个。"无论如何，很难证明索绪尔是否曾经使用"主要形式"（patron général）这一表达描述语言学在符号学中的地位。但即使他曾经使用过，这个比喻出现的上下文似乎不会让人得出符号学是语言学的推论。如果索绪尔曾经赋予了语言学特殊作用，他只能是想表达，他那个时代语言学高度发展的方法和一些概念可能对那些将把他的预言变成科学现实的人们有一些帮助。从这层意义上说，"主要形式"（patron général）最好被翻译为"守护神"（patron saint）而非"总指挥"（commander-in-chief）。

2.2.2　索绪尔普通语言学基本概念

之前论述了符号学对语言学的逻辑优先地位，现在可以讨论索绪尔语言学的基本术语了。这一系列对立的术语是一种有机演绎。然而，此处的目的并非介绍索绪尔的语言学，他的语言学概念是符号学核心。因此，本节将进一步展现语言学术语可被一般化为符号学术语，以及它们是如何被索绪尔学派的作者们一般化的。首先，我们讨论索绪尔语言学的基本术语。

在索绪尔语言学中，最重要的一组对立术语是言语（speech，人类言说活动）和语言或语言系统（language，在法语中是 parole 和 langue）。索绪尔认为，人类的语言活动揭示了言语音响的形成和理解。与言说对立，书写和文字学是第二现象。问题是哪些内部规律形成言语言说和理解的基础。对此问题的回答是：在具体言语行为中的抽象系统即语言表达它自身。因此，语言学最重要的任务之一就是研究语言系统的内部规律。语言学主要关注的并不是人种学的、文化的、历史的、政治的、制度的和地理方面的语言现象。索绪尔并没有否认这一方面的研究成果是丰硕的，但他坚持认为，作为符号系统的语言可以脱离这些外部数据而被描述。

语言是一个符号系统，一个基于具体表达的抽象系统。语言符号作为言语音响形象（非客观的声音）和事物概念的联系而存在于主体的大脑中，比如（想象和非"客观"事物）。言语形象，指示部分（能指）和概念，所指部分或意义（所指）构成了一个不可分割的整体，就像硬币的两面或是一张纸的两面，这个统一体称为符号。能指和所指作为符号组成部分和符号自身的基本特性之一，它们具有相关性。确切地说，因为语言是一个系统，符号的组成部分和符号本身只属于这个系统，并在这个系统内部，只有通过区分与系统中其他要素的差异，才能获得它们的身份。一个言语音响（speech sound）只有在这一系统中，通过与其他言语音响不同的特征，才能获得自己的身份。概念只有通过与其他概念在一个意义系统中的差别，才能获得自身的意义。符号作为一个整体只有在它所属的符号系统中，并与其他符号比较，才能获得它的"价值"（value）。

根据索绪尔的观点，语言符号的基本特征之一是绝对任意性。这一特征与索绪尔所说的象征（symbols）的"理据性"（motivated）特征是对立的。一个符号的任意性体现在语言符号能指与所指任意的、无理据的联结中，而语言符号并非基于任何明显的原则。

与之相反，在象征中，"能指和所指之间存在着自然联系的基础"（Sausssure，1964：68）。用天平来象征公平时，天平不能被其他任意物体代替而不丢失符号的理据性。

除了绝对任意性，索绪尔还提出了相对任意性概念。比如，数量词"eleven"（11）是完全无理据的，但"thirteen"（13）、"fourteen"（14）、"fifteen"（15）等却不能这么说。我们可以发现后者的构成部分并从中可看出它们的部分意义。语言的一个基本特征是线性和时间顺序性。这使它区别于其他系统，符号可以同时在空间或平面上展开。索绪尔把符号的线性关系称为"syntagm"（组合），区别于具有相似意义的符号联想关系。这些符号在一个语段中可互相替换而不改变意义。符号的联想关系被索绪尔称为"paradigm"（聚合）。语言的组合和聚合不可混淆，然而，它的"历时"（diachronic）特点是随着语言发展的，"共时"（synchronic）特点则是特定时刻的系统特征。这两个术语描述了语言学的两个不同方向，动态的和静态的。一个语言系统中的动态和静态方面依靠个人（和言说行为的改变）和社会（和语言的相对稳定性）的对立。

这样对立循环就闭合了：始于言语和语言，它引导我们首先看到语言学外部和内部的区别。作为系统语言的内在方面是由符号单位来阐释的，即一个能指和一个所指。一个符号的身份只能通过它在系统结构中的位置来决定。绝对任意语言符号区别于相对任意语言符号，且两者都区别于理据符。语言的线性组合明显区别于其他符号系统的空间共存顺序。符号的组合关系总体上区别于它们的联想关系。最后，语言系统的历时变化和共时描述是对立的，言语的个体方面和语言社团的社会方面也是对立的。

2.3　索绪尔基本概念的符号学归纳

2.3.1　言语（parole），信号（signal）和工具（tool）

至今，符号学的发展都是基于索绪尔对这门"未来"科学的评价，以及他的那些已经被证明适用于符号学一般规律的基本概念。为了描述符号学的当前状况，索绪尔及他之后的学者提出的某些论述将被讨论。

索绪尔语言学一般化的一个核心特质，是他把具体言语活动作为起点。他从具体话语到抽象语言系统，研究在一个特定交际行为中特定言语现实是如何产生和被理解的。用更普遍的术语来说，这意味着符号学（像普通语言学）始于交际实践，意义现象的根源是人类实践，不能通过已有理论推论出来。言语实践的总和是言语（parole）。除索绪尔的普通语言学外，布伊森（Buyssens，1943，1970）和普列托（Prieto，1966，1968）归纳了交际的符号学，称交际实践的实现为一个"信号"（signal）。普列托（Prieto，1966，1968）认为，信号从属于指示符（indices），如指示那些立即能感知到的事实，不仅传递关于自身的信息，而且传递不能立即感知的其他事实的信息，如烟提供关于火的信息、语速表明说话人的心理状态等。所有交际信号因此也是指示符号，因为它们传递关于说话人的信息（或至少指示存在一个说话人）。但并非所有的指示符都是为了交际而人为发出信号。在普列托之前，指示的概念已经由皮亚杰（Piaget，1936）添加到索绪尔的"符号"（sign）和"象征"（symbol）的分类里了。

因此，言语（parole）是一种特殊的语言信号。但甚至信号也可以被认为是一个特殊的例子。如果"交际符号学"（semiology of communication）仅仅是无所不包的"意指符号学"（semiology of signification）（Prieto，1975a）的一部分，那么，人类的交际实践就仅仅是一个特殊例子。人类实践是通过"工具"（Prieto，1973，1975a，1975b）实现的。因此，信号是交际实践中使用的一种特殊工具。从信号到工具的一般化不是从索绪尔符号学任意性演绎出来的。与索绪尔同时代的瑞典语言学家阿道夫·戈特哈德·诺林（Adolf Gotthard Noreen）的著作中已经有了这样的观点，索绪尔一定知道他的著作。除了要弄清信号和工具的平行关系，还要对比索绪尔和诺林的作品，下面是诺林著作《言语正确性》（1888）中的一段：

因为总体来说，语言是一个人工产品，就像衣服、房子、工具，像其他人工产品一样，语言必须提供相同的分析视角；如材料（指该产品所代表或它所处理的东西，它必须完成的任务，它的功能）和形式之一（通过所使用的材料来完成任务的方式：它的结构、组织）。这些视角定义了语法的主要部分：

1. 语音科学或音位学，研究构成主要和最重要语言的物质材料，如口语，通过"发音"区分不同想法。音韵学（phonology）和它的另一重要的下属学科语音学（phonetics）有时会混淆，甚至被从该从属学科移除到声学（acoustics）中。

2. 意义科学或符义学（semology）[①]，研究语言的精神内容：想法被声音的音响（the sounds of the voice）细分，基于此建构后者的意义。语义学不仅要与它最重要的从属科学"语言哲学"仔细区分，而且要与心理学研究意识更高阶段的再现和内容的部分区分开来，与此同时，特别是与"逻辑"区分，这样的概念科学（不仅是它们在语言中的表达）以及概念

---

① 诺林（Noreen）在索绪尔引入 semiology 之前就创造了术语 semology。

间的联系（不是语言表达间的联系）。事实上，并不能说一个给定的概念相当于每一个被赋予意义的语言表达，反过来更是错误的。当然，这个错误概念和对这两门科学的混淆对语法产生了致命作用，对逻辑的影响更严重；同样，音韵学或多或少因字母（letter）和发音（sound）的混淆以及音韵学和正字法（orthography）的混淆而受到影响。

3. 形式科学或形态学（morphology），将声音材料描述为服务有意义的内容而成为"语言学形式"的方式。形态学在语法中占据中心和最重要位置，语法学因形态学而区别于所有其他科学。

这一长段引用清晰说明了索绪尔和诺林（在索绪尔之前创造了术语semology）立场的相似性。诺林之后，与语言的实现（the realizations of language）相似，任何信号都应研究它们的材料、意义关系和形态结构。反过来，为了交际的特殊实践，信号只是工具实现的一个特殊例子，就像普列托（Prieto，1973）后来从索绪尔那里所归纳的一样。

2.3.2 能指（signifier）与操作（operant），所指（signified）与效用（utility）的平行关系

特定的语言关系是如何产生或被"理解"的？索绪尔认为，当"言语"的具体要素被概念化或者被识别为抽象类别的成员时，就出现了理解。因此，识别意味着分类。为了确定构成一种语言词汇的声音，主体必须把同一声音的不同实现形式归结为一种（抽象的）声音类别，因为不同人的发音是不一样的。索绪尔把这些抽象的声音类别称为"音位"（phonemes），这是他借用法国语言学家路易斯·哈维特（Jakobson，1971b）的术语得来的。从语言学到交际符号学概括这一过程，语言的不同声音类别对应"交际系统"的不同信号种类。索绪尔为这些信号类别，不只为音位，还创造了能指（signifiant，signifier）。如果从更为普遍的角度看，即在意指符号学框架下，普列托（Prieto，1973，1975a）称为"操作"（operant）的一个工具分类。索绪尔的能指是一种特殊的操作，语言学的音位是一种特殊的能指。

逻辑上共性允许语言的音位从索绪尔的交际能指到人类实践的操作或工具分类的一般化，这可以通过集合论（set theory）来说明。集合论术语还包含其他三个表达：论域（universe of discourse）、集合（set）、补集

（complement）。这些术语之所以相互联系是因为这样一个事实——对象的每个论域是由一个集合及其对应的补集构成的。根据集合论，不同的操作、能指或音位在它们各自论域中构成不同的集合，也可被称为"能指层"或叶姆斯列夫（1968/1971）的"表达层"（level of expression）。

既然论域和分类系统、集合和类两组术语具有相同的意义，于是索绪尔以交际实践为起点建构分类或在论域内部建立集合的认知属性。然而，问题并不是建立分类或集合，而是根据它们的相关性将音响、信号或工具分类，忽略它们的非相关性细节。因此，给定区域的人能被识别为相同的音位（作为相同集合的一个成分），虽然另外一个地区的人发出的/a/与第一个有较大差别；或直径 70 厘米的圆形交通符号和直径 50 厘米的圆形交通符号被归于同一个集合（能指），红把手的钳子和蓝把手的钳子被归于同一个集合（操作）。

言语音响、信号或工具的分类，根据它们的相关性原则，不是自身的结果，而是在实践框架下构成结果的一个方式，通过词汇或信号成为社会接触产物的结果，或一般通过工具解决任何社会实践问题的结果。

从索绪尔 1893—1894 年的笔记可得出结论，音位和信号以及工具和对象，一般只能从一定角度分类。[①] 比如，一组专家可能根据音位的美对其分类，根据信号产生的难度对其分类，根据工具发明的历史阶段对其分类，但对于交际或使用工具的操作，这个角度可能是不相关的。因此，主体从交际角度对普通语言中的言语声音分类，信号从建立社会接触的角度根据交际系统分类，工具根据在特定文化工具系统中的功能分类。这意味着这些对象的分类不是根据它们所具有的任意性特征，而是要在一定社会实践视角下赋予它们相关性，比如交际或一个操作。

至于众多可能性观点中哪些是相关的，可通过如下方式来确定：特定分类的视角在另一种分类和论域中得以体现。因此，在一个论域中如果不借助另一论域，我们就无法建立集合，第一个论域中建立集合的意义在于在第二个论域中分类。后一论域赋予前一论域相关性并实现自身。能指的每一论域都与另一论域紧密连接，同样，一个能指论域中的每个集合也是相关论域的一个集合。

---

① 索绪尔（SM：43）在 1893—1894 年的笔记中写道："存在着不同种类的单位……在一些单位关系之外不存在任何语言事实。但单位关系取决于一个人所采取的不同观点；因此，在一个特点观点之外，没有语言事实的痕迹。"

这个相关论域（或分类系统）是索绪尔的所指层或叶姆斯列夫的内容层。在交际符号学中根据交际实践，在意指符号学中则根据人类实践的一般视角，设定能指层和所指层。

能指和所指，两者相互制约并位于两个耦合的分类系统中，形成一个辩证的整体，索绪尔称之为符号。通过把符号定义为能指和所指的统一体，索绪尔摆脱了普通语言学的局限，进入了符号学王国，即服务于交际的"社会内所有符号"的学说。其中他列举了写作符号、聋哑字母、象征仪式、军事和航海信号、风俗、时尚、手势符号等。他详细讨论了写作，而对于其他不同的符号系统只在讨论文学问题时做了初步研究（参见 de Mauro，1976：348）。[①]

布伊森（Buyssens，1970：22—26）扩大了索绪尔符号系统的目录。他列出了以下内容[②]：精确科学和逻辑中的图表符号、道路符号、特拉比斯特派修道士的手势、印第安人使用不同语言的部落间用于交际的手势、教堂的铃声设备、军队的军号、时刻表中的统计图表、旅游指南、地图、校对符号、商标、商店招牌、士兵和工作人员的制服、电台的识别信号、钟表表盘、紧急出口的红灯、药剂师的棕色或无色瓶子、头盖骨和叉骨。布伊森认为，在特定条件下，艺术——绘画、透视、雕塑、舞蹈、音乐、建筑、修辞手段、文学、戏剧、诗歌，被视为符号学的一部分，即被公众理解为交际符号。"象征符号"（symbols），比如十字，如果被用于交际就可能具有符号学特征，照片、电影、戏剧也同样如此。

普列托（1973，1975a）提出，一个一致性的索绪尔符号概念应超出交际符号学而进入意指符号学领域：由能指和所指构成的符号双重性，与由"操作"和"效应"构成的"工具"双重性相对应。符号是工具的特例，它们是交际工具。

一个能指的集合（或类）中的一个特定信号的实现总是与一个具体的意义相关联，即与那个能指相关的所指集合（或类）所属的具体意义相关联。同样的，一个操作（operant）集合（或类）中的一个特定工具的使用总是与一个具体行动（operation）相关联，即与那个操作相关的效用集合（或类）所属的

---

① 这类研究（比如对颜色和形式的研究）出现在"笔记项目"（notes item）（N15，3316—3318.9）中。

② 本文作者的总结源于法语原文（Buyssens，1970：22—26）。

行动相关联。

2.3.3　系统、对立结构和符号结构

索绪尔认为，语言交流是符号的总合，语言是由属于两个相关论域（能指论域和所指论域）的耦合集合（the coupled sets）组成的。语言构成言说行为（parole）具体实现的基础。一般而言，在交际符号学框架下语言学领域之外，每个交际模型的符号都构成一个符号系统或代码（Prieto，1975a）。如索绪尔所明确阐述的，语言也是一个符号系统或代码。就更一般的意义而言，在意指符号学框架下，一种特定文化的工具构成一个工具系统。

语言系统、其他符号系统或工具系统的特点，是这些系统的双重要素相互提供"价值"，即意义。这些系统的要素，不管是否是一个符号系统的符号或一个工具系统的工具，都不能通过自身被直接识别，只能通过它们在系统内的关系进行识别。索绪尔（Saussure，1964：88－89，107，110）[①] 通过象棋的例子反复强调这一观点。《普通语言学教程》写道：

> 以马（knight）为例。就它本身而言，它是游戏的一个要素吗？当然不是，因为就其构成材料——它的外部形状和游戏的其他条件——对下棋的人来说毫无意义；只有在象棋游戏中，它才成为具体要素并具有价值。假如这粒棋子在游戏过程中恰巧被毁或丢失。能用相等的东西来代替吗？当然可以。不仅是另外一枚马，甚至与马相似的任何东西可被声称为一枚马，被赋予相同的价值。在符号系统中，如语言，依照固定原则，要素之间构成平衡，身份和价值相互结合。总之，价值概念包含单位概念、具体实体和现实。

把这里的"相对论"与前面提及的表达层和内容层相关联，会得出这样的结论，如象棋游戏里的一枚棋子，能指论域中的每个集合或操作，和所指论域中的每个集合或效用，不是通过它本身获得自己的身份，而只与所讨论论域内它的补集相关。初看起来让人好奇，任何指示、信号或工具都不是通过自身被识别的，即它们不具有任何关于自身的现实性，除非在整个论域中它们属于一

---

① 　国际象棋的例子出现在 1894 年索绪尔为参加纪念惠特尼讲座撰写的手稿中。

个集合，区别于它们的补集。内容层也是如此，该内容层与表达层相协调：一个意义或一个操作行为不能根据它本身的属性被划归于所指（或效用）论域的一个集合，而只能根据该论域的对应性补充性成分来划分。因为这些论域中集合所具有的区分性特征，它们之间才构成了"对立"关系。比如，欧洲道路符号系统的能指是互相对立的，因为它们是有红框的蓝色或白色的圆形、三角形、长方形。与这些能指相协调的是交通法规有意施加的影响，如所指之间相互对立，因为它们带有愉悦或焦虑信息性，否定或肯定命令性。两个这样对立和互相联系的结构构成了"符号学结构"（Prieto，1975a）（图2-1）。

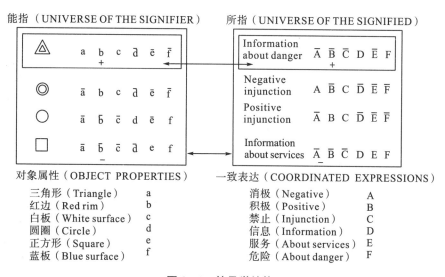

图2-1 符号学结构

对交通参与者来说，道路交通规则"交际工具"中的圆形、三角形关联官方的相应信息，任何工具盒中的工具与它们相应的操作行为都是平等协调的。因此，一个符号系统是一种交流的"工具盒"，体现为具体信号的能指和体现为具体信息的所指，具有意义，因为能指和所指不可分割地属于一个符号，所以该符号只在一个符号系统内才获得它的价值。同样的，操作在具体工具中的实现和效用在具体操作行为中的实现具有功能性，因为操作和效用不可分割地属于一个工具，而该工具只能在一个工具系统中才可以获得它的价值。如果没有锤子和钉子，钳子也就没有意义了。

这样的结构是"符号学的"，因为对立结构的双方包含互相关性，即两个对立结构中的每一个都携带着它自身之外的附加信息，因为它与另外一个相协调。

索绪尔的基本观点——没有特定的观点任何事物都无法分类，现在必须进一步阐述以达到最终结果。普列托（Prieto，1975a）认为，所指层赋予与它相关的能指层意义，但在一个附加的符号学结构中它自身必须是能指的一个层面，因为不存在没有观点的分类系统。如果所指层是在它自身内部被分类，这种分类一定是某种观点的结果，这只意味着它是另一个分类系统的一个类或集合，此外并无其他。作为在该附加符号学结构中能指的一个层面，它是一个分类系统，必须在前述问题之前进行逻辑考察。因此，所指的每个层面都经过两次分类——一次是作为一个能指的所指，构成分类的视角；另一次是作为另一所指的能指，并基于此赋予自己的视角。在这个符号学结构中的所指层，在下一个更远的符号结构中成为能指中的一个层面，直到符号结构链条结束于一个主体，该主体按照它自己的视角构成一个符号学结构。普列托的这个概念表明，索绪尔传统像皮尔斯一样，使用了"解释项"概念。然而，普列托认为，解释项是由社会决定的一个主体。因此，解释的最后来源总是社会的决定性部分，社会实践决定着主体。[①] 索绪尔传统中，主体的视角是解释项，一个分类系统中符号客体的位置构成它的"价值"；从主体视角看，所指相对于其他所指的位置就是它的意义。

2.3.4 组合与聚合对立

作为符号系统的语言是以线性形式在时间中展开的，能指和所指在各自论域中形成两种对立。索绪尔称之为句段和联想（今天我们称之为聚合）。索绪尔（1964：123-124，*CLG* 282）用建筑学的一个例子来说明其内涵：

> 从联想和组合角度看，一个语言学单元就像是一个建筑物的固定部分，如一个支柱。一方面，支柱与支撑的楣梁有一定的联系；这两个单位在空间里的排列就是组合关系。另一方面，如果支柱是多利斯式的，就表明这种风格和其他风格（爱奥尼亚，科林斯）形成比较，尽管这些要素在

---

① 奥格登和瑞恰慈（Ogden & Richards，1923：5）的批评并不合理，鉴于索绪尔从一个特定角度对语言现象的分类，根据定义解释过程将被包含在符号中。

空间中都不存在。这种关系就是联想。

组合对立，即一个要素在一个线性序列中所占据的价值位置，是语言符号系统的特性。交际符号学中的一个典型符号系统如路标系统包含着相等的基本线性组合（如预警和警告标志的顺序）。然而，非语言符号系统是基于空间组合的（如在一个表面的邻接物）。雅柯布森（Jakobson，1935；Jakobson & Halle，1956）把组合和聚合两个原则视为语言和诗学交际最重要的两个操作。诗学交际指聚合层的元素投射到组合层。在这一过程中，从一个联想复合体中选择操作与所选择的因素组成"链条"或空间组合。因此，一些音响从聚合音符中被选择出来，组合成旋律。

2.3.5　索绪尔[①]的任意性、动机、象征概念以及符号分类问题

在索绪尔符号学中还有另一组对立发挥着重要作用：产生于符号能指和所指间不同的可能性关系。目前，我们注意到一方面是能指间关系，另一方面是所指间关系，它们是对立的，因为这种关系是基于它们所属的集合是否具有区分性特征。使能指和所指在各自论域中对立的这些区分性特征似乎并不是由任何特殊原则形成的，而明显是任意的。在一门语言中再现一个相关的语音区分性特征，即一个音位，必须是一个非相关特征，即在另外一门语言中的一个音位。相关性区分特征的这种任意性在不同语言和其他符号系统能指和所指层的应用导致这些系统中的集合只能通过它们特征的对立相互区分；对于它们的区别，没有任何其他貌似合理的原因能成立，除了人类发音器官和感知声音的可能性，而它们都具有天生的限制。

符号能指和所指的结合作为一个整体可能也基于任意性。同一个概念，如"housing device"，为什么一种语言使用能指/house/，另一种语言用能指/maison/，我们想不出这里有什么原因。然而就像之前所建议的，能指和所指间的关系具有不同程度的"理据"，即"能指和所指之间自然联系的基本原理"（Saussure，1964，68；cf. CLG 103 with the notes of Georges Dégallier，Albert Sechehaye，Francis Joseph，and Émile Constantin）。

索绪尔以语言中的象声词（onamatopoeia）为例来说明能指和所指间的这

---

① 参照 Engler 1962 和 1964。

种自然联系。虽然语言中有这类必须被描述为"理据"的例子，语言仍然主要是基于任意性的，因为它的符号（即使本身是理据的）只有与系统的其他符号构成对立时，才能获得它们的功能。但索绪尔相信，将来一门全面发展的符号学，也需要研究交际系统，如具有高度理据性的哑剧（pantomime）。能指和所指间的理据性联系被索绪尔称为"象征符"（symbols）。① 由于这一术语，索绪尔的符号学（semiology）和皮尔斯的术语直接对立，皮尔斯认为符号与符号载体和符号对象之间的任意性联系是规约符（symbols）。② 索绪尔极其稀少的符号学应用文章之一谈到了文学象征，文学象征出现在《尼伯龙根之歌》中。因为索绪尔对象征符的罕见论述，我们在此详细引用：③

· 在某种更确切的意义上说，传说是由一系列象征符构成的。

· 毫无疑问，这些象征符和其他所有象征符一样，都遵循相同的变化和相同的原则，如语言的词汇。

· 它们都是符号学的要素。

· 没有任何一种方法能说明象征符保持不变或持续变化；它必须在一定的限度内变化。

· 从它变为象征符开始，即进入那个随时决定其价值的社会大众，一个象征符的身份永远不会被固定下来。

因此，诗歌（rune）是一个"象征符"。它的身份是一个有形的事实并以一种荒谬的形式存在：它的形式是Υ；读作 Z；是字母表的第八个字母；被称作神秘的 zann，有时作为单词的起源被引用。过了一段时

---

① 奥格登和瑞恰慈（Ogden & Richards, 1923：5）指出，索绪尔为了描述语言符号而将术语 symbol 排除在外，在这点上他们又错了。

② 皮亚杰（Piaget, 1932, 1945；Piaget & Inhelder, 1948, 1966）从发展符号学观点出发，继承了索绪尔语言符号是任意的和象征符号是理据的概念。皮亚杰（Piaget, 1968；cf. Smith, 1977）后来更倾向于索绪尔的术语（理据象征符 vs. 任意符），而不是皮尔斯的三分（像似符、指示符、规约符）。但皮亚杰（1936）很早也曾提出了指示的符号学概念。雅柯布森（Jakobson, 1968）凭借皮尔斯的术语，提出索绪尔关于任意符号和理据符号的相对性（cf. Eco in this volume p. 119）："在指示符和像似符中也同样存在传统的联系。对图片和图表的全面理解需要一个学习过程。所有的绘画都包含着表意的、象征的成分。这三个维度通过任何图片视角投射到一个平面是一个输入质（an imputed quality）……任何将言语符号仅视为约定的、任意的符号被证明是一个错误的简化。相似性在语言结构的不同层面发挥虽然明显是次要的但巨大的、必要的作用。"从索绪尔对理据符的讨论（CLG103）看出，他认为理据性和任意性属性是相对的并且出现在混合关系中。

③ 由本文作者译自莫罗（de Mauro, 1976：348）。

间……它变成字母表的第十个字母……但此处它已经开始被认为是一个整体。现在它的身份在哪里？对这个问题，我们得到的答案很可能是一个微笑，该事实的哲学重要性完全没有被注意到。一旦它进入循环（每个象征符的存在仅仅是因为被置于循环之中）就至少意味着我们无法随时说出一个象征符在下一刻的身份。在处理关于传说的问题时，我们应采取这样的一般态度，因为它的每一个特征是一个象征符，只有在诗歌中我们才能看到（a）名字的改变，（b）与其他相比它自身地位的改变，（c）它特点的改变，（d）功能、行为的改变。当一个名字被颠倒顺序，其结果可能是，它的部分行为也被调换，反之亦然，或整个戏剧由于这种变故也被改变。

2.3.6 符号学中的符号分类

基于索绪尔的教学，我们总结发现指示符是基本的符号概念。交际符号也总是指示符。与此同时，在交际中所使用的符号能指和所指的联系可能是任意的，也可能是有理据的。布伊森（Buyssens，1970）称前者的联系为外在的，即从外部控制的编码，后者是内在的，即从符号内部定义其编码。与皮尔斯的符号-对象关系的三分法相比，经必要修改后可得到术语表（表2-1）。

表 2-1 符号层级

		指示符 (index)	
索绪尔（De Saussure）皮亚杰（Piaget）布伊森（Buyssens）普列托（Prieto）	理据符（motivated symol）像符（symbol）因有编码（intrinsically coded）理据符（motivated symbol）	指示符 (index) 指示符 (index) 指示符 (index)	任意符（arbitrary sign）符号（sign）非固有编码（extrinsically coded）任意符（arbitrary sign）
皮尔斯（Peirce）莫里斯（Morris）	像似符（icon）像似符（icon）	指示符 (index) 指示符 (index)	象征符（symbol）象征符（symbol）

如表2-1所示，与皮尔斯传统中的符号-对象关系三分法相对应，在索绪尔传统中也存在着三分。我们甚至能在索绪尔传统中看到这样一个概念，即

每个符号可能同时也或多或少属于三分法层级中的每一层。[①]

2.3.7 共时、历时和符号系统的社会性

交际中符号的（相对）任意性，即它们只能通过对立进行区分和通过组织进入系统，但主要不是基于自然现实，而是符号系统社会性的结果（尤其是语言符号系统）。符号系统的自然和生物属性受到人类感知器官（perceptors）和效应器官（effectors）的限制。在这些限制内，能指和能指、所指和所指、能指和所指组合都有无限可能性。这些组合总是以社会的方式被定义，基于目的，这些组合因组织、种族、文化而相互区分。

与此同时，符号系统的社会决定性也构成了它们的历时性特点。因此，我们发现在索绪尔的理论中，历时研究作为必要的补充与共时研究一同进入语言，或以更为普遍的方式进入交际系统。对非历史实证主义的指责有时引发反对索绪尔的情况，即反对"语言是任意的"这一索绪尔的核心观点，并且具有对立的系统性特征，因为这种系统性特征只能通过社会的和历史的决定性来解释。雅柯布森（Jakobson & Waugh，1979）对索绪尔普通语言学中声称的静态共时性的批评，遗漏了《普通语言学教程》以"共时语言学"为标题的整个第三部分所发展的观点（Saussure，1964：140-190）。可以肯定的是，索绪尔没有明确地发展"动态共时性"（dynamic synchronism）概念，但我们不能批评他忽略了语言中的历时性变化问题。

苏联心理学家鲁宾斯坦（Rubinstein）的批评，也遗漏了索绪尔的历时变化和社会决定这两个中心概念，虽然这种批评在整体上看来是相当温和的。鲁宾斯坦这样写道：[②]

> 如果我们考虑索绪尔的一般概念，我们不能同意他言语行为和语言最终是心理现象的观点，两者的唯一区别在于语言是社会心理学的一部分，而言语行为是个人心理学的一部分。索绪尔给出的区分语言和言语行为的

---

① 关于皮尔斯三元术语的心理相关性和混合现象，请参考 Krampen，Espe & Schreiber（1981）及 Krampen，Espe，Schreiber & Braun（1983）。这些研究表明，受试者把皮尔斯三分法的三个符号方面视为在一个符号中的共现。但照片和绘画被认为主要是像似符，图纸和象形图（pictograph）主要是像似符和指示符，印刷品主要是像似符。

② 参考早期索绪尔把语言学视为历史科学的评论（N15，3309，3322.2），特别是 Jäger（1976）。

理由也是不能接受的，仅仅是社会的和个人的对立。

在这一点上鲁宾斯坦用一处脚注来支撑了他的批评：

索绪尔对这一问题的论述是不清楚的。因此，他在38页
（*Grundfragen der allgemeinen Sprachwissenschaft*，Berlin and Leipzig，
1931）写道："把言语和语言分开，我们同时区分了：（1）什么是社会的
和什么是个人的……"在34页上我们发现了正确的陈述："言语同时拥有
个人的和社会的一面，我们不能脱离其中一面去考虑另一面。"

鲁宾斯坦总结如下：

语言和言语活动的区别必须被保留，尽管最近有一些其他的观点。问
题是他们应该如何以及根据什么被界定。如果要区分语言和言语活动，必
须同时要看到它们的联系。只有把两者作为一个整体，才能正确理解它们
的关系。

索绪尔对于这一问题的陈述是明确的，也能被作为一个整体从语言学到交
际符号学进行概括：

语言是言语交际活动减去言语。它是语言习惯的集合，使个人能理解
和被理解……但这个定义仍把语言置于它的社会情景之外；使语言成为某
种人工产品，因为它只包含现实的个人部分；语言的实现，需要一个说该
语言的人的社群。与表象相反，语言从来存在于社会事实中，因为它是一
个符号学现象……但在所描述的情况下，语言不是活着——它仅有潜在的
生命；我们仅考虑了社会事实，而没有考虑历史事实……它更是时间和社
会力量的组合行为。如不考虑时间，语言事实是不完整的，也不可能得出
任何结论。如果我们考虑时间中的语言，而不考虑说话者社群，我们可能
不会注意到任何改变；时间也不影响语言。相反，如果我们只考虑说话者
社群，而不考虑时间，我们不会看到社会力量对语言影响的效果
（Saussure，1964：77－78，cf. CLG14f. with the notes of George
Dégallier，Albert Sechehaye and Emile Constantin）。

索绪尔1891年9月在日内瓦大学举办第一次讲座时，就已经以一种编程
的方式（N1.1）宣称："语言学是一门历史科学而别无其他。"

普列托（Prieto，1977）详细论述了一个语言表达的真值与它的社会相关性，以及语言（其他符号系统）的社会决定性。"邻居来自弗吉尼亚"和"他是一个牙医"，这两个陈述有可能都是对的。但对于一个牙疼的人来说，只有后一个陈述是相关的。一个陈述的正确性取决于它所指的真实性，它的相关性依赖于与该现实相关的人类实践。当然，不是个人选择实践，因为它是由社会（通常是统治阶级）预先决定的。因此，陈述的相关性是它的社会维度。一味地追求一个陈述的正确性可能有时只是为了避免采取某种社会立场甚或隐藏该立场。

索绪尔与他的一些结构主义追随者的区别在于：他以言语活动为起点，以社会实践以及他的基本历史主义为基础。不仅是索绪尔展现的语言学，而且通过对非语言符号系统的研究，符号系统的改变和它的社会原因之间的联系能被论证，如道路符号例子所展示的（Krampen，1983）。这个例子尤其表明了所讨论的代码对历史技术的发展和社会惯例的依赖。在这种情况下，具体的国际惯例在国际联盟和联合国支持下发挥着特殊作用。

2.4　索绪尔的符号学和结构主义问题

2.4.1　索绪尔基本概念的一般化问题

截至目前，前文已经讨论了符号学和语言学的关系以及索绪尔普通语言学的基本概念，随后，本文指出了符号学的一般化（the semiological generalizations）根植于他的语言学，但又超越了语言学。现在必须注意到将索绪尔语言学一般化的可能性危险。当结论从语言学意义结构的角度，超出交际意义的结构，被转换到不是主要用于交际的系统时，这些危险就会产生。主要被用于交际的符号系统（语言是其中之一）和其他符号系统在功能上有明确的差异，交际效果要么是明确不表达的或至少需要首先证明的。截至目前的尝试，都尊重交际符号学领域中的符号和意指符号学工具间的区别，尽管符号和工具共同的结构特征已经得到论述。接下来几段要讨论这种区别如果被忽略将会出现的困难，尤其是术语方面的困难。

2.4.2　叶姆斯列夫和语言概念

叶姆斯列夫（Hjelmslev）已经提到了这些困难，他是众多发展了索绪尔基本思想的语言学家之一。因叶姆斯列夫对索绪尔语言学做了最为有趣的扩展，所以他的著作值得特别关注。接下来本文对叶姆斯列夫的评论是有必要的，因为他的一些定义里提到的术语难题，在罗兰·巴特的著作中也被提到过。

叶姆斯列夫的理论出发点①是假设语言交际的所有符号系统都是形式上同构的。这能从他的主张看出，即根据自然语言（多门语言）模型建构的语言（一门语言）一般理论，应适用于所有符号系统（Hjelmslev，1968/71：129ff）。这样的结论有忽视索绪尔语言学和符号学区别的危险，导致泛语言学视角生成，即认为每个符号结构都是一门语言。

当然，不能也不应该排除，交际的所有符号系统，包括语言，具有共同特征。把不同的符号系统简化成一个共同的基本语言学模型，并不符合索绪尔的意图。如果遵循索绪尔的定义，即语言是众多其他符号系统（如写作符号、军事和航海符号、聋哑人的字母以及象征仪式和习俗、风俗、时尚、哑剧）中的一个符号系统，它的一个直接任务就是阐述所有符号系统的区别。

叶姆斯列夫把语言定义为一个层级系统，可在不同层级上下分出关系结构（Hjelmslev，1968/71：135）。这是正确的，而且与索绪尔的语言概念一致。但所有的层级系统可被视为基于这一定义，这一定义如此抽象——正如穆南（Mounin，1970：98）所指出的——甚至能应用于有机化学和内燃机方面。此外，"自然语言"作为系统的描述，所有其他语言（即符号系统）也可被转化为系统，因为它们构成了该语言（一门语言）的模型，其结果是只有自然语言能赋予所有意义以形式，叶姆斯列夫没有为这一断言提供任何经验证据，甚至没有给出一个理由（Hjelmslev，1968/71：138）。事实上，叶姆斯列夫

---

① 叶姆斯列夫的语言学理论纲领性著作 *Omkring sprogteoriens grundlaeggelse*（*Prolegomena to a Theory of Language*）只有英语和法语译本。这两种译本都被批评与叶姆斯列夫的术语不一致（Mounin，1970：95f.）。这一点很重要，因为叶姆斯列夫是通过引入新的术语把索绪尔的普通语言学发展为语符学（glossematics）的。我们的研究基于坎格（Una Canger）的法语译本，他是叶姆斯列夫的学生，哥本哈根大学语言学系的主任。

（Hjelmslev，1968/71：179－231）为数不多的关于非语言符号系统的例子（如交通信号灯、有数字和字母的电话拨号盘、时钟的钟声、犯人的符号代码或摩斯密码）都是作为一般描述存在，而没有考虑这些符号系统的特殊性。

叶姆斯列夫对语言表达层和内容层的区分是索绪尔符号学的一个重要发展，与能指和所指概念对应。索绪尔认为，音响形象和概念的结合是一个纯粹的形式，而并非一个（形成的）实质（CLGp. 157）。叶姆斯列夫遵循这一想法，进一步把语言的表达层和内容层下分为（纯粹的）形式和（形成的）实质。诺林也已经提出了相似的分法。

表达的实质概念可为非语言交际系统的特殊分析提供一个起点，实际上这些系统大多数都不同于自然语言典型表达的声音实质（cf. Wells，1977）。

然而叶姆斯列夫并未追求这种可能性，而是区分了外延语言和内涵语言以及元符号学。巴特（1964b：130－132）采用了这些术语，不幸的是，他并没能澄清符号学问题。在其著作的下一章中，叶姆斯列夫（1968/71：144）认为，如果一种语言的表达层本身是一种"语言"（从而还显示一个表达层和一个内容层），那么这种语言就是内涵语言。如果一种"语言"的内容层本身是一种语言，就会出现元符号学。

叶姆斯列夫认为，不仅文体风格和语体风格如古代的或粗俗的表达方式，代码变体如说、写或手势语，也是内涵语言。方言和个人语言变体也属于内涵语言（Hjelmslev，1968/71：145f.）。如果根据索绪尔的观点，符号学的标准是如何交际，那么不管是通过语言符号还是非语言符号，叶姆斯列夫的内涵"语言"作为一个规则实际上都提供了关于发送者状态的信息，而不是出于交际目的。叶姆斯列夫显然并没有看到交际符号学和意指符号学的区别（1975b），也没有看到普列托（Prieto，1975b）为了纠正叶姆斯列夫和巴特而提出的"内涵符号学"（semiology of connotation）。

2.4.3 巴特

巴特（1964b：130－132）继承了叶姆斯列夫的概念。最典型的是，他还把叶姆斯列夫的"元符号学"变成"元语言"。对巴特而言，内涵是一个文本的"调"（tone），是它被篡改的方式。在最后的分析中，巴特认为，一个"内涵符号"的所指是"意识形态的碎片"，能指是"修辞"，两者通过一个元语言回到一个"真正的系统"。至此，交际和指示还没被区分。因此，对巴特而言，任何具有意义的东西就变成一个符号，任何一组符号就变成一个系统，虽然交际意图的存在、一个完整的符号清单、组合规则或对立特征都没有被证实。

巴特和叶姆斯列夫都认为，每个系统都是一门语言。根据巴特的观点，大量社会实践就以这种方式突然变成语言，因此，也属于符号学。既然索绪尔将其假设为关于客套话、风俗和时尚，那么他的普通语言学方法（以及它们在语言学中的发展，请注意）不知不觉地变成了符号学的工具。在这一过程中，他忽略了语言学从属于符号学，提出了完全相反的两者关系。现在突然间，一个人会读到"符号学是语言学的一部分"（Barthes，1964a：81）。巴特所研究的不是交际符号，而主要是社会逻辑现象的指示符——准备食物的特定方式、衣着、家具风格、汽车、建筑等。即使对于明确的交际过程，如照片和电影，要研究这些媒介符号系统，巴特并不感兴趣，但如林德肯斯（Lindekens，1971：231-242）所指出的，社会现象的背后可能是符号。符号学对象确实能被解释为社会状况的指示符。在这种情况下，不是交际符号学，而是意指符号学（如果一个指示符系统能被限定）面临危机，甚至可能产生一种社会精神病理学的"症候学"。

一种特定食物的准备过程很快成为"菜单语言"并且最终成为"菜单修辞学"，根本不需要任何证明一顿饭事实上（经常）是一个交际信息的东西。在意指符号学中，则需要从社会环境指示符的系统特点出发来证明。即使这样的一个系统能被发现，指示符在这个意义上也不能成为交际符号。

2.4.4 列维-斯特劳斯

在列维-斯特劳斯的"结构主义人类学"中也出现了相似的问题。第二次世界大战后期列维-斯特劳斯在高等教育学院（the École des Hautes Études）遇到了那时来到纽约的雅柯布森，他正是通过雅柯布森熟悉了索绪尔的语言学（cf. Mounin，1970：200f.）。他随后运用语言学模型制定了人类学领域的规则："我们一定要实际上去问问自己，我们是否已经知道可以使用语言学的方法和概念去研究社会生活的各个方面（包括艺术和宗教），由各种现象构成，（它们的本质与语言接近……人们应该阐述一种普遍规则），基于它的各个方面能够表达特殊结构的共性特征。"（Lévi-Strauss，1967：75）更确切地说，列维－斯特劳斯把由特鲁别茨柯依和雅柯布森发展的"布拉格音系学"（Prague phonology）作为研究起点，通过互相对立的音位分类体系描述一门语言的语音。穆南（Mounin，1970：203－207）使人们注意到这样一个事实，即列维－斯特劳斯的语言学中有一些误解，他把音位称为一种"意义成分"，有时候混淆了共时/历时和聚合/组合的概念（cf. Mounin，1970：205－207）。但这些细节并不是如此重要。更重要的是这样的事实：从隐喻性使用语言学概念到人类学，一些类比结果很难证明（在列维－斯特劳斯的著作中也没有被证明）。因此，在列维－斯特劳斯那里，婚姻规则和亲属系统都成为"语言"（e. g. Lévi-Strauss，1967：63），由于语言为交际服务，它们也成为交际（Lévi-Strauss，1967：74）。根据列维－斯特劳斯的观点，交际是一种循环（比如女人），反过来，交际是一种交换（Lévi-Strauss，1967：97）。必须假设，对于列维－斯特劳斯来说，语言学类比是一种启发式方法。如果不批判性使用这种启发式方法，就会导致没有经过经验证明（或不能证明的）的陈述，这可能造成术语混淆。

索绪尔认为，普通语言学是交际符号学的一部分。如果一个语言学类比要产生意义，就需要提供证据来表明该类比事实上属于交际现象。如果不能提供证据，该类比可能最多属于意指符号学下的一种现象，也应该这样归类。

2.4.5 "结构主义"的定义和批评

从前面对叶姆斯列夫、巴特和列维－斯特劳斯的评价中，能够得出一个结构主义的定义，不同于迄今传播的那些定义。比如，比耶维什（Bierwisch，1966）称自己文章中的"结构主义"实际上是来自索绪尔的"结构语言学"，即基于对立结构和符号学结构分析的语言学。前面的评论表明结构语言学和结构主义是有区别的。结构语言学是索绪尔提出的符号学的一部分，把自然语言作为符号系统来研究，而在结构主义中，结构语言学的方法和术语被概括为先验的并被应用于从属交际符号学的非语言符号领域，尤其是意指符号学中的指示领域。除了那些经常通过类比从那些结论中得出的没被经验证明（或不能被证明的）的结果，甚至有些是谬论。因此"所有语言都是由符号构成的"这一正确陈述导致没有必要的（甚至错误的）结论，即所有由符号甚至指示构成的系统都是语言。"符构"（syntax）这一术语也被混淆了。所有语言都有一种句法，每种句法是一种生成手段，从这样的认识出发，很容易得出这样的结论，即生成手段的所有产品都是语言。可以同意叶姆斯列夫的建构，所有语言都有一个表达层和一个内容层，且每一个又下分为形式和实质。如果从这一陈述出发，得到的结论就是每个具有表达层和内容层的符号系统就是一门语言，这既没有说服力也没有必要。

语言学类比的引入并没有很好地服务于索绪尔的记忆。他自己以更加全面的方式形成了符号学概念。尽管结构主者们经常引用索绪尔的观点，还是建议将其作为一条规则检查他们符号学研究的准确性。

最好按照下面的方法，在具体符号学分析中，一组规则赋予符号系统（或意指系统）的特性显著位置（cf. Eco in this volume, p.118ff.）。进行这些分析（这个清单并不完整）最为重要的原则是：

- 区分交际问题和意指问题
- 确定该符号学结构是否是自治的（比如摩斯密码不是自治的，因为它只转写一门自然语言中的元音字母和辅音字母）
- 定义能指或指示的"形式实质"（formed substance）（即感知通道）和所指或被指的"形式实质"
- 确认所研究的符号系统是线性的还是非线性的，是否有离散的或连续的符号组合
- 建立一个完整的集合（或类）清单，依据这个清单把能指和所指分类
- 根据区别性特征指出集合在两个域内的差异
- 对能指和所指的联系分类（即确认编码是内在的还是外在的）
- 列出集合中的元素（即它们区分性特征的所有可能变体）
- 描述元素间的关系（区分性特征的变体是否可通过名义量表、顺序量表或等距量表测量）
- 描述集合的构成规则（指出哪些集合有述谓功能；发现现有规则的例外）

2.5　符号学观点

索绪尔的符号学起源于"人类符号学"（anthroposemiotic）（cf. Sebeok，1976：3；1977：183），但它不能被简化为语言学。有人在符号学传统中也做了一些把"动物符号学"（zoosemiotics）（cf. Sebeok，1976：3；83－89）包含在内的尝试。比如本维尼斯特（Benveniste，1952）提出了关于蜜蜂交际的一些想法。穆南（Mounin，1970：41－56）研究了乌鸦的交际。他也从符号逻辑学的视角评价了普雷马克（Premacks）和加德纳（Gardners）的实验，在实验中，大猩猩学习通过手势或任意的视觉标识符和它们的训练员"交际"（Mounin，1976：1－21）。因此，符号学没有必要限制在人类符号学领域内。比如，穆南（Mounin，1976：46）写道："在乌鸦和蜜蜂的例子中，很明显存在着信息和交际：蜜蜂的舞蹈、乌鸦的叫声在普通符号学或符号系统科学中有自己的位置。"威尔斯（Wells，1977：10f.）提出了一个更为保守的命题，即协调非人类符号学现象和符号学。他从这样的前提出发，即根据索绪尔和叶姆斯列夫的观点，符号具有表达和内容的形式及表达和内容的实质。哪些表达实质可以促进更高表达形式系统的发展（尤其是人类），可作为符号学新的研究领域？这一研究的主题可以是人类的不同表达形式是如何从前人类表达实质中产生的。

根据威尔斯（Wells，1977）的理解，人类表达形式和内容的组合应具有一个完整的符号状态，而类人（pre-human）符号的实质应被描述为潜在符号表达的潜在形式（potential forms of expression of potential signs）。

索绪尔传统的符号概念基于这样的假设，即每个符号是一个指示符，但并非所有的指示符都是交际符号。虽然提出了系列平行概念：符号和工具、能指和操作、所指和效用、目的和方式，但符号学的阐述和概括能力似乎并没有被穷尽。随着引入"符号"的平行术语"工具"，过去一直是研究中心的符号定义和符号分类问题不再重要。未来符号学家会更多关注为达到特定目的而使用特定方法的问题，这不仅包括人类，而且包括动物甚至其他生物。

3 索绪尔符号学核心文献

［1］霍克斯：《结构主义和符号学》，瞿铁鹏译，刘峰校，上海：上海译文出版社，1987年。

［2］索绪尔：《索绪尔第三次普通语言学教程》，屠友祥译，上海：上海人民出版社，2007年。

［3］索绪尔：《普通语言学教程》，高名凯译，北京：商务印书馆，1980年。

［4］屠友祥：《索绪尔手稿初检》，上海：上海人民出版社，2011年。

［5］张绍杰：《语言符号任意性研究》，上海：上海外语教育出版社，2003年。

［6］Carol Sanders. *The Cambridge Companion to Saussure*. Cambridge Companions Online © Cambridge University Press，2006.

［7］David Holdcroft. *Saussure：Signs，System and Arbitrariness*. New York：Cambridge University Press，1991.

［8］Ferdinand de Saussure. *Course in General Linguistics*（trans. W. Baskin）. New York：Philosophical Library，1959.

［9］Paul J. Thibault. *Re-reading Saussure：The Dynamics of Signs in Social Life*. London and New York：Routledge，1997.

4 关于《费尔迪南·德·索绪尔及其符号学发展》的思考

《费尔迪南·德·索绪尔及其符号学发展》一文分为5部分：索绪尔生平、索绪尔的符号学和语言学、索绪尔基本概念的符号学归纳、索绪尔的符号学和结构主义问题、符号学观点。单从论文标题来看，各部分似乎存在交叉和重合，究其原因，一方面是索绪尔本人对符号学和语言学的关系尤其是符号学作为一门学科的理论框架、术语、研究方法论及较少，另一方面则体现出作者整合索绪尔符号学各方面成为一个有机整体的努力。索绪尔对普通语言学理论以及符号学的思考，发生在1890—1900年这段时间，这些思考体现在索绪尔在1907—1911年间的三次普通语言学课程中。通过对比阅读这三次教程的内容，我们会发现索绪尔的思想一直处于发展之中，他并不满意自己的想法，因此并没有留下完整的手稿资料。

整体而言，克兰佩恩这篇文章基本涵盖了索绪尔符号学的核心思想，如符号学和语言学的关系，普通语言学的基本概念，索绪尔符号学的核心术语（能指、所指、句段、联想、系统、对立、共时、历时等），索绪尔的结构主义重要继承者和发扬者巴特、叶姆斯列夫、列维－斯特劳斯等人的观点与索绪尔的联系和区别如巴特认为符号学属于语言学等。克兰佩恩指出一些学者对索绪尔的语言学观和符号学观存在误解，从 20 世纪 70 年代后期开始出现了索绪尔研究的复兴，这是因为恩格勒（Engler，1974）等人出版了索绪尔的原始笔记①，使人们能更直观地接触到索绪尔的思想，索绪尔不但是结构主义代表，他的《普通语言学教程》还是解构主义的开始，这才是索绪尔真正的语言学理论。

语言是一个符号系统，是基于具体表达的抽象系统。系统的存在先于个别观念，"就拿所指或能指来说，不可能有先于语言系统而存在的观念或声音，而只有由这系统发出的概念差别和声音差别"（索绪尔，1980：167），系统存在的意义就是要产生差别，并且"语言中只有差别"（索绪尔，1980：167），"语言系统是一系列声音差别和一系列观念差别的结合，但是把一定数目的音响符号和同样多的思想片段相配合就会产生一个价值系统，在每个符号里构成声音要素和心理要素间的有效联系的正是这个系统"（索绪尔，1980：167）。

语言符号作为言语音响形象（非客观的、物理的声音）和事物概念的联结而存在于主体的大脑中，比如想象和非"客观"事物。言语形象、指示部分（能指）和概念，所指部分或意义共同构成一个不可分割的整体，索绪尔将之类比为一枚硬币或一张纸的两面，这个统一体就是一个符号。把符号定义为能指和所指的统一体，索绪尔摆脱了普通语言学的局限，进入了符号学王国，即服务于交际的"社会内所有符号"的学说，其中，他列举了写作符号、聋哑字母、象征仪式、军事和航海信号、风俗、时尚、手势符号等。普列托（1973，1975a）拓展了索绪尔符号分类的目录，他认为，一个一致性的索绪尔符号概

---

① 国内关于索绪尔的部分重要文献有：索绪尔. 普通语言学教程［M］. 高名凯，译. 北京：商务印书馆，1980；索绪尔. 索绪尔第三次普通语言学教程［M］. 屠友祥，译. 上海：上海人民出版社，2007；屠友祥. 索绪尔手稿初检［M］. 上海：上海人民出版社，2011；屠友祥.《索绪尔第二次普通语言学教程》选刊［J］. 中国政法大学学报，2012（6）：92－129.

念应超出交际符号学而进入意指符号学领域：由能指和所指构成的符号双重性，与由"操作"和"效应"构成的"工具"双重性相对应。符号是工具的特例，它们是交际工具。

叶姆斯列夫的理论具有鲜明的形式化特征，他从"所有符号系统与语言符号系统在形式上是同构的"这一假设出发，通过自然语言模型建构适用于所有符号系统的一个形式理论，即把不同符号系统简化成一个基本的语言学模型。进而，叶姆斯列夫把语言定义为一个层级系统，可在不同层级上再分出关系结构。在索绪尔形式与实质划分基础上，"这种结合产生的是形式（forme），而不是实质（substance)"（索绪尔，1980：158），叶姆斯列夫提出了表达与内容、形式与实质，再分出表达形式与表达实质、内容形式与内容实质，即所有语言都有一个表达层和一个内容层，且每一个又下分为形式和实质（叶姆斯列夫，1968/1971：144）。叶姆斯列夫还认为，如果一种语言的表达层本身是一种"语言"（从而还显示一个表达层和一个内容层)，那么这种语言就是内涵语言。如果一种"语言"的内容层本身是一种语言，就会出现元符号学。巴特和叶姆斯列夫都认为，每个系统是一门语言。对巴特而言，任何具有意义的东西就是一个符号，任何一组符号就会变成一个系统，遵循这一逻辑，准备食物的特定方式、衣着、家具风格、汽车、建筑等都是符号系统。列维-斯特劳斯通过雅柯布森熟悉了索绪尔的语言学后，随后就运用语言学模型去发现和制定人类学领域的规则，于是婚姻规则和亲属系统也成为"语言"，由于语言服务于交际，根据类比原则，婚姻和亲属关系也成为一种交际形式。

本文带给了我们以下一些思考：

第一，我们不能忽视结构语言学和结构主义的区别，不能将它们混淆；即结构主义不能被视为结构语言学的代名词。结构语言学是索绪尔提出的符号学的一部分，把自然语言作为符号系统来研究，而在结构主义中，结构语言学的方法和术语被概括为先验的并被应用于从属交际符号学的非语言符号领域，尤其是意指符号学中的指示领域。

第二，索绪尔、皮尔斯、莫里斯在论述符号或符号学时都使用了"关系"概念，显然，他们是从不同视角出发，想要达到的目的也不相同，重要的是，在他们各自的理论体系中"关系"的界定亦不同。具体而言，索绪尔将"关系"放在最高位置：符号作为一个整体是能指与所指的联结关系；语言表意通过句段关系和联想关系完成；一个符号的价值仅仅取决于它在整个符号系统中与其他符号的区别关系，而与它自身的质以及客观世界无关，并且它们都是处于系统中的心理关系，在多数情况下是二元关系。在皮尔斯那里，符号是不可化约的三元关系，宇宙是一个从完全混沌状态向绝对规则状态无限运动的过程，无限符号活动将一个个符号联系起来，在通向真理的终极目标中，充满了可能性、偶然性、可错性。莫里斯从简单的刺激反应关系出发，从动物扩展到有机体甚至有机体的器官和腺体。他把符号学界定为科学的科学即元科学，企图通过符号学来实现对所有科学的有效描述，进而完成统一科学的目标，但他对符号学的三分虽从符号活动的三对关系即符构关系、符义关系、符效关系出发，却具有明显的语言符号色彩，自然语言无法也不可能代替科学语言，这从本质上决定了他这种努力和设想的局限性。

第三，索绪尔所持的是一元观、二元观还是三元观？虽然我们能在《普通语言学教程》中找到索绪尔结构主义符号观众多的二元对立表述，如能指和所指、语言和言语、历时和共时、句段和联想、内部语言学和外部语言学、语言语言学和言语语言学、静态语言学和演化语言学、绝对任意性和相对任意性等，但我们不能简单地把索绪尔的所有观点都化约为二元观，如他关于言语活动（language）、言语（parole）、语言（langue）三者关系的论述①，"从言语活动所代表的整个现象中分出两个因素：语言和言语。在我们看来，语言就是言语活动减去言语"（索绪尔，1980：115）。

第四，索绪尔与皮尔斯的符号学观相比，至少存在以下几点显著区别：（1）对待心理主义的问题上，在1891年后，皮尔斯全面和坚定地推行科学实证主义观，努力祛除心理主义的印记；而索绪尔是一个坚定的心理主义者。（2）关于符号学在科学体系中的位置，索绪尔认为符号学属于心理学；皮尔斯则认为符号学即逻辑学，属于哲学下位范畴。（3）在符号学的研究对象上，索绪尔将符号学的研究对象限制在语言符号内；皮尔斯则持广义符号观，认为宇宙中一切都是潜在的符号。（4）皮尔斯的符号学理论中有众多的三元划分，一般将他视为三元主义者；索绪尔的理论中则有较多的二元对立，但我们不能简

---

① 姚小平. 研读索绪尔——《普通语言学教程》（第三度讲授）中的 langue、language、parole [J]. 外语教学与研究，2003（5）：387-394.

单地将索绪尔认定为一个绝对的二元主义者，他的系统观、言语活动具有一元观色彩。（5）如果从符号学科学体系中的定位和符号定义看，也同样应区分索绪尔和皮尔斯在哲学思潮中的归属，索绪尔符号学属于人本主义思潮①，而皮尔斯符号学属于科学主义思潮。

第五．索绪尔符号学中还有其他许多重要概念，如任意性与理据性、语言语言学与言语语言学、索绪尔语言哲学思想②等，因篇幅所限，此处不再过多论及。

---

① 郭鸿．现代西方符号学纲要［M］．上海：复旦大学出版社，2008.
② 张绍杰．语言符号任意性研究：索绪尔语言哲学思想探索［M］．上海：上海外语教育出版社，2004.

三、查尔斯·威廉·莫里斯
(Charles William Morris)

1　莫里斯符号学关键词

莫里斯（Charles William Morris，1901—1979）1901 年生于美国科罗拉多州的丹佛市，1979 年在佛罗里达州去世。他是乔治·米德（George Mead）的学生，托马斯·西比奥克（T. A. Sebeok）的老师。1922 年获科学学士学位，1925 年获芝加哥大学哲学博士学位，从 1931 年到 1958 年一直在芝加哥大学任教。莫里斯发展了行为主义符号学说，一生倾注心血于符号和价值研究，建构了符号学三分（符构学、符义学、符效学）的理论体系以及通过论域理论讨论符号的具体运用。

莫里斯对符号学的兴趣始于 20 世纪 20 年代，他在大学期间受微积分课程影响，开始思考符号的意义问题。后来接触弗洛伊德心理学，便日益关注符号学和心理学的关系研究。再后来在乔治·米德指导下开始从事语言符号（language symbols）的功能、本质研究，凭借《符号论和现实》（*Symbolism and Reality*）[①] 于 1925 年获博士学位。莫里斯在《普通符号理论》（*Writings on the General Theory of Signs*，1971）的前言中指出，自己关于一般符号理论的框架和轮廓受到奥格登和瑞恰慈《意义的意义》（*The Meaning of Meaning*，1923）影响。

1925 年后，莫里斯大量阅读了哲学著作并逐渐丰富了自己的符号学理论，如罗素（Bertrand Russell，1872—1970）、皮尔斯（Charles Peirce，1839—1914）、卡尔纳普（Rudolf Carnap，1891—1970）、卡西尔（Ernst Cassier，

---

① 莫里斯的博士学位论文以同名形式于 1993 年由约翰·本杰明出版公司出版，是德国埃森大学阿希姆·埃施巴赫（Achim Eschbach）主编的符号学基础（Foundations of Semiotics）系列丛书的第 15 卷。"Symbolism" 一词，有人译为 "象征主义"，我们倾向将其译为 "符号论"，因为根据莫里斯自己的说法，他在大学时期就已经开始关注符号与意义问题，而且他受到卡西尔的人是符号动物（symbolical animal）观点的影响。象征主义这一名词源于希腊文 "Symbolon"，它在希腊文中的原意是指 "一块木板（或一种陶器）分成两半，主客双方各执其一，再次见面时拼成一块，以示友爱" 的信物。几经演变，其义变成了 "用一种形式作为一种概念的习惯代表"，即引申为任何观念或事物的代表，凡能表达某种观念及事物的符号或物品就叫 "象征"。它与人们通常用的比喻不同，涉及事物的实质，含义远较比喻深广，还是 19 世纪末在英国及西方几个国家出现的一种艺术思潮。请参见百度百科关于 "象征主义" 一词的解释。

1874—1945)、尼采（Friedrich Wilhelm Nietzsche，1844—1900）、杜威（John Dewey，1859—1952），语言学家如萨丕尔（Edward Sapir，1884—1939）、安德雷德（Manuel Andrade）、布龙菲尔德（Leonard Bloomfield，1887—1949）、雅柯布森（Roman Jakobson，1896—1982）等都对他产生了一定影响。

《普通符号理论》(*Writings on the General Theory of Signs*，1971) 是莫里斯符号学思想的学术合集，分为三部分：第一部分是《符号理论基础》(1938)，第二部分是《符号、语言和行为》(1946)，第三部分是五篇符号学研究论文。莫里斯的这些专著（专著的部分）或论文时间跨度大——从 1938 年到 1964 年，如果按照莫里斯自己的说法，他关于符号学的思考与研究有 50 余年的历史（从 20 年代上大学时期到 70 年代）。其中《符号理论基础》("Foundations of the theory of signs") 发表在 1938 年出版的《统一科学国际百科全书》(*International Encyclopedia of Unified Science*) 第 1 卷第 2 期第 1 到 59 页。《符号、语言和行为》(*Signs，Language，and Behavior*) 以专著形式于 1946 年由普林帝斯－霍尔（Prentice-Hall）出版社出版，莫里斯在该书前言中明确指出："创建一门关于符号的科学，是本书追求的目标。"莫里斯努力将符号学理论建筑在经验科学之上并提升到哲学层面，他对符号学系统理论的建构做出了开创性贡献。其余五篇论文分别为：第一篇《符号和行为》("Signs and the Act") 是 1964 年麻省理工学院出版社出版的专著《意指和意义》(*Signification and Significance*) 的第一章；第二篇《美学和符号理论》("Esthetics and the theory of signs") 于 1939 年刊发在《统一科学杂志》(*The Journal of Unified Science*) 第 3 卷第 1－3 期；第三篇《元元符号》("Signs about signs about signs") 发表于 1948 年；第四篇《神秘主义和它的语言》("Mysticism and its language") 收入 1957 年安申（Ruth Nanda Anshen）主编的论文集《语言：意义和功能研究》(*Language：An Inquiry into Its Meaning and Function*)；第五篇《人类宇宙符号》("Man-cosmos symbols") 收录于 1956 年凯普斯（Gyorgy Kepes）主编的论文集《新景观》(*The New Landscape*)。此外，莫里斯的另一本著作《美国哲学中的实用主义运动》(*The Pragmatic Movement in American Philosophy*，1970) 讨论了语用符号学（pragmatic semiotic）和传统哲学问题。

在莫里斯之前，符号学是一个多义词，洛克把符号学和逻辑学视为同义词，皮尔斯后期也把符号学视为逻辑学的代名词，符号学和符义学也被一些学者视为同义的，但在莫里斯的学科体系中，符义学是符号学的分支学科，是研究符号活动符义维度的学科，而且符号学还是一种科学方法。莫里斯明确提出了符号是在有机体身上出现的一种行为倾向，这超出了人类语言符号的范围和语言中心主义，具有鲜明的动物符号学色彩。在莫里斯那里，符号本质、符号活动、行为是同质的。莫里斯（Morris，1946：253）将 semiosis 定义为符号过程（sign-process），在该过程中某物对某有机体而言是一个符号。莫里斯的符号活动除了符号、解释项，还有所指物（denotatum）、阐释者和意指（significatum）。莫里斯在《符号、语言和行为》（1946）中，区分了指号、符号和信号，且指号是包括符号和信号的上位概念，信号是具体情境中引发有机体反应倾向的预备刺激，符号是不在场刺激物的替代，符号可说谎。"如果一种东西 A 是一种预备性刺激，而当激发某行为族反应序列的刺激物并不存在时，A 也在某个有机体身上引起一种倾向，即在一定条件下用这行为族的反应序列作为反应，那么，A 就是一个符号。"（莫里斯，1989：10）。"如果 A 用这样的方式控制了指向某个目标的行为，而这种方式类似但不必等同另一物在它被观察到的情况下用以控制指向这个目标的行为的那种方式，那么，A 就是一个指号。"（莫里斯，2011：8）预备刺激并不引起对它自身的反应，影响的是它自身以外的某物的反应。反应倾向是"有机体在给定时间的一种状态，在某些附加条件下这个反应就会发生"（莫里斯，2011：9），即倾向是一种潜在的可能性行为。需要注意的是，有机体因符号而做出的反应序列和因刺激物引发的反应序列必定属于同一个行为族。

在一个有时空因素发挥作用的环境中，有机体因符号的预备刺激作用而产生行为倾向。莫里斯的符号学围绕着"符号理论"和"价值理论"两个关键词展开。莫里斯倾向于从科学角度研究符号学，同时关注诗学、音乐、绘画、舞蹈、佛教以及生活准则等问题，这使他对符号的关注和研究超出了科学符号的范围，要发展一门能够理解所有符号和符号使用的符号学理论。受卡西尔"人本质上是符号动物"观点的影响，要理解人类就要发展一门系统的符号理论。莫里斯的符号学理论赋予了语言学非常重要的位置，他强调说，他的符号学研究还包括动物符号、前语言符号（pre-linguistic human signs）和后语言符号

(post-linguistic human signs)^①。莫里斯给予符号学这样的评价："一般符号理论显然已经确立了自己是一项重要运动的地位：作为一门学科的重要性以及它赋予人类符号动物的重要性。"（1971，前言：8）

与皮尔斯类似，莫里斯坚持符号学是一门科学的观点，以发展一门能够处理各种符号的学说为其研究旨向，目的是更好地理解人的符号本质。莫里斯通过研究符号产生的效果来建构自己的术语体系，他的理论围绕符号、语言、心智（mind）、行为、价值、意指（signification）、意义（significance）等相互间的复杂关系展开，这些为他的研究贴上了"符号科学"（science of signs）、"行为主义"（behaviorism）、"生物心理学"（biopsychology）、"实用主义"（pragmatism）等标签。在莫里斯的术语体系中，符号活动（semiosis）、解释项、符号载体、阐释者等概念，与皮尔斯的概念既有联系，也有差异。

1.1 符号学是元科学

符号学统一人类知识，莫里斯 1938 年的论文《符号理论基础》（"Foundations of the theory of sighs"）旨在为人类科学寻找统一的元语言，并论述了符号学作为科学元语言的可行性。莫里斯在《符号理论基础》开篇即为符号学在众多科学中设定了一个位置：符号学和其他科学之间是一种双重关系，它既是一门科学也是其他科学的工具。（1938：2）符号学的重要性在于它是科学统一的第一步，为所有特殊的符号科学提供了基础，如语言学、逻辑学、数学、修辞以及美学。在皮尔斯的科学体系中，符号学是一门基础科学，是现象学，进而也是哲学的下位学科（哲学＞现象学＞符号学），所以，符号学需要借助现象学和数学开展研究。以此观之，在莫里斯那里，符号学的地位更高，是元科学，即科学的科学。

就研究范围而言，莫里斯（1971：307）认为，符号包括动物符号和人的符号、语言符号和非语言符号、真符号和假符号、充分符号和不充分符号、健

---

① Charles W. Morris. *Writings on the General Theory of Signs*. The Hague：Mouton，1971，forward：8.

康的符号和病态的符号。符号学在知识的统一中发挥重要作用，科学研究不是
已有真知识的简单堆积，而是要实现知识的系统化。莫里斯指出科学统一的两
个方面：一方面，对一个特定领域知识或主题知识同时开展多学科研究；另一
方面，提供一种描写各门不同科学术语体系的科学语言或工具语言，而符号学
正是能满足科学统一两个方面要求的科学。莫里斯同意卡西尔"人本质上是符
号动物"的断言，也坚信一切知识的表达和传递都需要符号，因此，只有一门
能研究所有符号的科学才能作为统一科学。

1.2　符号载体、所指（designatum）、解释项

我们在此先引入皮尔斯的符号三元关系，以期直观对比莫里斯的符号三元
关系。在皮尔斯的符号定义中，符号载体、对象、解释项是一个不可化约的三
元关系，它们共同构成一个完整的符号，对象决定符号载体进而决定解释项，
从符号对象到符号载体再到解释项构成一个符号活动。可见，符号活动就是符
号生长的过程，即前一个符号的整体作为下一个符号活动的符号载体，且符号
活动是无限的，从一个符号开始，理论上符号最终可以充满整个宇宙。

莫里斯（1938：3）在《符号理论基础》中给出了符号的定义：符号为某
人指向某物。符号本质存在于某物作为符号发挥作用的过程中，即符号活动，
而关于符号活动的研究可追溯至古希腊时期，涉及三个（或四个）要素：符号
载体、所指（designatum）、解释项，第四个要素就是解释者。在《普通符号
理论》（1971）中，"interpreter"一词共出现了305次。

符号学艰深难懂有多方面原因，比如涉及学科领域众多，涵盖哲学、逻辑
学、心理学、生物学、语言学、数学等，而且，每一位符号学家在自己的学术
体系中都有自己的术语使用倾向，使用的术语都有特定意义。因此，我们在此
首先需要做的，就是根据莫里斯的界定澄清和区分术语，如 designatum、
designata、denote、express、interpreter 等。莫里斯在自己的著作中都给予了
界定和说明，比如"一个符号必须有一个所指，显然，并非每一个符号都需要
指向一个实际存在的对象"（Morris，1971：20）；"一个符号的所指是符号适
用的一类对象，即阐释者通过在场的符号载体对符号对象性质所做的陈述"

(Morris，1971：20)；"如果符号所指是一个现实客观存在，那么它就是一个所指对象（denotatum）。每一个符号都有一个所指，但不一定有一个涉指。所指不是一个事物，而是一类对象或对象的类，一类对象可能有多个成员，或一个成员，或没有成员。一类中的成员称之为所指对象（denotata）"①（Morris，1971：20－21）。关于 implicate、designate、express 和 denote，贾洪伟（2019：278）做出如下区分：implicate 是句法学术语，designate 和 denote 是语义学术语，express 则是语用学术语。据此，我们倾向于把 implicate 汉译为"表示"，designate 和 denote 对应"指称"，express 对应"表达"。因为，interpreter 一词在皮尔斯和莫里斯的著作中都多次出现，而且是符号学理论中的重要术语，下面我们引用原文，希望能给出清晰的解释，以澄清概念。

皮尔斯在描述符号活动概念时，多次提到解释者（interpreter），因为皮尔斯持进化宇宙论和泛符号观，他并没有将解释者纳入自己的符号三元定义中。我们在此摘录并汉译《皮尔斯选集》（*Collected Papers of Charles Sanders Peirce*）中涉及 interpreter 的几段：

> In the first place, as to my terminology, I confine the word *representation* to the operation of a sign or its *relation* to the object *for* the interpreter of the representation. (*CP* 1.540)

> 首先，在我的术语中，对于再现的解释者而言，再现就是一个符号的操作或符号与对象的关系。

> I have already noted that a Sign has an Object and an Interpretant, the latter being that which the Sign produces in the Quasi-mind that is the Interpreter by determining the latter to a feeling, to an exertion, or to a Sign, which determination is the Interpretant. (*CP* 4.536)

> 我已经注意到，一个符号有一个对象和一个解释项，符号在准意识中产生的解释项就是解释者把解释项确定为一种感觉，一种努力，或一个符号，这个决定就是解释项。

> It is a Sign which has the Form of tending to act upon the Interpreter

---

① Denotata 是 denotatum 的复数形式。

through his own self-control，representing a process of change in thoughts or signs，as if to induce this change in the Interpreter. （CP 4.538）

一个符号拥有这样一种倾向形式，通过解释者的自我控制影响解释者，再现思维或符号中的变化过程，好像是在解释者中诱导了这一变化。

Moreover，signs require at least two Quasi-minds；a Quasi-utterer and a Quasi-interpreter；and although these two are at one（i. e.，are one mind）in the sign itself，they must nevertheless be distinct. （CP 4.551）

此外，符号至少要求两个准心智；一个准说话人和一个准解释者；虽然它们两个在符号自身中是一个（即心智），但它们必须区分开。

The most effective characterization of a sign is the following：S is a sign of D for I to the degree that I takes account of D in virtue of the presence of S. Thus in semiosis something takes account of something else mediately，i. e.，by means of a third something. Semiosis is accordingly a mediated-taking-account-of. The mediators are sign vehicles；the taking-account-of are interpretants；the agents of the process are interpreters；what is taken account of are designate. (Morris，1971：19)

以下是对符号最有效的描述：对 I 而言，S 在这种程度上是 D 的一个符号，I 因为 S 的在场而想到 D。在符号活动中，某物通过中介想到另外的某物，即通过第三个事物。符号活动因此是一个中介陈述。中介是符号载体，陈述是解释项，过程主体是解释者，被陈述的是所指。

1.3 符构学（syntactics）、符义学（semantics）和符效学（pragmatics）

莫里斯《符号理论基础》一文围绕七大问题和若干个小问题展开：符号学与科学的关系、符号活动、符构学、符义学、符效学、符号学的统一性和符号科学间的相互关系、符号学的应用问题（符号学作为科学工具、符号学的人文内涵）等。"这是符号学理论应用于科学用语研究的第一篇文章，从学科史意义上讲也是皮尔斯实效哲学或实用论符号学理论在语言符号学领域发展的一篇里程碑式作品"（贾洪伟，2019：255）。莫里斯不但认为符号学是一门科学，而且进一步给了符号学元科学的定位和科学研究工具的定位，从符号学思考行为学的三个阶段即定位（orientation）、操控（manipulation）、完成（consummation），区分了符号载体和对象，如果有机体（如一位男孩）对在场的对象（如一位漂亮的女孩）做出反应，心生爱慕，这种情境下就不涉及符号载体；当男孩拿着女孩的照片产生了回忆或某种愉悦的情感，此时的照片就发挥了符号载体的作用，而符号对象是不在场的。莫里斯从符号活动要素间的关系出发，得出了研究符号与其他符号关系的符构学（符号活动的符构维度）、研究符号与对象关系的符义学（符号活动的符义维度）和研究符号与符号使用者关系的符效学（符号活动的符效维度）。这将传统上从音、形、义角度出发的语言内部本体研究扩展到语言内部和外部结合的研究，即将符号学分为符构、符义和符效三大维度（Morris，1971：310-302）。

符构学是符号活动的符义维度（syntactical dimension of semiosis），以符号的符构关系（组合、形成和转换）为研究对象，讨论语言形式和结构的关系，决定语言符号间不同关系的正是符构规则（syntactical rules），下分为形成规则（formation rules）和转换规则（transformation rules）。解释者使用的符号是多元的，莫里斯（1938：17）将其分为指示符（indexical signs）、再现符（charactering signs）和通用符（universal signs）。

符义学是符号活动的符义维度（semantical dimension of semiosis），莫里斯讨论了语言和非语言的结构问题。以纯理语义学和描写语义学的区分为基础，纯理语义学主要研究术语和理论，而描写语义学则是对纯理语义学的实际运用，涉及具体的事件、情境，进一步提出符号意义的研究要区分三个平面：符构平面、符义平面和符效平面。

符效学是符号活动的符效维度（pragmatical dimension of semiosis），涉及符号活动中的个体因素和社会因素、符号的使用和滥用等问题。符效学围绕符号活动的人这一核心要素展开，一个符号的解释者为有机体，解释项则是有机体面对符号载体做出和符号对象在场一样的反应，这是符号载体在场但符号对象不在场的情境，即符号载体对有机体施加的影响和产生的作用以及引发的行为或某种心理倾向与符号对象在场时是一样的。有机体面对符号载体会联想到符号对象，这就类似军队的兵符、圣旨、御赐的信物等具有"如皇帝亲临的效果"。

2　查尔斯·莫里斯和符号学的行为基础[①]

〔德国〕罗兰·波斯纳（Roland Posner）

柏林技术大学语言学系

2.1　智力发展与专门化

20 世纪 20 年代初，查尔斯·W. 莫里斯[②]在芝加哥大学学习心理学，原计划从事精神病学研究。他想要研究人类行为的原因和方式，以便日后能够帮助他们。一天晚上，当他坐在车里等他的好朋友——包豪斯艺术派艺术家拉兹罗·莫霍利－纳吉（Lászlo Moholy-Nagy）的时候，他想到了这些目标。突然，他明白如果没有符号活动和评价，那么，人类的行为将是无法想象的。不从理论上探究符号和价值自我，他又怎么能成为一个好的精神病学家呢？

莫里斯更换了学习课程，开始在芝加哥大学学习哲学，并且成为乔治·

---

① 《查尔斯·莫里斯和符号学的行为基础》一文用德语写作，1979 年发表在德语符号学杂志 *Zeitschrift für Semiotik* 1 上，该文扩展版 1981 年收录于德语版论文集 *Die Welt als Zeichen: Klassiker der modernen Semiotik* 中，1987 年该论文集英文版《符号学经典》（*Classics of Semiotics*）出版，本译文译自《符号学经典》英文版，曾发表在《语言与符号》第 3 辑（高等教育出版社，2017，第 100－122 页）。——译者注

② 1901 年 5 月 23 日莫里斯生于科罗拉多州丹佛市，1979 年 1 月 15 日卒于佛罗里达州盖恩斯维尔。

H. 米德①最勤奋的学生之一。1925 年，在米德的指导下，莫里斯完成了博士学位论文《象征和现实性——精神本质研究》（"Symbolism and reality—a study in the nature of mind"），成为教授，先在莱斯大学任教，20 世纪 30 年代初又回到了芝加哥。后来，莫里斯成为社会研究新学院（The New School for Social Research）和哈佛大学的客座教授。莫里斯的所有讲座和出版物都一直围绕着他一生的研究课题——符号和价值。

年轻的莫里斯以很谨慎的态度来研究他的课题。莫里斯已经很精通在芝加哥大学学习的实用主义哲学和社会行为主义方法论，但这对他来说似乎还不够，因此莫里斯又去了欧洲和亚洲。20 世纪 30 年代初期，他来到了欧洲哲学的中心，对维也纳学派逻辑学和科学哲学有了更深入的了解，1935 年，他参加了在巴黎举办的第一届国际科学统一大会。1948 年和 1949 年，莫里斯前往中国和印度旅行，研究两国的价值概念，他基于这一阶段的见闻完成了一个课题。②

在早期出版的著作中，莫里斯已经明显地表现出综合不同领域材料的巨大天赋。对一个特定问题细节的关注，在特定范围内的理解，将有助于解决更普遍的问题。他分析全世界专家们的实践洞察力和理论结论，展示他们的相互通用性，努力建构一个可以互补的可理解概念框架。他一生追求的目标非常明显地表现在他的纲领性论文《逻辑实证主义、实用主义和科学经验主义》（1937）和《符号理论基础》（1938）中；《心灵的六种理论》（1932）和《美国哲学的实用主义运动》（1970）；他关于理性世界观的写作，如《生命的途径：世界宗教前言》（1942）和《开放的自我》（1948a）；这一目标最让人信服地体现在他符号理论的系统著作《符号、语言和行为》（1946a）和他论价值的著作《人类价值的多样性》（1956）中，其本质——就像题目所指出的——在最后的著作《意指和意义》（1946）中再一次得到总结。③

----

① 米德是哲学实用主义的主要代表之一，曾在哈佛、莱比锡、柏林学习。自 1894 年到 1931 年去世，莫里斯一直是芝加哥大学哲学教授，他因其富于原创性的社会心理学讲座成为 21 世纪的知名学者。

② 此处的传记信息基于 1975 年夏天在佛罗里达州盖恩斯维尔与莫里斯的个人讨论。

③ 莫里斯著作更加详细的信息请参考菲奥多（Fiordo，1977）的专著，虽然其中有些编年上的错误。艾金斯（Eakins，1972）未发表的哲学博士论文更加准确。艾施巴赫（Eschbach，1981）整理出版了莫里斯的重要论文。

一开始，莫里斯通过专注考察个别学科和思维的突出方向来寻找问题的答案。他发现了三个哲学运动，每一个运动都在特定地域产生巨大影响并且与特定学科密切相关：

（1）北美的实用主义传统，基于社会科学和生物学（代表人物 C.S. 皮尔斯、W. H. 詹姆斯、G. H. 米德、J. 杜威和 C. I. 路易斯）。

（2）英美的经验主义传统，基于自然科学（以 17—19 世纪的英国经验主义和美国行为主义为代表）

（3）中欧的逻辑实证主义传统，基于逻辑学和数学（代表人物 E. 马赫、M. 石里克、L. 维特根斯坦、R. 卡尔纳普、H. 赖兴巴赫和 F. 魏斯曼）。

莫里斯是最早看出这些哲学运动相似之处的学者之一，并指出了这些运动的区别并不能使他们相互对立。[①] 实证主义和经验主义的相似之处表现在它们观察主体间性的共同倾向。经验主义和实用主义在强调所有知识的社会和生物条件方面是相互联系的。实用主义和实证主义的共同目标是尝试通过意义分析来明确并解决哲学问题。[②]

这三个运动都拒绝将"先验的综合判断"作为知识的一个来源，也正因为如此，每个运动都认为自己是"科学的"（莫里斯，1937：54）。根据它们的观点，知识与经验数据的区别需要从以下领域寻找：

· 在语言采用的形式结构中（逻辑实证主义）。

· 在替代对象功能的符号中（行为经验主义）。

· 在交际的社会传统中（实用主义）。

这些区别本身可凭经验研究（莫里斯，1937：28；50ff.）。

莫里斯在一系列论文中一步一步地概括出这些历史上的方法[③]，1934 年他得出第一个系统的结论，指出了"符号有三种类型的关系"：对一个人或一些

---

① 参考莫里斯，1929；1934；1935a；1935b；1935c；1936。此外，参考莫里斯，1937：4。

② 参考莫里斯，1937：56ff.，展开讨论进一步的相似性。

③ 参考莫里斯，1929；1934；1935a；1935b；1935c；1936。除 1929 年的文章，所有文章都在 1937 年再次收录。此外，参考莫里斯，1970。

人，对对象和对其他符号。[1] 三年后，他摒弃了已有的术语，开始使用"符效学""符义学""符构学"来研究符号关系。[2] 莫里斯以这样的方式在思维的三种历史模式间建立了一种系统关系，赋予每一种关系必要的、合法的地位。莫里斯称这门通过综合创造的科学为"符号学"（semiotic）（莫里斯，1937：4ff.）。[3]

因此，从一开始，符号学就像杰纳斯（Janus）[4] 一样具有两面性。一方面，符号学与各学科和研究方向之间的联系是松散的，没有任何一门学科需要

---

① 参考莫里斯，1936：135－1937：27f.。莫里斯（1948b）讨论了杜威对此及他的相似公式对皮尔斯三位一体"符号/对象/解释项"的误解。有必要对这种责备进行详细的讨论，这被皮尔斯学者们一次又一次地研究，最近又被霍尔顿（Rochberg-Halton）和麦克默特里（McMurtrey）（1983）用激烈的术语重复。他们指出了莫里斯和皮尔斯方法上的一些一致性并把他们之间的所有区别视为莫里斯在解释皮尔斯时所犯的错误。事实上，莫里斯从未把自己视为皮尔斯的一个解释者。除了他 1938 年的百科全书般的文章《符号理论基础》，莫里斯在介绍皮尔斯的术语时，也一并介绍了米德、胡塞尔、奥格登和瑞恰慈、卡尔纳普、塔尔斯基、赖兴巴赫以及其他学者，旨在为他的读者提供一个百科全书般的取向，莫里斯小心地建构他自己的符号理论。霍尔顿和麦克默特里指责莫里斯压制了"皮尔斯影响的所有明确的认同"（1983：152），基于皮尔斯的名字在莫里斯 1938 年的著作中于显著位置出现了 9 次，1946a 中出现了 16 次，与米德的名字出现次数相比，只是位于第二。莫里斯一接触到皮尔斯的前三双卷本的"文集"（皮尔斯，1931—1935）就马上做了引用，而且他 1946 年的书用一整节论述"查尔斯·皮尔斯论符号"（1946a：287－291）。事后，他说："……从历史的角度，对我而言，《符号、语言和行为》的地位，虽然并不是源于皮尔斯，事实上是'坚决地执行'他的符号学方法。"（1948b：124）但同时，他坚持说："……《符号、语言和行为》中所发展的观点不是始于皮尔斯。乔治·H. 米德最先鼓励我思考行为的符号。《符号、语言和行为》在很多方面是对米德的《心灵、自我和社会》的发展。我从未在米德的讲座或与之交谈时提及皮尔斯。只是后来，我认真地研究皮尔斯、奥格登和瑞恰慈、胡塞尔、卡尔纳普，之后是托尔曼和赫尔。"（1948b：124）莫里斯（1946a：290f）清晰地论述了自己区别于皮尔斯的地方："皮尔斯的符号以其范畴的形而上学（可能性、存在及法律是他符号分类的基础项）和意识的形而上学及基础。"莫里斯（1936：135）公式和皮尔斯三位一体之间的相似性是一个基于系统的巧合，而并非潜在的引用。

② 参考莫里斯（1937：4；1938：6ff.）。对于历史上前人对此的区分，参考莫里斯，1937：4，笔记 1；亨纳（Henne），1975：92ff. 本论文中对符构学、符义学和符效学的三元划分谈论较少。皮尔斯的像似符、象征符、指示符则根本没有提及。这些概念是莫里斯在 1938 年和 1939 年赋予符号学的突出概念。然而，这些概念逐渐消退，它们甚至没有出现在莫里斯 1964 年的主题指示中。请参考莫里斯 1938 和 1939a 的著作深入理解这些概念。符构学、符义学和符效学的关系在波斯纳（1986a）的文章中有深入讨论。

③ 谈及符构学、符义学、符效学，莫里斯（1937：4）把符号学（semiotic）设想为"包括所有这些及它们之间相互关系的一般科学"。他遵循英语的传统用法选择了符号学。然而，在过去的半个世纪里，在世界不同地区和不同的研究领域，与之相关的许多其他的表述变得流行起来，比如 semiotics、semeiotic、semiology、semasiology、sematology。semiotics 由于与 syntactics、semantics、pragmatics 的相似性而成为最近 20 年用得最广泛的变体。为保持一致性，本文将用 semiotics 替代 semiotic。

④ 罗马神话中的天门神，头部前后各有一张面孔，故又称两面神，司守门户和万物的始末。

符号学继续存在；另一方面，符号学声称给它们和其他研究活动提供一个合理的共同目标，而无关乎它们的历史发展。这也是莫里斯有选择地使用自己"神奇公式"的原因，他将符号学定义为符构学、符义学、符效学和它们间的相互关系："奥图·纽拉特（Otto Neurath）多年前警告说，这些术语会引起伪问题；事情的发展部分证实了他的担心。如果小心地引入这些术语，用来标记符号学的疆域和分支……然而，通常更为重要的是把符号学视为一个整体，并影响与解决这些问题相关的其他问题。"（莫里斯，1946a：217ff）然而请注意，这一批评不暗示对主体或方法的修正。相反，从 20 世纪 30 年代一直到他去世，莫里斯的基本假设和科学精神并未改变。莫里斯关于符号学的主要著作中对此做出最佳总结：

> ……此处阐述的符号行为，是在一般行为理论范畴中表达的。对于这些问题的思考不再模糊；符号行为问题已经发展到了经验公式和可能的实验解决阶段。①

莫里斯是从什么样的"一般行为理论范畴"开始的？

2.2　一个行为的阶段（phases of an action）

在符号学的行为主义方法——和华生（John Broadus Watson，1878—1958）的行为主义心理学有巨大差异——中，行为被定义为一个有机体内发生

---

① 参考莫里斯（1946a：58f.）。最早于 1935 年，最晚于 1964 年，都可以看到莫里斯相似的表达。在该文上下文中，下面应提及莫里斯亲自设计和执行的经验研究：（a）同一文化内部工作类型、性格结构、价值的比较（莫里斯，1939b：409−423；莫里斯、琼斯，1956：345−349）；（b）不同文化间价值的比较（莫里斯、琼斯，1955：523−535；莫里斯，1956：31−34）；（c）意指两个不同维度的相互关系（莫里斯，1956：164−176）；（d）意指与价值维度的相互关系（莫里斯，1956：144ff.；莫里斯，1964：73ff.）；（e）莫里斯的意指维度与奥斯古德意义维度的相互关系［莫里斯，奥斯古德（Osgood）& 韦尔（Ware），1961：62−73］；（f）对艺术品态度的测量［莫里斯，1956：144ff.；莫里斯 & 斯恰迪尼（Sciadini），1966：144−149］；（g）精神正常与不正常的人的价值比较［莫里斯，艾杜森（Eiduson）& 奥唐纳文（O'donnovan），1960：297−312］。莫里斯（1964：49ff.）对以上研究的方法和结果进行了总结。

的任何变化。① 因此，一个动物从出生就开始行动，直到死亡行为才停止。人总是不断地以这样或那样的方式行动。

因为存在开始和结束的事实，才能在连续统中划定一个行为。为了达到一个目标，行为可被结构化。这个目标是由一个冲动决定的。②

为了理解一个行为的结构，让我们来分析一个屈服于饥饿冲动的人的行为：

---

① 参考莫里斯对米德的《心灵、自我和社会》的介绍（Mead，1934：xix）。莫里斯称行为调查为行为学（behavioral studies，1946a：v 或 behavioristics，1938：5f.；1946a：2f.），现在可被译为ethology（Eibl-Eisesfeldt，1967：15ff）。对莫里斯来讲，行为学作为一门学科对于采用什么方法进行行为研究持中立态度："行为学（behavioristics）比 behaviorism 更为一般，后者是关于有机体行为的特殊理论。"（1946a：346f）莫里斯深知这一事实，在他那个时期，"behavioristics 的发展还不能解释更为复杂的人类行为和符号"（1946a：2f）。因此，他认为在行为学内部有不同的研究方法互相竞争是很正常的：心灵主义者喜欢奥格登和瑞恰慈（1923），他们用内省和个体意识、心灵事件来定义符号过程（Morris，1946a：294－298），行为主义者喜欢沃森（Watson）、迈耶（Meyer）、米德、费格尔（Feigl）、托尔曼（Tolman）、赫尔（Hull）、斯金纳（Skinner）（Morris，1946a：299－310）。然而，如果不能区分不同的行为主义方法，就无法深入了解莫里斯的符号学方法。我们需要区分（a）沃森的本体论行为主义（1913；1914；1919）和斯金纳（1938）否认意识和特定精神事件的存在，认为无论是内省还是其他的方法，都不能使科学调查对象合法化；（b）迈耶（1921）的方法论行为主义和托尔曼（1932）抛弃了内省研究法但并未承认个体意识和精神事件的存在或非存在；（c）费格尔的逻辑行为主义（1934；1950；1958）以及赫尔（1937；1943）将内省的结果主题化为个体意识和社会意识并使用精神学术语，但努力在行为概念的理论框架下对它们进行解释。第二种方法可以集中于心灵主义心理学或心灵主义社会学的术语。米德的"社会行为主义"（1922；1932；1934；1938）是社会行为主义的早期形式之一。逻辑行为主义受到布里奇曼（Bridgman）操作主义（1927；1936；1938）的影响，提倡基于操作对科学中所有的技术术语进行解释，此外还受到维也纳派逻辑实证主义的影响。莫里斯1938年的《符号理论基础》是逻辑行为主义的，而1946年的《符号、语言和行为》则是方法论行为主义的，他在这两者之间摇摆不定。这在他使用的术语"行为"（behavior）上体现得尤为明显。1938年他遵循了米德对该词的广义用法，1946年"行为"被限制在肌肉的运动和腺体行为，但到1948年莫里斯又回归该词的广义用法（Morris，1948b）。注意 response（指因为刺激而产生的肌肉或腺体运动）和reaction（有机体内的任何变化都是刺激的结果）的全部区别。莫里斯对它们的对比具有指导意义［艾金斯（Eakins），1972：348ff.］。在建构符号学术语的过程中莫里斯总是避免使用精神学术语，认为所有的精神学术语在行为符号学内都是可解释的［莫里斯（Morris），1946a：30f.］。但他从未拒绝承认自我观察的可能性（Morris，1946a：299f.），甚至个体经验本质上是个人的（比如具体到历史上的某个人）或本质上是社会的（如历史上某个特定的区）。符号学事业只有对于有如此宽阔视野的哲学家来讲才是有意义的。

② 参见米德（1938：3－25），斯恰迪尼（Shibutani，1961：66），梅尔茨（Meltzer），佩特拉斯（Petras）＆雷诺兹（Reynolds）（1975：33f）。一个念头或冲动（an impulse）可被视为"一个内在的驱动（如玩耍、打猎、收集、排名），与一定的运动活动无关"（Eibl-Eibesfeldt，1967：447）。莫里斯区分了行为（behavior）、符号过程（sign processes）和交际（communication）。因此，莫里斯认为行为是必须的（it is impossible not to behave），但莫里斯不能接受瓦兹拉威克（Watzlawick）所声称的"交际是必须的"［瓦兹拉威克］（Watzlawick），比文（Beavin）＆杰克逊（Jackon），1967：45ff.（莫里斯，1946a：32ff，117ff.）。

第一阶段：他检查自己的环境，优先对和食物有关的内部和外部感知做出反应（cf. Morris in Mead，1938：ixf. and xxivf.）。例子：（a）他闻到了楼下食物的香味。（b）他看到一辆面包车驶过。（c）他听到工厂响起午饭铃。（d）他寻找在课堂上不被允许吃的三明治。

第二阶段：为了得到吃的东西，有机体通过行动来实现这些感知所提供的可能性。例子：（a）他循着食物的味道下了楼，发现一个自助餐厅，往自动贩卖机投了一枚硬币，取出一碗菜炖牛肉汤，在一张桌子边坐下来，拿起勺子，品尝汤。（b）他看面包车停在哪个商店，走过去，买一份糕点。（c）他停下工作，洗手，去更衣室，从包里拿出一罐土豆沙拉。（d）他拿掉橡皮圈，打开三明治。

第三阶段：为了充饥，他吃掉准备好的食物。例子：（a）他一勺接一勺地喝汤，咀嚼，然后咽下，直到吃光碗里的食物。（b）他咬下一块糕点，一直咀嚼直到吃光。（c）他把土豆沙拉放进嘴里，最终把它吃光了。（d）他一口一口地吃着三明治，把它放进嘴里，咀嚼，慢慢地把整个三明治都吃完了。

每一个行为的三个阶段可被称为定位（orientation）、操控（manipulation）和完成（consummation）。[1] 它们分别取决于被冲动控制的感知、满足冲动对象的准备、冲动的满足或抑制。

在定位阶段，被冲动控制的感知主要借助视觉、听觉和嗅觉这些所谓的"距离感"产生。被感知的对象不在行为者的直接环境中，但刺激他去寻找。感知阶段的刺激有定位功能：用于满足冲动的对象属性作为行为者的定位属性（cf. Morris in Mead，1938：xxvi）。

在操控阶段，对象的准备涉及不同种类的行为。据行为者感知，这些行为的范围从简单安排一个已经满足冲动的对象，到生产一个这样的对象。操控对象主要发生在行为者的直接环境中。它也由感知所引导，在这种情况下，不仅需要使用距离感，而且需要触摸和品尝这样的触觉。在操控阶段获得的刺激主要发挥着操控刺激功能，并能够追溯至冲动满足对象的操控属性。

---

① 在这一情境中，米德指克雷格（Craig, 1981）。克雷格最先区别了"严格的""完成活动"（comsummatory action），该活动满足源于不同欲望行为的动机（drives），有机体据此找到一个刺激情境（Eibl-Eibesfeldt，1967：20；57）。然而，克雷格比米德和莫里斯更加关心本能的行为和习得行为之间的区别。

在完成阶段，由于部分或全部满足冲动的消失，或出于这样一个事实，即另一个竞争性的冲动出现并控制了行为。[1] 与冲动满足相联系的感知刺激，主要使用触觉。它们作为完成刺激发挥作用，能够被追溯到冲动满足对象的完成属性。[2]

根据米德的观点，个体行为能力的起源包括所有这些因素的相互影响和发展。行为、行为对象和行为者是互相依赖的，其关系在这一布局中可能变得更为复杂。行为冲动可细化为需要、兴趣、倾向、意图、欲望、喜爱和幻想（Tranöy，1971/1975：143ff.）。满足冲动的对象可以不再是具体的某个事物，而可能涉及抽象和普遍的多个对象。冲动的满足不仅通过触觉，还可通过距离感甚至本身多阶段的（multi-phased）内部和外部行为。发展的过程可能使得界定一个行为阶段的所有特征变得无效。只有定位、操控和完成的特殊阶段功能被保留下来。因此，在发展的后期，一个小孩的触觉将被用作定位刺激的感受器，而距离感被用作完成刺激的感受器。以这种方式，一个对象的每一个明显属性可与定位阶段的一个行为有关，而在操作或完成阶段与其他行为相关。操作阶段常常出于自身的目的，从而进入行为的完成阶段。

但这些事实不是说米德的行为分析无效，因为它们内在的功能图示未被触及。事实上，这个图示也为定位更高级功能过程的本体和系统发生（the onto- and phylo-genesis）提供了合适的框架，米德尝试用它解释交际和意识的发展，其方法是通过行为结构，尤其是社会结构。

基于米德的行为分析，莫里斯采用这个方法建构了他的符号理论。[3]

---

① 米德和莫里斯的描写与雅各布·乌克斯库尔（Jacob von Uexküll，1937：34）的"功能圈"（functional circle）惊人地相似："当属于它的食物被吃掉，相关的属性或客观上消失，或当食欲满足时在主观上消失，在这种情况下，感觉器官停止工作。"莫里斯（in Mead，1934：xxxii）这里又一次区分了冲动的满足，这从长远来看，能强化相应类型冲动和冲动的消失。

② 一个行为者的行为在任何阶段可相应地被划分为与相关次范畴有关的行动。

③ 参考莫里斯（1946：42ff.）。米德死后超过一代人，当莫里斯学术生涯即将结束时，他强调："当前英国的和一定程度上美国的哲学家们似乎在采用米德的观点却并未阅读过。我相信，米德将被视为行为心理学和行为哲学充分发展的关键人物。"（Morris，1964：31，note 19）莫里斯认为米德社会心理学基础的所有内容同时可被认为是他自己的符号学的基础（Fiordo，1977：14）。

2.3 符号的类型

正如行为的功能特征所表明的，一个行为的前两个阶段为第三阶段成为可能服务。定位刺激仅仅与它们引导行为者如何找到冲动满足对象的操控和完成属性的程度有关。满足相似冲动的重复性经验，导致行为者反应的自动化程度不断提高：给予特定的定位刺激，有机体被安排为了特定的操控属性，操控刺激处置有机体用于冲动满足对象的愉悦。最后，甚至定位刺激能根据一个特定冲动来指引一个有机体指向相应冲动满足对象的完成属性。这样，一片奶酪的视觉或嗅觉属性可能成为它味觉属性的一个符号。两种属性之间符号关系的存在反映在有机体的倾向中，它喜欢看见或闻到奶酪的特别味道——假设有机体想得到它（即冲动是当下的）。①

参考米德的行为功能特征，我们总结如下：

·一个符号的角色主要通过发生在一个行为定位阶段的刺激起作用，通过距离感被感知。

·一个符号的所指对象（denotatum）主要是一个冲动满足对象，发生在行为的完成阶段，具有许多完成属性，莫里斯（1938）称之为 designatum，而在莫里斯（1964a 和 1964）中使用 significatum，通过触觉来获得。

·一个解释项主要是行为者为消除冲动而完成所指的倾向。②

因此，在缺少冲动满足对象的情况下，符号是一种预备刺激，在有机体内

---

① 关于接触性感官（contact senses）与距离感官（distance senses）的符号学关系请参考莫里斯、米德（1938：xxviff.）。此外，可参考约翰逊（Johnson，1836）；Gustafsson in Posner and Reinecke（1977：303）；Stokoe in Posner and Reinecke（1977：174f.）。

② 在莫里斯那里 significatum 和 interpretant 之间的区别，与皮尔斯对 interpretant 的两种不同用法有关。参考莫里斯（1948b：127）。

部引起对一系列相同类型反应的一种倾向，也可由对象本身引起。①

　　符号的这一特征指出了行为主要情境的个体和系统性，这也许会引起怀疑，即它是否能够解释不同的可能上下文中"符号"一词的所有前理论用法。但米德关于行为特征的认识，相关的不是所涉及因素的孤立特征，而是它们的功能关系："符号活动的唯一性存在于成分模式，而不在于成分本身。"（Morris，1946a：308）可基于给定的方法通过外推法处理开放性问题［如有机体内部或无生命信息系统内部（如电脑）的功能过程是否应该被认为是符号活动］。莫里斯自己承认，上面的特征也许不能描述一个事物成为一个符号的所有必要条件，但他坚持认为，这已经表现出足够的条件，比如，如果满足条件，那就是一个符号（Morris，1946a：12f）。

　　从主要符号情境出发，我们发现定位刺激仍然是非常特殊的符号：

　　·它们是模式限制的，它们不能被产生它们的有机体接收。

　　· 它们与冲动相联系，它们的所指对象（denotatum）和意指（significatum）被接收者的冲动决定。

　　·它们并非情境为真，根据它们出现的情况，引发接收者行为的倾向（解释项）产生变化。

　　·它们依赖于功能，它们只在以冲动为取向的行为情境内引发接收者的后

---

　　① 参考莫里斯（1938：31f.；1946a：10f.，353f.；1964：2f.）。阿佩尔（Apel，1973：28－31）详细地论述了莫里斯符号特征较之其他研究方法的本质优势。然而，阿佩尔对莫里斯的批评在对照莫里斯的著作时显得并不公正：1. 关于莫里斯把符号学简化为"条件与刺激替换理论"（Apel，1973：29）的观点是难以维持的，参考莫里斯（1946a：29f.）。2. 考虑到所有语言（包括那些科学理论）被视为符号学单位的要求，不但需要进行句法分析和符义分析，而且要进行符效分析（Apel，1973：18）。莫里斯（1946a：217f.）强调了不存在纯粹句法符号或纯粹语义符号。3. 1938年到1946年间，莫里斯引发的所谓的"新符效学转向"，比较莫里斯（1938：29ff.）、莫里斯（1964：14f.；44f.）关于符效学的部分。比较表明这种声称没有任何根据。4. 关于"融合了符效学的符号学"和"行为主义方法"的实现之间的区别（Apel，1973：25），这是莫里斯从一开始就做出的区分，参见莫里斯（1938：5f.；1946a：29ff.）。5. 声称莫里斯没有考虑符号生产者的意图（Apel，1973：33），参考莫里斯（1946a：93ff.；1946：14f.）关于符号使用的理论，此外，还有莫里斯（1946a）对"行为"（behavior）的定义，他清晰地指出："行为因此是有目的的……"6. 关于行为合法化和要求采取行动的可能性（Apel，1973：25，51，53），参见莫里斯（1964：41ff.）关于"绝对论者－相对论者之争"。7. 关于经验主义的经验和交际经验之间的区别，阿佩尔（1973：37，49）以及符号学包括交际经验在内，参见莫里斯（1946a：296f.，299f.；1964：29ff.）。基于米德和莫里斯假设的一种延伸的符号学理论，可以说明阿佩尔在经验主义的和交际的经验之间的二元论立场是自我的误导以及它的起因：错误在于他区分了两种符号行为，而事实上它们之间在长期的生物－社会发展阶段都是密不可分的。

续行为，当情境消失时，它们作为符号的角色也消失了。

总的来说，通过向接收者指出刺激满足对象，而引发接收行为后续阶段的刺激，叫作信号（Mead，1934：190f；Morris，1946a：24f）。大多数情况下，信号（signals）会自动发挥作用，比如，在被信号激发之前，接收者没有任何机会去考虑一个行为的后续阶段。

在信号中，产生信号刺激的对象和满足接收者冲动的对象之间不需要任何非功能关系。这两个对象的身份提供了一种特殊情况，定位刺激（the orientation stimulus）把接收者视为同一对象的一个完成特征。在对象本身是有机体的情况下，有机体行为的早期阶段可能作为接收者的一个定位特征，指向同一个行为的后期阶段并作为该有机体的一个完成特征（Morris in Mead，1934：xxf）。握拳是让接收者注意接着会出拳，握拳者（发送者）是所指对象（denotatum），出拳是意指（significatum）。伸出手是让接收者注意抓取位于手所在方向的一个对象，在这一情况下，发送者和对象都是所指对象（denotata），抓取对象是手最初运动的意指（significatum）。接收者感受到的行为指示发送者的下一个行为，并使他能对未完成的行为采取预防行动。

一般来说，通过向接收者指示发送者行为的一个后续阶段，引起接收行为一个后续阶段的刺激，叫作手势（gestures）。[①]

如果对方把握拳视为他将被打的一种手势，那么，他的反应将会是躲闪。对行为者来讲，如果他把对方开始行动视为准备对抗的一种手势，那么，他就会停止或改变他的攻击方向。这种相互影响支持米德的观点，即一个漫长行为的早期阶段可能引起控制后面阶段的其他更快的行为（Morris in Mead，1934：xxi）。米德把这种相互作用称为"手势语的对话"，并认为它是朝向"社会行为"的一步（Mead，1934：44）。

这类手势影响接收者行为，但不控制发送者行为，因为它们是在还没有意识到它们的符号功能和没有交际意图的情况下发出的。手势的接收者比它的发送者能更好地理解发送者自己。这样的手势对于发送者并没有任何意指，因此也是非智力的（Mead，1922：162）。如果他想改变这种状态，发送者本人必须获得能够预料他下一步行动的能力。当他改变对相互作用的理解时，这种能

---

① 参考莫里斯（1946a：119ff.）。

力就会出现。

在与无意义手势的相互作用中，每个参与者都认为其他人的手势暗示那个人继续行动。如果被经历，那么他自己的手势是以完全独立的方式被经历的（Mead，1934：81f.）。

只有当可以把两个人时间上相邻的行为解释为同一个行为的不同阶段时，这种情况才会发生变化：当一个参加者把另一个参加者的行为看作自己行为的延续，并学习如何基于自己的行为来预测这些反应时，他将会参照他想要同伴做出的反应来改变自己的行为，他将会学习如何在自己行为的基础上预测这些反应。他把自己的行为视为一个社会行为的早期阶段，他的同伴将会完成该行为的后期阶段。因此，赋予一个手势意义是它的发送者所期待的反应（Mead，1934：81f.；Morris，1946a：38f.；43f.）。一个有意义的手势是被发送者自己认为有意义的：发送者成为自己符号的接收者。我们可以称这样的发送者为符号生产者。

一般而言，一个刺激被称作一个有意义的手势，它不仅通过把接收者引向发送者行为的后续阶段，引发接收行为（反应）的后续阶段；还通过把发送者引向接收行为的后续阶段（反应），从而引发发送者行为（反应）的后续阶段（Morris，1946a：43ff.）见图 3－1、图 3－2。

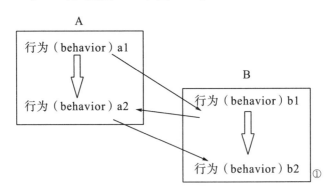

图 3－1　与无意义手势的互动

注：B 将 A 的行为 a_1 视为 a_2 的前期阶段，A 将 B 的行为 b_1 视为 b_2 的前期阶段。虽然行为 a_1 和 b_1，b_1 和 a_2，a_2 和 b_2 是时间上临近的，但参与者看不到它们之间的关系。

----

① 箭头 "→" "←" 读作 "……影响……"。

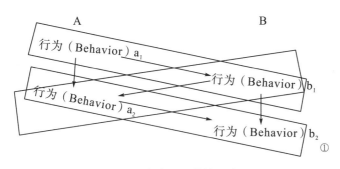

图 3－2　有意义手势的互动

注：A 将行为 a_1 视为 B 的行为 b_1 的前阶段，B 将 b_1 视为 a_1 的前阶段。

对于接收者，一个有意义手势的意指是发送者所期望的延续；对于发送者，一个有意义手势的意指是所期待的接收者反应。必须区别这些相互期待的行为和各自的行为倾向。否则，在运动中，如击剑、网球和足球，通过手势进行威胁和假动作是不可能的。毕竟一个威胁的目的通常是使符号生产者免于他正在威胁要做的行为的麻烦，虽然他事实上可能并非有意这样做，他仍然需要假设被威胁的人会认真对待这一威胁，即预计他在该条件下会做出威胁行为。只有当双方对于发送者的威胁可能是什么持相似观点时，才有这种可能。如果被威胁的人不知道如何屈服于威胁，威胁也就失去其目的了。因此，甚至当被威胁的人没有按照发送者的意愿去做，如果他严肃地对待威胁，那么，他一定认为发送者期望他这样做。反过来，只有参与的双方对接收者服从威胁持有相似观点时，才会可能。当手势的意指对生产者和接收者在范围和内容方面变得越来越相似时，才会改进与有意义手势的相互作用。[2]

莫里斯（Morris，1946：253f.）认为，从生产一个有意义的手势到生产一个共信号（comsignal）仅是一小步。莫里斯认为，共信号是可以被同一个有机体生产和接收的信号，它们对生产者和接收者有相同的意指。[3] 对符号生产者和接收者具有相同意指的符号理解叫作解释，这些符号的生产者和接收者都属于解释者。

---

① 在同一个盒子中的两个人的行为构成同一个行为的两个阶段。

② 在符号过程中发送者和接收者的互相期待角色，参考路易斯（Lewis，1969：52ff，152ff），琼斯和杰拉德（Jones & Gerard，1967）。

③ 对一个共信号的生产者和接收者来讲，解释者不需是相同的，正如约定性共信号的分析所清晰表明的，参考莫里斯（1946a：38f，42f，346f）。

按照定义，共信号是模态中立的和主体间的，因为符号活动所有参与者持相同的解释。然而，它们有信号的特点，因为它们是情境相关的和依赖功能的：它们的解释随着上下文而变化，因为在每种情况中，意指都包含解释者行为的后续阶段；如果行为的上下文在完成前被破坏，它们就丧失了符号的角色。

比如，一个司机询问去某一公共大楼的路，得到的回答是："第三个路口右转。"无论发生什么，司机都必须记住这一意指，直到到达第三个路口。开车到第三个路口之前，他可以伸出三个手指或默默重复这一指示。伸出三个手指和不断地自我重复，是接收者用于代替初始符号的符号。对司机来说，它们构成一个新的行为上下文，帮助他克服理解上下文和执行他收到的指令之间的时间障碍。①

莫里斯把具有这种能力的符号称作规约符（symbols）。一般来说，如果一个符号能被它的每个解释者所生产并且能替代在任何给定的行为上下文中都具有相同意指的信号，那么这个符号就被称为规约符（Morris，1946a：24ff.，33f.，39f.）。

规约符的使用并不固定于行为的特定上下文或特定信号；规约符是独立的，比如，独立于任何特殊情境或功能过程（Morris，1946a：26f）。这可解释为什么它们一般是任意的：任何特定类型的行为上下文都不能帮助或限制它，符号载体的选择只是一种惯例。

当一个符号具有共信号和规约符的特性时，莫里斯称它为共规约符（comsymbol）。共规约符不仅独立于情境和功能（和规约符一样），而且是形式中立的和主体间的（和共信号一样）。这些符号具有最大的能力，在所有自然语言中都可以找到。②

如果我们再一次审视本体的和系统的发展路径：（i）从触觉到距离感，

---

① 参考莫里斯（1946a：24f），此外参考莫里斯（1946a：305ff.）对赫尔"纯粹刺激行为"（pure-stimuls act）概念的论述。

② 把语言符号当作共相符的分析显示出列兹尼科夫（Resnikov）和其他人是错误的，因为他们声称莫里斯误解了"巴甫洛夫发现的信号行为的本质"和忽视了言说是"更高层级的一个信号化行为""是一个第二信号化系统的行为，揭示出不同于动物信号系统的新的、特殊的特征"（莫里斯，1977：229）。列兹尼科夫之所以误解了莫里斯，是因为他明显忽略了莫里斯的警告：不要误解 28 页上关于符号特征的讨论（Morris，1946a：353f.）。

（ⅱ）从信号经过无意义的手势到有意义的手势和共信号，（ⅲ）从规约符到共规约符，我们发现个人和社群可用来处理生活问题的工具已经变得越来越强大，它们一步一步地拓宽了个人的视野。

（ⅰ）（a）从借助触觉的感知（b）到借助距离感的感知和（c）经由距离感的信号化；

（ⅱ）（a）从通过信号对对象和过程的期望（b）到通过手势的期望和（c）通过有意义手势的对自己行为的期望；

（ⅲ）（a）从通过共信号产生的意指（b）到意指借助规约符的稳定化和（c）在共规约符基础上对意指人际网络的构建。

这些工具增加了行为变体的潜势（ⅰ）从单一、特殊适应到通过感知和信号实现的不被控制的可理解情况，（ⅱ）到通过手势对伙伴行为的相互、特殊适应，（ⅲ）到借助一个社群使用的共规约符形成固定的行为模式。

这些工具逐渐把个人和社群通过触觉来理解的狭小直接接触环境扩大和重构为（ⅰ）通过距离感来理解的更广阔的环境，（ⅱ）通过信号来理解的以冲动为中介的环境，（ⅲ）通过共规约符来理解的不依赖冲动的环境。这一发展赋予个体不断发展的自由、对环境的自由、对其他个体的自由、对其自身的自由，他可以用这一自由来细化行为的冲动（如上所述）。

莫里斯正是此时引入了伦理学，因为如果一个人的自由取决于他借助符号预测自己行为后果的能力，那么，不断增长的自由就伴随着对此行为不断增加的责任。[①] 根据莫里斯的观点，当我们做决定的时候，除了考虑自身利益，还考虑到所有有关方面的利益，我们就履行了这一义务。

2.4 意指（signification）维度

关于符号类型的讨论，我们以米德的行为功能模式为基础，但会越来越抽象，最后，在行为的任何阶段用于意指的工具本身是依赖上下文的，即使赖共

---

① 参见莫里斯（1927：261；1940：583ff.；1946a：197，274f.）。莫里斯 1940 年的文章《自由的机制》与米德 1912 年的文章《社会意识的机制》有平行关系，与 20 世纪 70 年代德国展开的关于伦理学的系统理论方法有紧密关系（Habermas & Luhmann，1971；Posner，1974—1976）。

规约符。在这一部分，我们转向莫里斯关于意指维度的分类（modi significandi；Morris，1946a：modes of signifying；Morris，1964：dimensions of signification），像莫里斯一样基于米德的行为分析。

一个符号也许在一个行为的每一个阶段都会起作用。然而，根据出现的阶段它的功能可能发生变化：

（a）在定位阶段，行为者主要关心的是收集他的环境信息，以便发现满足他行为冲动的可能方法。在定位阶段出现的符号，主要是帮助接收者确定情境的特点，找到满足冲动的对象。莫里斯把以这种方式指示情境特点的符号称作指示符（designative signs）（Morris，1964：3ff.）。

（b）在操控阶段，行为者主要关心的是，以这样的方式对待满足冲动对象，提高潜在性满足。在操控阶段出现的符号指导接收者对对象的行为。莫里斯把指示满足冲动对象是如何操控的符号称为规定符（prescriptive signs）。

（c）在完成阶段，行为者主要关心的是，用冲动满足对象的所有特征来满足他的需要。完成阶段出现的符号影响接收者对这些特征的评价。莫里斯把指示冲动满足对象价值的符号称为评价符（appraisive signs）。

根据米德的观点，行为和对象是相互决定的（Mead，1938：10ff.）。因此，正如第二部分讨论的那样，一个行为的每一阶段都突出冲动满足对象的一个不同类型特征。这些特征正是三种符号类型的意指。但我们不能被该现象的平行公式误导：定位的属性使行为者的反应不同于完成属性，相应的，导致与完成阶段不同的反应。指示符意指定位属性的方式不同于规定符意指操作属性或评价符意指完成属性。意指维度之间的区别表现在解释项中（Morris，1964：6）。

接收者倾向于对一个指示符做出这样的反应，即所指对象（denotatum）似乎拥有所建议的属性。比如，如果说栏杆刚刷了漆或炖牛肉汤是热的，那么，接收者的注意力将主要集中在触觉和味觉经验上。

接收者倾向于对一个规定符做出这样的反应，即根据它的潜在性满足按照建议的方式来操控所指对象。比如，如果要求某人在倒橘子汁之前先摇一摇，或把奶酪从冰箱拿出来半小时之后再吃，接收者若口渴想喝橘子汁或饿了想吃奶酪，那么，他就会按照相应的指示行动。

接收者倾向于对一个评价符做出这样的反应，即根据它的潜在性满足按照建议的方式评价所指对象。比如，一个平时听妈妈话的孩子，正在仔细考虑是否不吃盘子里的菠菜而是吃布丁，如果他妈妈看着菠菜，高兴地摸摸肚子，说"好吃"，那么他吃菠菜的倾向就会被强化。

最初，任何符号都可以按照意指的任何维度被解释，仅仅是在根据解释者所处的行为阶段。然而，符号在行为不同阶段的不平均分配导致了符号的内部分工，因此，目前有些特定符号更适合定位阶段，有些适合操控阶段，有些适合完成阶段（Morris，1946a：62ff.；1964：4f.）。比如，单词"鹿"（deer）（在野生动物这一意义上）在今天是一个指示符，单词"应该"（should）在今天通常是规定符，单词"好"（fine）在今天通常是评价符。这些共规约符的意指类型已经确立，无论它们在哪里出现，都只能相应地被理解为指示符或规定符或评价符。

因为对每个共规约符而言，某个特定维度的意指联系已经固定，所以，它有可能在它行为特定阶段以外发生，而不需要意指另一个维度的出现。比如，在定位阶段，一位汽车司机①可能（a）不仅仅被告知交通状况，还（b）被鼓励以一种特定的方式做出判断并（c）被要求以特定的方式驾驶。

如下文：

（1）（a）通往 B 的主路都是坑洼。

---

① 参见艾金斯（Eakins，1972：79）。莫里斯（1946a：5f）分析了一个相似的例子。在标准情况下，某人听到文本（1）并打算通过主路去 B，他将会对（1a）（1b）（1c）做出带有以下倾向的反应：因为（1a），他将为复杂路况做好准备，比如，如果他选择了主路，他将会注意坑洼，或者绕过它们，或者减速从上面驶过。因为（1b），主路为通往 B 的最佳路线的评价将会降低，他将会想办法避免走这条路。因为（1c），他将寻找 C 的路标，顺着路标开到 B。文本（1）可被如图 3-3 所示的路标替代。然而，这个符号只意指标示维度并且不覆盖（1b）的评价信息和（1a）的规定信息。

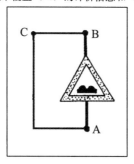

图 3-3　路标符号

　　（b）在上面开车很糟糕。

　　（c）你应该绕道 C 来避开它。

句子（1）是复杂句，因为它包括了意指类型的指示符（a）、评价符（b）和规定符（c）。如果在司机打算经过主路去 B 之前，（1a）、（1b）、（1c）被按照顺序说出来，它们不仅有可能改变他关于通往 B 的两条路的判断，而且还可能改变他对完成属性的评价以及他以特定方式开车的倾向。对于司机来说，这样一个符号活动的好处是他不需要亲自去经历这些事情。比如，他不需要走主路去 B，因为路况不好而中途返回，因为他已经能料到，在定位阶段就可以避免这样的事情发生。

然而，句子（1）是复杂的，不仅是因为它包含不同意指类型的三个小句。每一小句本身也是一个复杂符号，由几个不同的共规约符构成。为什么需要区别如此之大的符号呢？为什么在（1a）、（1b）、（1c）中我们不分别使用一个相同的符号呢？这些问题至少有两个答案（Morris，1946a：73ff.）：

1. 要求采取行动的情况是复杂的。它包含许多所指对象：B 城、C 城，从 A 到 B 的主路，从 A 经 C 到 B，坑洼。

2. 如果用相同的符号来表达这一类型的所有情况，那么，这种情况和其他情况的相同特征就能得到最充分的理解。共规约符"满的"（full）和"糟糕的"（terrible）除了指路，还可以指其他对象；除了从 A 到 B 的主路或从 A 绕路 C 到 B，人能在其他路上行驶或避开。

莫里斯把有助于识别所指对象的符号称为识别符（identifiers）（1946：64ff.，75ff.）。如果同一个对象的特殊定位属性被确定，特殊完成属性被评估，特殊操控属性被推荐，自然会使用相同的识别符（I）与合适的标示符（D）、评价符（A），或规定符（P）连接起来。

　　（1'）（a'）【通往 B 的主路】$_I$

　　　　　　【都是坑洼】$_D$

　　　　（b'）【通往 B 的主路】$_I$

　　　　　　【在上面开车很糟糕】$_A$

　　　　（c'）【通往 B 的主路】$_I$

　　　　　　【你应该绕道 C 来避开它】$_P$

如此复杂的表达称为归因符（ascriptors）（Morris，1946a：73ff.）；它们

都将特定的冲动相关属性归因于一个对象，在这里指通往 B 的主路。一个归因符的最小形式是：

$$
I \left\{ \begin{array}{l} D \\ A \\ P \end{array} \right.
$$

一个归因符的每一个成分也可以是复杂的：

·在（a'）中，复杂的标示符（designator）能被分解为一个标示符"满的"（full）和一个识别符"坑洼"（pot-holes），通过"is"和"of"两个构成符（formator）连接起来。

·在（b'）中，复杂的评价符（appraiser）能分解成一个评价符"糟糕的"（terrible）和一个标示符"在上面开车"（drive on）以及"is"和"to"两个构成符。

·在（c'）中，复杂的规定符能分解成一个规定符"应该"（should），两个识别符"你"（you）和"绕道 C"（the detour via C），两个标示符"避免"（avoid）和"tak-"，构成符"by"和"-ing"。

·两个识别符也很复杂："通往 B 的主路"（the main road to B）可被分解成识别符"the"和"B"，标示符"main road"，构成符"to"；"the detour via C"可被分解成识别符"the"和"C"，标示符"detour"和构成符"via"①。

对于（1'）的符号复杂组合分析引出了以下问题：（a）为什么"充满了坑洼"（full of pot-holes）这个表达是一个标示符，当它同时也包含识别符和构成符？（b）为什么"很难走"（is terrible to drive on）这个表达是评价符，当它同时也包含标示符和构成符？（c）为什么"你应该绕路 C 来避开它"（you should avoid by taking the detour via C）这个表达是规定符，当它同时也包含标示符、识别符和构成符？

这些问题的答案并不简单，它把我们带到自然语言语法的核心（Morris，1938：18f.；1946a：74f.）。然而，莫里斯仅关心语法的行为基础，他指出如果我们赋予解释项的所有成分同一个相关性，我们根本无法解释复杂的归因

---

① 如果我们比较（1'）和（1）中的表达，我们将会得出结论：（1b）和（1c）中的回指符"it"假设了识别符"the main road to B"的位置。

符。比如，关于（1c）的理解：

· 我们不知道应该首先考虑 B 城还是 C 城；

· 我们不知道应该将注意力主要放在主路上还是绕路的定位属性上；

· 我们不知道如何适应环境，比如，所有提到的属性，单词表达形式"should"要求我们意识到。

根据莫里斯的观点，构成符建立秩序①："should"和"avoid"的组合，"tak-"与"by"和"-ing"，使避免的定位属性变为操作属性。"terrible"和"drive"的耦合，加小品词"to"使得驾驶的定位属性变为具有否定满足价值的完成属性。

但是，即使我们认为构成符的作用是连接成分符（the constituent signs），我们还是没有回答是什么使（1b）区别于：

（1）（b. 1）The main road to B is terrible to drive on.

　　（b. 2）The main road to B is terrible to drive on.

　　（b. 3）The main road to B is terrible to drive on.

必须通过区别主导符号和被主导符号来描写这些差异（Morris，1938：18f.；1946a：74f.）。在（b. 1）中的评价符"terrible"是主导性的，整个表达因此成为一个评价归因符。（b. 2）中，识别符"B"是主导性的，整个表达成为识别性归因符。②（b. 3）中的标示符"drive"是主导性的，因此整个表达成为一个标示性归因符。

关于自然语言如德语使用哪些构成符来指示主导的问题，波斯纳（1972a；1972b；1982：87ff.）做了更详细的回答。这个分析告诉我们，不但句子-语法的（内部规定符）语境起作用，文本-语言学的（外部规定符）语境也起作用。比如，我们可以按照下列方式改变（1）的顺序：

（2）（a）通往 B 的主路到处坑洼（The main road to B is full of pot-holes）。

　　（b）你应该绕路走 C 避开它（You should avoid it by taking the

---

① 参见莫里斯（1946a：85ff.）。"构成性归因符"（formative ascriptors）的扩展性问题，如"意指的构成维度""符号的系统性用法"在这里都没有进一步讨论，因为莫里斯在这些概念上没有得出结论。参见莫里斯（1946a：153ff.；1964：11ff.）。

② 莫里斯只给出了该类归因符的部分考虑，莫里斯（1946a：75f.）。

detour via C）。

  （c）在上面行驶感觉很糟糕（It is terrible to drive on）。

或

（3）（a）在通往 B 的主路开车很糟糕（The main road to B is terrible to drive on）。

  （b）你应该绕路走 C 避开它（You should avoid it by taking the detour via C）。

  （c）通往 B 的主路到处坑洼（The main road to B is full of pot-holes）。

在符构中，顺序的改变可能导致归因符符义关系的改变：（1）中，（a）为（b）提供了原因，（b）为建议（c）提供理由。（2）中，（a）为（b）提供原因，（b）是对评价（c）的肯定。（3）中，（a）为（b）提供理由，（b）是陈述（c）的肯定。

除了语义关系，文本内顺序的改变也会导致主导关系的改变，正如不同的研究所表明的。[①] 在标准环境中，文本（1）被当作一个整体来回答"我应该怎么做？"这类问题，因此是规定性的。在标准环境中，文本（2）被当作一个整体来回答"路况怎么样？"这类问题，因此是评价性的。在标准环境中，文本（3）回答"这是一条什么路？"这类问题，因此是标示性的。即使所有的文本都包含相同的归因符，（如果我们允许不同类型识别符的改变），仍会出现这种情况。

依据符构，我们可以通过使用句子的主从关系来强化这个效果。[②] 我们可以用（4）替换（1）：

（4）你不要走主路去 B，因为主路坑坑洼洼的，所以很难走，你应该绕路走 C。（You should avoid the main road to B，which is terrible to drive on since it is full of pot-holes，by taking the detour via C.）

---

  ① 参见霍夫兰德（Hovland，1957）；米勒和坎贝尔（Miller & Campbell，1959）；威尔森和米勒（Wilson & Miller，1968）；泰格勒（Teigeler，1968）；伯梅迪尔（BoehmeDürr，1987）提供了一个摘要。

  ② 参见波斯纳（Posner，1972a：148ff.；1972b；1982：95ff.）。关于文本（text）和复杂句（complex sentence）的区别，参见波斯纳（1972a：166ff.）。

我们可以用（5）替换（2）：

（5）The main road to B，which，on account of the many pot-holes，you really should avoid by taking the detour via C，is terrible to drive on.

我们可以用（6）替换（3）：

（6）The main road to B，which，because of the terrible driving conditions，you really should avoid by taking the detour via C，is full of pot-holes.

基于符号学的语法，应该能够全面抓住接收者在解释所有句子时的行为区别。自从莫里斯的著作出版后，许多作者都推荐这样的语法结构（Brown，1974），但细节的工作才刚开始。

2.5　符号使用的维度

每个符号不仅有一个所指，而且有一个解释项。所指包括一个对象能被符号所意指而必须有的那些属性。解释项包括为了理解符号，接收者必须具有的行为倾向。

在始于信号和无意义手势的符号活动中，如果有发送者的话，那么发送者和他的意图并不能在很大程度上影响意指的解释。接收者的行为情境发挥更主要的作用。比如，"脚印"的发现可能为接收者提供线索，提示采取什么样的措施预防发送者，而与该个体留下这些痕迹时在做什么无关。

在涉及共规约符的符号活动中，所指甚至与接收者的行为情境无关。共规约符改变其所指，既不是根据发送者发送符号时所处的行为阶段，也不是根据接收者接收它们所处的行为阶段。共规约符有连续意指这一事实，使发送者把它们作为工具来达到自己的目标（Morris，1946a：92f.）。一位政客使用标示符来获得评价，他给出公正解释是为了证明自己在聪明的观众眼里是一个好政客。一个叛变的官员给下属提供了非常明确的方向，是为了把情况通知给在场的一个间谍，正是规定符使定位成为可能。一个宫廷诗人写赞美诗歌颂他的资助人是为了得到财力支持，使用评价符来完成这一行为。所有这些目标可以以更直接的方式实现，但在这些情况下，可能会不那么有效。

莫里斯（1946a：92f.）指出，使用符号就是一个有机体为了达到特定目的而生产它并把它作为工具。就解释者而言，这个目的通常是改变行为（Morris，1946a：95f.）。根据解释者行为所处的阶段，我们能再次把符号使用分为三个维度（Morris，1946：95f.）。生产者能使用符号：

（a）告知解释者所指对象的定位属性（告知符）；

（b）解释者将以特定方式改进所指对象的操控属性（鼓动符）；

（c）解释者对所指对象的完成属性做特定评估（评价符）。

如上所述，符号意指维度并非在所有情况下都能使符号生产者的目的马上成为焦点。然而，如果发生了这种情况，莫里斯（1946a：94f.）谈到一级符号（primary sign）使用。在一级符号使用中：

· 一个标示符具有告知作用，回答"这是一种什么对象？"这类问题；

· 一个规定符具有规定作用，回答"我应该怎么做？"这类问题；

· 一个评价符具有评价作用，回答"这个对象怎么样？"这类问题。

当有人用"什么种类？"的符号回答"做什么？"，这就是一个有趣的问题。在这些情况下，莫里斯谈到了二级符号（secondary sign）使用。[①] 二级符号使用涉及再解释过程。我们用交通的例子来说明：

有人想要走主路去 B，问："这是一条什么样的路？"得到的回答是："很难走。"不管他是否接受这个评价，他会从语句的事实中得出结论，和他对话的这个人认为，这条路交通不畅。他会认为这是传达给他的信息。一个评价规约符告知用法的有效性，在"你应该绕道走 C 而不是走主路到 B"这类回答中，规定性归因符是有效的告知用法。

想走主路去 B 的某人问："我怎么到那儿？"得到的回答是："通往 B 的主路坑坑洼洼的。"不管他是否认为这个描述正确，他会从话语的事实中得出结论，在与他对话的人看来，他不应该走这条主路。他认为这是传递给他的信息。一个标示符鼓动性（incitive）用法的有效性，在"通往 B 的主路很难走"这类回答中，评价性归因符的鼓动性用法是有效的。

或者，想走主路去 B 的某人问："通往 B 的主路怎么样？"得到的回答是：

---

① 参见莫里斯（1946a：94f.；116）。在这一章莫里斯预见到——有充分理论根据和一般意义上——贴着"间接言语行为"标签的自然语言已经得到讨论，参见塞尔（Searle，1969；1975）。

"你应该绕路走 C。"不管他是否听从这一建议，他都会从话语的事实中得出结论：在与他对话的人看来，通往 B 的主路不好走。他认为这是传递给他的信息。一个规定符的评价性用法在"通往 B 的主路坑坑洼洼的"。这类回答中，标示性归因符的评价性用法是有效的[1]。

我们必须预料到这样的推理过程，甚至当间接使用的符号不是简单的归因符，而是整个文本或（不考虑涉及的特殊媒介）论域。[2] 这里引出的最重要的问题是二级符号相对于一级符号在使用上的优势。莫里斯用内容分析的结论回答了这个问题。20 世纪 40 年代，解释者的行为不仅依赖论域，而且依赖归因符意指的主导类型，这得到了经验证明。为评价目的（Morris，1946a：128ff.，fictive discourse）使用的标示性论域具有更显著的公正性效果，因此，在很多情况下，比评价性论域的使用更有效。为鼓动目的（Morris，1946a：138f.，moral discourse）使用评价性论域具有不明显的效果，因此在很多情况下，比规定性论域的使用更有效。为告知目的（Morris，1946a：143f.，technological discourse）使用规定性论域具有较小的理论效果，因此，在很多情况下，比标示性论域的使用更具说服力。如此，等等[3]。

如果我们确定一个论域构成符号的意指类型在它们划分中的不同比例，这些结论可以进一步区分（Morris，1946a：74f.；123f.）。然而，在一个文本中——独立于语法结构的分析——意指类型的分配是如何以及在什么程度上影响接收者行为的仍是未解决的问题。清楚的是，不能简单地用百分比来表示，比如，文本（1）到（6）70％是标示性的，15％是规定性的，15％是评价性的（Morris，1946a：264f.）。

根据它们的意指维度和使用维度，在符号的双重特点中，我们有一种有效的论域分类工具。尽管有理论方面和方法论方面的困难，但这一工具是不可代

---

[1] 波斯纳（1982：21ff.）详细讨论了解释次符号用法所需要的推理。

[2] 参见莫里斯（1939：142ff.；1946a：123ff）。莫里斯的"论域"（discourse）与哈贝马斯（Habermas）的"discourse"不同，参见哈贝马斯（1962－1979），它包括其他形式的交际和媒介，参见波斯纳（1972c：10f.）。

[3] 告知的（informative）、鼓动的（incitive）、评价的（appraisive）符号用法效果的评价标准，参见莫里斯（1946a：94－105）。

替的，尤其在报纸杂志媒体研究方面。[①]

一个论域的效果评价（Morris，1946：96，appropriateness）与其真理评价是被清晰地区分开的。根据莫里斯（1946a：105ff.）的观点，如果一个归因符有所指，那么它就是真。当指示符的所指对象同时被标示符、规定符或评价符所意指，那么，一个归因符就有所指，比如，归因符与事物的真实状态一致。真值的一致理论与早期的维特根斯坦（1922）、塔尔斯基（1935）和卡尔纳普（1947）的理论有很多相似之处。莫里斯的研究在一个关键点上更进一步：他不仅谈到陈述的真值，还提到了要求和评价的真值。这是符号学行为主义方法的一个结果。如果把一个行为的不同阶段投射到对象的属性上，就得到了行为冲动的三种特征：一个特定对象表现出特殊的定位、操控和完成属性，并且它们的存在为那个对象话语的真值提供了基础。

如果指示符所指的对象具有标示符意指的定位属性，那么，这个标示性归因符是真。如果去 B 的主路是坑坑洼洼的，那么，"去 B 的主路是坑坑洼洼的"就是真。

如果识别符所指对象具有规定符意指的操作属性，那么，这个规定性归因符是真。这意味着，与接收者当前的行为冲动相比，冲动满足对象的处理方法必须实际增加对象的满足可能性。如果绕路 C 去 B 符合接收者的当前利益，那么，"绕路 C 去 B"这句话就是真。[②]

如果识别符所指对象具有评价符意指的完成属性，那么，这个评价性归因符就是真。这意味着，冲动满足对象提供给接收者的满足必须真正满足当前的行为冲动。因此，如果这条路真的满足接收者的当前需要，那么，"哦，这路太棒了！"这句话就是真。

这些例子表明，不仅要考虑定位属性，也要考虑所指对象的操控和完成属性，归因符的真值与接收者当前的行为冲动具有相对性。虽然并非每个人都赞同这个解决方法，但互动论者或施为论者仍倾向于这一选择。前者认为，如果它规定的行为确实被执行了，那么，这个规定符就是真（Lewis，1969：

---

① 参见卡普兰（Kaplan，1943）关于内容分析的论述以及莫里斯（1943）的回应，此外参见格勒，卡普兰和拉斯韦尔（Geller，Kaplan & Lasswell，1942），贝雷尔森（Berelson，1952）。贝斯勒（Bessler，1970）对这种文本分析方法的优点和局限做出评价。

② 阿佩尔（Apel，1973：52ff）把分析限制在行为冲动上，在消除合法化问题时具有可操作性。

149ff. ，188ff. ）。后者认为，每个有意义的话语都是真，因为它的交际功能在句子的基础上得到解释，而无论句子是否有意义（比如，"我因此建议你绕道 C 去 B"，Lewis，1970：56ff. ）。莫里斯关于真值概念归纳的优势在于这样一个事实，它解释了语言的使用看起来固定在本族语者的直觉中：对"你应该绕道 C 去 B"这类建议，没有做出"那是对的"（That's right!）的反应，而是从字面上去理解它。对"这次旅行太棒了"这类评价，没有做出"那是真的"（That's true!）的反应。

2.6　价值维度

我们的行为揭示的不仅是我们使用的符号，还有我们的价值，出于这个原因，米德的行为模式也可作为描述莫里斯价值理论的基础（Morris，1939a：131，footnote1）。

根据莫里斯和米德的观点，符号活动最早通过距离感出现于一个行为的定位阶段；另一方面，从发展的角度看，评价位于完成阶段。对行为者而言，冲动满足对象本身是主要价值（object value；Morris，1939a：134；1964：20）。一个对象的价值属性被认为与它的完成属性是一样的。[①] 因为一个行为的目的、价值是相对的，它们不能被单独决定。一个对象的价值既不仅存在于对象中，也不仅存在于行为者的利益中，而且存在于对象实现行为者利益的能力中。

如果有机体在满足自己行为冲动时偏爱一个对象，那么，这个对象对于一个有机体的价值就体现出来了（operative value，Morris，1964：19）。最初，这一偏爱过程的出现是下意识的，但随着符号的出现，它成了一个做决定的过程，可能最终的发生就是有意识的（see above pp. 27. ，32f. ）。

---

　　① 这种方法让人想到托马斯·阿奎那（Thomas Aquinas）的价值理论，我们把"highest being"等同于"highest good"，因为对于他而言 being 和 being good 实际上是一样的（Ens et bomum convertuntur）。然而，对象和价值的等值只对于行为的主要情境有效且依赖行为的已知冲动。Being 和 being good 对于在行为冲动情境 y 中的个体 x 来讲可能会融合，但在冲动的改变导致人的爱好发生改变的情况下，它们不需要融合。

在发展过程中，定位刺激可能脱离冲动满足对象而成为完成属性的符号；在解释定位刺激时，行为者可能发展"设想价值"（conceived values）来预测对象的价值属性（Morris，1964：21）。在设想价值帮助下，行为者能把对冲动满足对象的选择从完成阶段转向定位阶段。在符号发展过程中，对象价值、操作价值和设想价值的区分与所指对象、解释项和意指的区分是同步的，在行为控制中发挥同等重要的作用。

和意指符号一样，设想价值已成为行为所有三阶段的一种工具。这里已出现劳动分工，一个有效率的行为者需要意识到在一个行为的不同阶段有不同类型的价值。莫里斯在对符号的分析中采用这个方法介绍价值的维度①（1964：21f.）：

（a）定位阶段，行为者主要意识到的是环境信息。如果行为者既不想支配环境也不想被环境支配，那么，他就会尽量吸收这种信息。他不能吸收所有信息，但必须根据当前的行为兴趣有所选择。这个阶段对行为者起决定作用的是分离。

（b）操控阶段，行为者的目的是影响他的环境。他必须得到或生产他选择的对象来满足他的行为冲动。如果行为者能把他的影响范围扩大到包含这些对象，那么，这一目的就完美地实现了。这一阶段对行为者起决定作用的是支配。

（c）完成阶段，行为者寻求被他的环境影响。冲动满足对象应该以最有效的方式发挥作用。此时起决定作用的不再是独立和控制，而是接受和服从。莫里斯把这一阶段行为者的态度称作依赖。

---

① 这些态度借助莫里斯（1964：20f.）的系统理论得到了形式上的界定。在莫里斯的框架下重构美学，特别是诗学，是一件有趣的事情。莫里斯一生都投入精力关注美学符号过程。参照米德的行为分析，莫里斯（1964：79）把美学经验视为一个行为的完成阶段向更早阶段的渗透。这样一来，整个行为获得了完成性质量（consummatory quality）的某种属性。这通过艺术作品的三个属性得到了发展：1.在诗学文本这一特殊文本中，但一件艺术品表现在评价性符号的用法（1946a：136ff.）。2.虽然一般在意指在所有维度上都意指，一件艺术品不仅意指价值，还赋予价值，因为它是一个像似符号结构（1939a：137）。这是用纯粹符号学术语表达的艺术的一个特征。无论在它之中存在什么真值，它都举例证明了莫里斯所坚持的两个观点：第一，每一件艺术品都是一个符号，因此，美学是符号学的一部分；第二，可通过符号学和美学概念的联合使用将美学符号与其他符号区分开。莫里斯和新批评之间关于艺术的争论可参见 W. 斯坦纳（W. Steiner，1981）。P. 斯坦纳（P. Steiner，1977）讨论了莫里斯美学和穆卡洛夫斯基（Mukařovský）之间的关系，另外参见西比奥克（Sebeok，1981）和波斯纳（Posner，1986b）。

这些描述对社会行为也是有效的，为了追求一个共同目标，几个交替出现的行为者共同合作。比如，一个社区想要建一座桥（Morris，1964：23），将确定它的需要、选址、调查，然后进行合适的建设，重视特定的完成属性（比如，好的路况、便于船只通过、优雅的外形和桥上的景色）。在这种情况下，分离、支配和依赖在其他的行为中也是必需的，但对不同的协作者有不同程度的要求：城市设计者和调查者收集并给出完成这个工程的各种可能信息，建筑师和工程师实施这个工程，欣赏这一成果则是市民的事情。

在详细研究文化史后，莫里斯得出了分离、支配和依赖的价值维度。在他的第一篇关于理性世界观点的论文《生命的途径》（1942）中，莫里斯指出这些维度是佛教的（Buddhistic）、普罗米修斯的（Promethean）和狄俄尼索斯（酒神）的（Dionysian），使它们成为世界宗教的价值基础。[①] 按照重要性递减的顺序，对比基督教、佛教和伊斯兰教在赋予他们设想价值每一个维度的相对重要性方面：基督教是分离、依赖和支配，伊斯兰教是依赖、支配和分离，佛教是分离、支配和依赖。莫里斯给出了每个维度的操作性描述，并把它们用于文化经验的比较方面（Morris，1956：27ff.）。他发现，世界上所有人类文化中的个体和群体价值都可以在这些维度基础上进行分类和区分。这一结果与在意指维度基础上的所有符号活动的分类和区别是同样重要的。

莫里斯和琼斯（1956）发现的相关性更为有趣，他们把个体的价值概念和社会行为阶段相比较，这些个体主要是因为它们的职业被涉及。

有些人的行为大部分被限制在社会行为的定位阶段，如，桥梁工程的土地勘测者。在他们的设想价值中，分离发挥最主要的作用，使用告知符是他们所习惯的符号行为，甚至在行为的操控阶段和完成阶段，他们仍偏爱使用标示符。[②]

---

① 在大众科学读物《开放的自我》（*The Open Self*）中，莫里斯（1948：32ff.）将价值维度（分离、主导、依靠）的分类与性格的分类（cerebrotony, somatotony, viscerotony）联系起来。他引用了谢尔顿（Sheldon，1940）的观点，谢尔顿尝试将性格出现的基础定位于身体结构的外胚型（ectomorph）、中胚型（mesomorph）、内胚型（endomorph）［参见克雷奇默（Kretschmer，1921）关于性格分析的内容］。然而，在1956和1964年，莫里斯不再强调他的价值理论的生物和医学基础，再一次转向行为方法。

② 这些符号习惯引向次符号用法。

有些人，如建筑工程师，主要关心的是环境操作。在他们的设想价值中，支配发挥最重要作用，在符号行为中，他们习惯使用规定符，甚至当涉及一个行为的定位阶段或完成阶段时，他们还是偏爱使用规定符。

最后，其他人主要把生活集中在社会行为的完成阶段。在他们的设想价值中，依赖被赋予最重要的地位，他们在符号行为中习惯使用评价符，甚至在行为的定位阶段或操作阶段，还是偏爱使用评价符。

莫里斯把科学家（分离的、信息的、标示的）、技术专家（支配的、鼓动的、规定的）、艺术家（依赖的、评价的、感激的）视为生存模式的原型实现形式，他详尽地分析了他们的行为模式和解决问题的方式（Morris，1936b；1964：22f.，26f.）。

单独地看，每一种生存模式似乎都是有问题的和不公正的。然而，当一个人把它们视为对作为一个整体而存在的社区的特殊贡献时，它们就获得了目的和公正，因为每个人都可与社会行为三阶段中的一个阶段联系起来，如表3-1所示。莫里斯在他最后的系统性著作中，给出了这个表格的不同版本（Morris，1964：8，22，27），归纳了他一生对于以下这个问题的研究：为了让一个人采取行动，需要什么样的符号和价值？

表3-1　行动阶段与符号维度

行动阶段 （Phase of Action）	意指维度（Dimension of Signification）	使用维度 （Dimension of Use）	价值维度 （Dimension of Value）
定位（Orientation）	指称的（designative）	告知（informative）	分离的（detached）
操控（Manipulation）	规定的（prescriptive）	激励（incitive）	主导的（dominant）
完成（Consummation）	评价的（appraisive）	评价（valuative）	依赖的（dependent）

答案不是以规定语法或规范伦理学的形式给出的。它并没有像亚里士多德或尼古拉·哈特曼（Nicolai Hartmann）的物质伦理学那样宣扬特定的价值，也没有提供康德式说明，即拒绝接收行为是不道德的。然而，行为者不是无助的，因为这个回答告诉他，要满足一种冲动他必须采取什么态度。当行为者对价值的一个特定维度有倾向时，它便提供了一种解释。莫里斯的回答的确帮助了行为者组织他的行为冲动，从而避免和他的同伴发生冲突。莫里斯伦理学是

情境伦理学。对莫里斯来说，道德是每一个个体的利益和所在社会的利益以及每个社会的利益和所有其他社会的利益的和谐。① 一个个体和一个社会对某一特定情境所要求的特殊决定所负的责任，不能被任何高一级的法院废除，不管它是人还是超人。

与科日布斯基（Alfred Habdank Skarbek Korzybski，1879—1950）或早川（Hayakawa）的普通语义学相反，莫里斯的回答没有宣扬特殊的符号行为，也没有像逻辑实证主义的形式主义者那样，为它们的拒绝提供绝对标准。然而，行为者不是无助的，因为这个回答告诉他，当想要满足一种冲动时，他应该如何最有效地表达他自己。当行为者倾向于符号使用或意指的一个特定维度时，它就提供了一种解释。

莫里斯谨慎地避免提供一个明确观点或绝对视角。相反，他不断地强调一个多元立场和视角是可能的。对于莫里斯，所有事物只是特定视角的产物。为证明那些谴责他是一个"新实证主义的行为主义者"的偏见是错误的，他从来都没有试图通过抽象得出客观性，而是通过增加观察角度（Morris，1948a：129）来实现。他所倾向的观点不仅是行为主义者的外部角度，也不仅是内省主义者的内部角度，而是两者的结合。用这一方法，莫里斯能公正对待主观经验、主体间经验和主体间经验的主观经验，包含他符号学理论主题中所有的这类经验数据（Morris，1927：255ff.；1938：45ff.；1946a：228ff.；1964：29ff.）。

对莫里斯而言，任何包罗万象的视角都是不可能的，正因为如此，有必要以某种合适的方式组织那些可能性视角来建立世界的整体性。这是真正的符号学方法。1932 年莫里斯在"客观相对主义"中引入了它，直到去世也一直坚

① 莫里斯（1927b）："伦理学的全境理论"（The Total-Situation Theory of Ethics）。这一概念的先驱是米德。莫里斯（1970：92）引用了米德（1938：465）的观点："道德问题不是相对于一个错误的价值，树立正确的价值；而是寻找尽可能把所有相关的价值考虑进来的行动可能性。"米德（1938：461）："与在一个科学问题中忽视一个事实相比，我们并没有更多的权利去忽视一个真正的价值。在一个问题情境中，我们必须考虑所有相关的价值。"

持着这一方法。① 他意识到理论建构是一种特殊类型的科学行为，它本身也暗示着观察事物的特定方式。为了弥补，他写了如下诗句："科学加深了我们的所有表面/然而，它只是我们深度的一个表面。"②

3　莫里斯符号学核心文献

[1] Charles William Morris. *Writings on the General Theory of Signs*. The Hague：Mouton，1971.

[2] 莫里斯：《指号、语言和行为》，罗兰，周易译，上海：上海人民出版社，1989 年。

4　关于《查尔斯·莫里斯和符号学的行为基础》的思考

莫里斯符号学在推动符号学统一科学发展进程和符号学应用研究方面产生了积极作用和重大影响，他关于符构学、符义学、符效学的三分一直沿用到今天。莫里斯赋予符号学元科学的地位，这一明确的倾向和态度不但为符号学的发展指明方向，而且继承了皮尔斯实效主义哲学进而用于科学语言研究。此外，莫里斯提出了一套相近的术语和理论架构，目的在于把符号学发展为科学研究的工具，进一步明确了人、符号和符号学之间的互动关系，即人本质上是符号动物，符号学是系统性地研究人类符号活动的科学。

莫里斯符号学内容丰富，涉及众多理论和概念，如符号行为、符号价值、符号功能、意指模型（modes of signifying）、论域类型（types of discourse）、符号学和美学、元元符号（signs about signs about signs）、人类宇宙符号

---

① 参见莫里斯（1932：205）。客观相对主义的观点可追溯至米德的"视角主义"（perspectivism）（Mead，1938：283）和杜威的"客观主观主义"（objective subjectivism）（Dewey，1925：285）。墨菲（Murphy，1927）在文章《杜威和怀海德的客观相对主义》中介绍了这一术语（Morris，1970：139，note 30）。墨菲后来又一次远离这一术语（《客观相对主义发生了什么?》，Murphy，1963）。莫里斯坚持了这一术语并用这一术语阐释他的价值理论（Morris，1939a：135）和符号理论："我不给我的哲学观贴上任何标签。我怀疑这些术语以及它们的必要性。我或许最喜欢'客观相对主义'，但对此也感到犹豫。"（letter of July 5，1973 to Richard Fiordo；Fiordo，1977：14）

② 这是文集 *Festival* 中"Scientia"章节的结尾（Morris，1966：5）。

（man-cosmos symbols）等。

"sign-behavior" 在《普通符号理论》中共出现 98 次，莫里斯区分了行为和符号行为，人类符号行为、动物符号行为和类人动物（sub-human animals）符号行为等。我们在此摘录其中几处：

Whatever exercises this type of control in goal-seeking behavior is a sign. And goal-seeking behavior in which signs exercise control may be called sign-behavior. （Morris，1971：85）

在寻找目标行为中无论这种控制如何运作，它都是一个符号。寻找目标行为中符号发挥的控制作用可被称为符号行为。

Sign-behavior, behavior in which signs occur. （Morris，1971：366）

符号行为就是行为中出现了符号。

Since sign-behavior is itself a phase of behavior，to control the sign-behavior of other persons is a powerful means of controlling their total behavior，but the control intended may be for any purpose, moral or immoral，divisive or unificative，differentiative or communicative. （Morris，1971：196）

既然符号行为本身是行为的一个阶段，控制他人的符号行为就是控制他们完整行为的有力方法，但控制可出于任何目的，道德的或不道德的，区分的或统一的，分化的或交际的。

It should be remarked that on our account not every response-sequence provoked by a stimulus-object is sign-behavior. （Morris，1971：135）

需要指出，在我们看来，并非一个刺激—对象所引发的所有反应序列都是一个符号行为。

莫里斯在其 1964 年的专著《意指和意义》（*Signification and Significance*）一书中详细论述了符号价值概念，建立了符号和价值之间的关联。莫里斯（1971：142）根据有机体为满足自身需求在不同环境中会做出不同符号行为的事实，区分出意指（signifying）包含的三种不同要素：指称的（designative）、评价的（appraisive）、规定的（prescriptive）。莫里斯把符号的功能分为告知（informative）、评价（valuative）、激励（incitive）、系统（systemic）四种，并进一步将功能和四种意指方式结合，得出了符号发挥功能的 16 种论域，并认为会给既有论域研究带来更加深入和扩展的经验知识，随着这种经验知识体系的成长，我们就会得到"一个准确而且全面的关于各种类型论域的分类"（Morris，1971：228）。

关于语言符号、语言符号系统的定义和重新分类问题如下。

Lansign-system. A set of plurisituational signs with inter-personal significata common to members of an interpreter-family, the signs being producible by members of the interpreter-family and combinable in some ways but not in others to form compound signs. Stated in terms of comsigns：a lansign-system is a set of comsign-families, the members of which are restricted in the ways in which they may be combined. In this study language is often used in place of lansign-system；strictly speaking, only the latter term is defined. (Morris，1971：363)

语言符号系统。一组对一个解释者族而言具有共同人际指称的多情境符号，符号可被解释者族以某些方式而不以其他方式产生和组合。所谓的共相符：一个语言符号系统是一个共相符族，其成员只能以特定方式被组合。本研究中，语言常指语言符号系统；严格地说，只界定了后一个术语。

We propose therefore to call sign-sets of the kind in question lansign-systems，and the individual members of these systems lansigns. In what follows we are thus concerned with lansign-systems and lansigns；and while we will continue to use the terms language and language sign, for reasons now to be given, the reader who wishes may always replace language by lansign-system and language sign by lansign, and then use the terms language and language sign in any way he wishes—or discard them altogether. (Morris，1971：114)

我们建议将同一类符号集称为语言符号系统，而这些语言符号系统的个体成员称为语言符号。接下来我们将研究语言符号系统和语言符号；我们将继续使用语言和语言符号，我们在此给出解释，读者如果想就可以用语言符号系统代替语言和用 lansign 代替 language sign，按照他自己的方式使用术语语言和语言符号，或者完全抛弃它们。

Lexicator. Any sign that is not a formator; hence any identifier, designator, appraiser, or prescriptor. (Morris，1971：114)

词汇符。任何不是形符的符号；即任何标识符、指示符、评价符或规定符。

Without further clarification at this point we will say that formators signify distinctive properties of situations later to be called formata. (Morris，1971：165)

在此我们不做进一步分类，我们说形符指示情境的区分性特征，随后我们将称之为 formata。

Formators are signs which dispose their interpreters to modify in determinate ways the dispositions to response occasioned by other signs in the sign combinations in which the formator appears. The conditions under which these dispositions to response can be actualized (that is，the conditions under which formators denote) are called formative properties or formata. Formators occur in the formative mode of signifying，that is，signify formata. (Morris，1971：237)

形符是这样的符号，它们使得阐释者以特定方式修正形符符号组合中其他符号引发的反应倾向。反应倾向出现的情境可被实现，这些情境就被称为形式性质或形式的性质。形符出现在意指的形式模型中，即意指形式性质。

So formata are objective properties only in relation to sign-behavior (that is，to interpretants). (Morris，1971：245)

Formata 是只与符号行为（即解释项）相关的客观性质。

莫里斯（1971：363）认为 "language sign" 和 "lansign" 是同义的，"lansign- system" 和 "language" 是同义的。莫里斯带给我们关于语言符号重新分类的一个启示，即第一层级，把语言符号（lansign）分为词符（lexicator）和形符（formator）；第二层级，词符（lexicator）下分为指示符（designator）、规定符（prescriptor）和评价符（appraiser）；形符（formator）下分为分析符（analytic）和对立符（contradictory）；第三层级，对立符

（contradictory）下分为限定符（determinor）、连接符（connector）、语气符
（modor）。分类层级详见图 3-4：

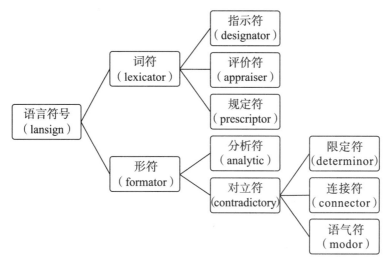

图 3-4 莫里斯关于语言符号的分类

我们在研读文献时发现，部分术语和理论架构与莫里斯自己的初衷存在不一致甚至逻辑错层的矛盾，我们在此仅举四个问题①供进一步思考：

第一个问题。术语的适切性或有效性问题。佩尔斯（Pelc，2000：425-426）曾对莫里斯将有机体这一概念扩大到有机体的内部器官和腺体提出了批评。

第二个问题。莫里斯的符号学体系中出现了广义符号和狭义符号（即语言符号）的交叉使用。莫里斯根据符号活动关系把符号学分为符构学、符义学和符效学存在局限，即莫里斯是以自然语言符号为基础，这就缩小了符号的范围，"若将符号缩小至语言文字，并探讨符构、符义和符效维度问题，不但脱离了符号学乃人类符号研究之宗旨，也于无形中脱离了人类使用符号这一现实情况和事实"（贾洪伟，2019：263）②。我们需要重新思考符号的分类和逻辑层次问题。就人类所使用的符号而言，可从不同角度划分符号种类，如语言符

---

① 贾洪伟在专著《哲学实效论与翻译符号学》（2019：263-267）中列举了莫里斯《符号学基础》存在的 8 个方面的问题。

② 贾洪伟. 哲学实效论与翻译符号学 [M]. 苏州：苏州大学出版社，2019.

号和非语言符号，物质符号和精神符号，有形符号和无形符号，触觉符号、味觉符号、嗅觉符号、视觉符号和听觉符号，人工符号和自然符号等。此外，生活中常见的旗语、手势语、盲文、盲道、路标、交通标志、姿态、表情、衣着、发型等都是具有表达或区分功能的符号。

由此带来了第三个问题，即莫里斯以语言符号为依据划分的符构、符义、符效三大维度的科学性和有效性问题。语言符号只是人类创造和使用的人工符号的一种，此外还存在着其他退化的符号系统或特殊领域符号系统，比如计算机语言、旗语、逻辑、物理、化学等领域的符号系统，这些符号系统就可能只是形式和意义的对应，甚至是只有形式而无完整或具体意义的符号，如计算机程序乱码、文件碎片、天气预报系统、交通信号系统，可能具有封闭性、偶然性、片段性等，一般不会同时具有完整的符构、符义、符效三个维度。此外，在动物领域，如蜜蜂舞蹈、大象传递信息、狼群组织集体狩猎等，均属于普通符号学或广义符号学研究范畴，其表意规则就明显不具有人类语言的双重分节功能，不遵循自然语言的句法、语义、语用规则。

第四个问题，即符号学分支划分上存在逻辑问题，莫里斯把符号学分为纯理符号学和描写符号学，并且认为二者为并列关系。按照莫里斯对符号学的定位，符号学是元科学，是作为科学的科学而存在，其地位在其他所有科学之上，此处的纯理符号学是对符号学一般术语界定、理论框架、研究方法等的形而上描写，其他依据纯理符号学展开研究的描写符号学（或应用符号学）应该也是上下位关系，如语言符号学、翻译符号学、教育符号学、艺术符号学、动漫符号学、批评符号学等。

此外，莫里斯从统一科学用语的初衷出发，发展了符号活动的多维度研究，这为我们提供了有益的借鉴和启示。人不是单向度的，人作为个体的多元构成与文化的多元本质具有一致性，因此，人的存在从一开始就不是单一的和纯粹的。人的存在与发展就是不断接收新信息同时也将自我呈现出来的过程，或许我们可以搁置交际是同化的认识，而把交际视为对差异的妥协或接受。对他者的吸收、容纳是一种双向转换，在改变自我的同时，也在改造他者以及自我与他者共存的世界。符号转换的实践性、可操作性、跨文化作用与意义、翻译与人的关系问题说明，符号只有处于符号活动中，才会是真正多元的、对话的、多角度的、多形态的。

这为我们审视翻译提供了新的符号转换视角，译者作为具有差异的个体需要维护自身完整性，保护身份个体性，以自身意识、精神力量为基础，以满足自身存在需要为目的，展开交流与翻译活动。"人们都需要以其精神的含有力量，越出语言的边界或界限，最终实现精神对自我的超越"（蔡新乐，2005：207）[①]。人在翻译过程中以及翻译理论建构进程中作为主体具有创造性，根据斯坦纳从解释学得出的"理解即翻译"的观点，人每天都伴随着阅读、对话、思考，变化是一种常态，理解可被视为翻译行为，人的思想和思维方式会受之影响并发生改变，翻译的起点为人本身，翻译应该对人历时性的改变负责。"符号学是对符号活动的总体研究，符号活动即为各种交流施为者所使用的、所有形式中的意义生产与再生产、接受与流通的操作和效果"（霍奇、克雷斯，2012：260）[②]。人通过对空间的感知来认识时间，实现了空间与时间一体化的认知，时空在人的概念体系中占有绝对重要的位置。以饮食为例，在有形物理形态上，饮食是食物从体外进入体内，食物参加了某种转换的仪式。人体吸收了食物所包含的营养，将其转换为自己所需的能量；在无形的精神方面，饮食留在人的记忆中成为一种经历、经验，甚至是某种自我满足和与他人建立及保持联系的方式。食物以这种方式突破了物性和客体的位置，与精神产生了关联，是一种从外到内的翻译。这一过程实现了自我精神的扩展，是开放的自我思想发展的需要。

① 蔡新乐. 翻译的本体论研究［M］. 上海：上海译文出版社，2005.
② 霍奇，克雷斯. 社会符号学［M］. 周劲松，张碧，译. 成都：四川教育出版社，2012.

四、路易斯·叶姆斯列夫

（Louis Hjelmslev）

1　叶姆斯列夫符号学关键词

　　叶姆斯列夫（Louis Hjelmslev，1899—1965）是丹麦语言学家，受叶斯柏森①《语言的逻辑》影响开始关注语言研究，从印欧语言学中的句法学问题研究到普通语法问题，一生致力将语言学发展为一门自主科学，是“语符学”（glossematics）、“哥本哈根语言学小组”和《哥本哈根语言学小组文集》的创建者或联合创建者，后期受到梅耶、索绪尔②、薛施蔼等的影响，是对索绪尔“语言是形式而非实质”的坚决拥护者和发展者，是索绪尔结构主义语言学和结构主义符号观的重要继承者和发扬者。叶姆斯列夫的语符学思想主要体现在他的《普通语法原理》（1928）和《语言理论绪论》（1943）③两部著作中。该小组的另外两名核心成员是布伦达尔（Viggo Brøndal，1887—1942）和乌尔达尔（H. J. Uldall，1907—1957），他们的《结构语言学》（1939）和《语符学纲要》（*Outline of Glossematics*，1957）是语符学派的代表性著作。叶姆斯列夫和布伦达尔（1887—1942）创立了哥本哈根语言学小组，将研究对象命名为语符学，表示研究语言的学问，其研究方法以结构主义和逻辑实证为基础，代表作品有布伦达尔的《结构语言学》（1939）、叶姆斯列夫的《语言理论绪论》（1943）、乌尔达尔的《语符学纲要》（1957）。叶姆斯列夫认为语言学真正纯粹的对象需要剥离声音、环境、文本等外在的东西，语言是形式而非实体。叶姆斯列夫为语言预设了一个形式系统，通过设定某种普遍存在于各种语言中的常量（constant）和构建一个精确的演绎系统，由初级到高级逐层概括和穷尽。叶姆斯列夫认为语言理论应该符合“一致、穷尽、简单”三原则，描述必须前后一致，是穷尽性的，尽可能简单。叶姆斯列夫将语言视为一个抽象、纯粹、恒定的对象，称之为形式（form）；我们平时所听、所讲、所视、所用的

---

　　①　叶斯柏森《论语言的本质、发展和发生》（1922）不同于索绪尔优先重视语言系统，前者认为言语研究才是语言理论建构的基础，此外，叶斯柏森发明了诺维阿语（Novial）作为一种国际通用语。

　　②　“我们应该公开承认前人的研究成果，尤其是当之无愧的语言学理论的先驱、瑞士语言学家索绪尔的成果。”（叶姆斯列夫，2006：125）

　　③　丹麦语版《语言理论绪论》1943年出版；英文版1953年出版；英文修订版1963年出版。

则是语言的实体（substance）；实体是语言的具体表现或体现方式，分为语音和语义。

　　叶姆斯列夫语符学的形式化影响了兰姆（Sydney. M. Lamb，1929—）的层次语法①理论，后者提出语言有 6 个层次：下音位层、音位层、形素层、词素层、义素层和超义素层，把语言看作人大脑中的信息体系和语音（phonemic）、词素（morphemic）、词汇（lexemic）、义素（sememic）等各个层次互相连接的整体，发展为美国当代三大语言学流派之一。叶姆斯列夫语符学的形式化对乔姆斯基②的转换生成语法也有一定程度的影响，"如果把叶姆斯列夫的形式理解为语言能力，而不只是语言结构，我们距离乔姆斯基就不远了"（姚小平，2011：344）③。虽然叶姆斯列夫之后语符学派后继之人，其理论也没能得到普遍应用，但直至今日，叶姆斯列夫的语符学依然被认为是对索绪尔结构主义语言学理论的重要发展，也因此为哥本哈根语言学奠定了基础。

1.1　语符学

　　哥本哈根语言学小组严格遵循索绪尔（1980：158）"语言是形式而非实

---

　　① S. M. Lamb. *Outline of Stratificational Grammar*. Washington：Georgetown University Press，1966.

　　② 乔姆斯基在《句法结构》（1957）中说："生成语法是在 20 世纪 50 年代认知革命的背景下产生的，并成为推动这场革命向前发展的一个重要因素，从研究行为及其产品转而探讨思想和行动背后的内部机制。"（Chomsky. *New Horizons in the Study of Language and Mind*，2000：5）乔姆斯基认为，人类具有先天语言机制和普遍语言能力。17 世纪在以笛卡尔为代表的唯理主义哲学基础上出现了《普遍唯理语法》和《波尔·罗瓦雅尔语法》，乔姆斯基的生成语法受到笛卡尔和洪堡特的深刻影响。心智（mind）可统指语言和理性两个概念，17 世纪唯理主义认为语言和理性同出一源、密不可分。心智是人类所独具的一种潜质，以大脑为生物学基础，还具有语言获得机制（language acquisition device）。利用有限要素进行无限创造，是人类一切开放符号系统所共同具有的特性，如西方语言的拼音文字，用有限的字母创造无限的单词，汉语用有限的笔画创造无限的汉字，乔姆斯基称之为离散的无穷性（discrete infinity）。以有限的规则生成无限的句子称为递归或循环（recursion），最能体现语言的创造性。乔姆斯基于 1966 年发表《笛卡尔语言学》，从广阔的历史背景和综合的科学环境寻找理论依据。我们可见可分析的语言只有具体语言、方言等族群和地理变体，古文以及现代标准语等历史变体，行话、黑话等社会变体，以及处处可见的个人言语（idiolect），而人类语言知识是一个高度抽象的概念，其统一性（unity）难以得到验证。按现有人类文明史，还从未出现过一种统一的语言。

　　③ 姚小平. 西方语言学史［M］. 北京：外语教学与研究出版社，2011.

质"的原则，强调语言学要研究语言的本体，并将他们的纯语言学研究称为"语符学"。语符学认为，语言本体就是去除了语言的生理、心理、物理、社会等因素之后所剩下的东西，这才是真正而纯粹的语言。"语符学从本质上是形式主义的，即认为形式先于内容，语言内容相对于其所体现的形式关系是第二位的。"（丁信善，2006：27）① 语言实体（如语音、书写等）只是语言形式或语言实质的外化。根据《语言学及语言交际工具问题手册》提供的数据，世界上大约存在 5561 种语言，这些语言在语言类型、语言谱系方面都存在差异，对它们的研究属于具体语言研究，因为它们都只是普遍语言的不同体现。

叶姆斯列夫致力研究各种语言的共性或语言形式，他通过使用内省法设置各种语言的常量以及这些常量的演绎规则，从而建立科学的、独立的、与任何自然语言和经验都无关的形式语言。"语符学的方法论基础，一是语言学上以索绪尔学说为范式的结构主义，一是哲学上由罗素、卡尔纳普为代表的逻辑实证论。"（姚小平，2011：340）叶姆斯列夫反对语言学研究中的人文主义方法，因为人文主义传统承认语言使用中存在无法预测性和不精确性，这两点都是叶姆斯列夫所坚决抵制的。叶姆斯列夫认为，语言学理论"不但要能描述一种语言已有的全部事实，还要能够描述所有可能出现的事实；不但能运用于一种语言的所有事实，还必须适用于任何语言的任何事实"（姚小平，2011：342）。

按照这种要求，语言理论就具有了一致性、穷尽性和简单性三大原则。具体而言，一致性是指前后不会出现矛盾性的描述，穷尽性即指能够描述一个对象的所有表现形式，如果达到一致性和穷尽性，简单性也就随之实现了。叶姆斯列夫反对以往通过归纳法研究语言规则的方法，提倡演绎法，因为归纳法是对有限的可观察事实的分析，这种经验的有限性必然会影响理论的有效性，只有不受经验制约的理论才有普适性。叶姆斯列夫《语言理论绪论》最后一页的最后一句话定义了其语言学理论的目标：人类的和普遍的。这就注定了叶姆斯列夫语符学的形式主义本质。有学者把叶姆斯列夫的语符学视为语言唯实论（linguistic realism），语言对象是一个抽象的符号系统，研究诸如音位（phoneme）、字素（grapheme）、词素（morpheme）的双重分节构成，语言表

---

① 丁信善. 关于语符学及其研究 [J]. 外语学刊，2006（4）：27.

达就是这些有限符素（figurae）的横组合关系。① 从语言的内在结构看，符素建构符号，从这一意义上讲，语言是一个符素系统；从语言的外部功能看，语言是一个符号系统。

1.2　substance 是实质还是实体？

在我们深入讨论叶姆斯列夫的"形式"（form）概念之前，首先需要澄清一个术语："substance"在此我们仅梳理了索绪尔和叶姆斯列夫相关作品中关于该词的理解和翻译，以作对比分析，按照作品出版时间排列如下：

（1）索绪尔（1980：158）："所以语言学是在这两类要素（指思想和声音）相结合的边缘地区进行工作的；这种结合产生的是形式（form），而不是实质（substance）。"在高名凯译的《普通语言学教程》（商务印书馆，1980）中，"substance"一词被译为"实质"。

（2）裴文在《索绪尔：本真状态及其张力》（商务印书馆，2003）中将"substance"和"entity"都译为"实体"。

（3）丁信善在《叶姆斯列夫语言学观的形成与发展》（《外语教学与研究》，2005年第5期）第369页和375页两处均将"substance"译为"实体"。

（4）在《叶姆斯列夫语符学文集》（湖南教育出版社，2005）中，"substance"共出现5次，程琪龙均将其译为"实体"，具体如下：第171页"内容实体"，第174页"表达实体"，第194页"语言实体"，第221页"实体"，第246页"实体"。

（5）马壮寰在《索绪尔语言理论要点评析》（北京大学出版社，2008）第129页认为"substance"是"实质"，与《普通语言学教程》中的"实体"（entity）相区分。

（6）姚小平在《西方语言学史》（外语教学与研究出版社，2011）第344页提及："前面说过，叶姆斯列夫将语言视为一个抽象、纯粹、恒定的对象，

---

① "Languages, then, cannot be described as pure sign systems. By the aim usually attributed to them, they are first and foremost sign systems; but by their internal structure they are first and foremost something different, namely systems of figurae that can be used to construct signs." (Hjelmslev, 1953: 47).

称之为形式（form），而我们平常所听所讲、所视所用的则是语言的实体（substance），是语言的具体表现或体现方式，或多或少带有偶然性。"

（7）On the contrary, the description of substance depends on the description of the linguistic form.（Hjelmslev，1953：76）

对语言实体的描写依赖对语言形式的描写。

（8）The substance of both planes can be viewed both as physical entities（sounds in the expression plane, things in the content plane）and as the conception of these entities held by the users of the language.（Hjelmslev，1953：78）

两个平面的实体可都被视为物理实体（表达平面的声音，内容平面的事物）并且作为这些实体的概念被语言的使用者掌握。

（9）The entities of linguistic form are of "algebraic" nature and have no natural designation; they can therefore be designated arbitrarily in many different ways.（Hjelmslev，1953：105）

语言形式的实体是一种代数本质，并没有自然的指称关系；它们能以多种不同形式被指示。

（10）Substance is thus not a necessary presupposition for linguistic form, but linguistic form is a necessary presupposition for substance.（Hjelmslev，1953：105）

实体并非语言形式的必要前提，但语言形式是实体的必要前提。

1.3 形式主义本质

叶姆斯列夫使用表达（expression）和内容（content）替换索绪尔的能指和所指，"每一种语言都有两个平面，也只有两个平面：一个是内容平面，另一个是表达平面"（叶姆斯列夫，2006：93），加上形式与实体，进而划分出表达形式（expression-form）、表达实体（expression-substance）、内容形式（content-form）、内容实体（content-substance），体现出语言研究明显的形式化倾向。表达层的语符是原因的区分特征，称为位素（keneme）；内容层的语符是意义的区分特征，称为义素（plereme）。为更清楚地了解这两个平面，请参考图4-1：

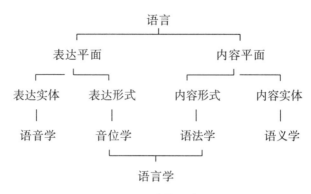

图4-1　语言的两个平面

从图4-1可见，叶姆斯列夫把表达形式（音位学）和内容形式（语法学）视为语言学真正的和纯粹的研究对象，因为它们体现的都是纯粹的关系；而表达实体（语音学）和内容实体（语义学）则因关涉语言外部的物质载体或现实世界的客观对象而被驱逐出语言学的研究范围。

关于形式（form）与实体（substance）的关系，叶姆斯列夫在《语言理论绪论》中先区分出了表达平面和内容平面，然后认为表达平面和内容平面又分为形式和实体；而在1954年《语言的层次》这篇文章中提出了四个平面并列。他将"实体"区分出统觉平面、社会生物平面和物质平面。此外，他还提出了层内单位（intrastratal unit）和层间单位（interstratal unit）等概念（丁信善，2005：374）。

进一步思考后，我们会发现：

第一，叶姆斯列夫的语言学强调纯粹形式，把语言中最小的不可化约的成分称为"语符"（glosseme）。音位学是关于音位系统的研究，音位的区分单位是"位素"（keneme），语法学的最小区分单位则是"义素"（plereme）。这样一来，叶姆斯列夫就把传统语言学中研究语言表达的语音学和研究语言内容的语义学驱逐出了语符学。

第二，叶姆斯列夫的表达实体只提及了语音学，按照他的划分依据，语言的表达实体除了语音表达还应有视觉表达或书写表达，也就是书写实体也应被纳入表达实体。

第三，叶姆斯列夫是从关系出发建构形式语法或普通语言学抽象系统的，而且他主张内省的方法。

第四，叶姆斯列夫在语言学观点上是动态的、变化的，具体而言，从印欧句法研究到普遍语法（1928年出版的《普通语法原理》既是叶姆斯列夫构建形式语法的尝试，也是他早期语言学思想的集中体现），从语言内容研究到语言关系研究（1939—1943年间先后提出两种和三种依存关系分类），从归纳法到演绎法的转变（远离经验走向形式），从两个平面到四个平面的并列（1954年《语言的层次》一文对《语言理论绪论》中语言观点的修正）。

第五，索绪尔语言学虽定位于心理主义和系统研究，但他是以具体语言事实为基础的经验主义，研究的是实际的语言，采用的是归纳法，而不是演绎法，而且索绪尔还提出研究言语语言学的计划。叶姆斯列夫的形式完全抛弃了语言的社会本质以及语言与具体言语的关系，走向了纯粹的形式主义。

第六，叶姆斯列夫的语符学理论缺乏具体应用的土壤，因为其理论充满了大量复杂的定义和晦涩的术语，这就影响了语符学理论的发展和传播。

第七，叶姆斯列夫想建立一门不受时间、空间因素制约的代数语符学，忽视语言的历时发展和动态变化，寻找语言中固定不变的常量，甚至要将意义排除出语言学的研究范围，这样的语言便失去了它最重要的交际功能和意义功能。

第八，语符学至多不过是根据抽象规则连接为一个形式体系的各种学科的混合体。叶姆斯列夫在其理论中最后得出的结果，也正是他所竭力反对的东西（Звегинцев，1960：243）。

2 叶姆斯列夫——作为普通符号学的语符学①

〔德国〕尤尔根·特拉班特（Jürgen Trabant）

柏林自由大学罗马语言系

2.1 作为符号学结构一般原则的语言（La Langue）

2.1.1

不久前，叶姆斯列夫主要著作《语言理论绪论》（*Prolegomena to a Theory of Language*）德语版的书评人质疑翻译该书的必要性，问及语言学课程中是否还有必要读叶姆斯列夫的著作（Kotschi，1977）。没有任何迹象表明，语符学作为欧洲结构主义的一个重要学派已经声名狼藉。然而，这一普遍趋势（格雷马斯的语言学可能是唯一一例外）应从两个方面来梳理。

首先，最著名的语言学史学家之一的科塞留（Coseriu）认为，叶姆斯列夫和洪堡特一样是普通语言学的创始人之一："因为我们相信，语符学是语言学史上的一个关键时刻。它不能被跨越，或只被简单地视为真正语言学的一个偏离，它继续并发展了洪堡特传统。因此，鉴于这一点，叶姆斯列夫只能与洪堡特相比……像洪堡特一样，叶姆斯列夫看到了从语言角度理解所有人类和文化问题的可能性。"（Coseriu，1954：175）

其次，我反对忽视叶姆斯列夫并提供以下论据。虽然上述评论者指出，在大学语言学课程中不应该读叶姆斯列夫，因为语符学有理由被认为是对真正语

---

① 《叶姆斯列夫——作为普通符号学的语符学》一文用德语写作，1981 年收录于德语版论文集 *Die Welt als Zeichen:Klassiker der modernen Semiotik*，后由 Lain Boyd Whyte 从德语译为英文，1987 年该论文集英文版 *Classics of Semiotics* 出版，本文译自 *Classics of Semiotics* 第 89—123 页。——译者注

言学的"偏离"，先不管科塞留的观点，对于我来说，叶姆斯列夫的著作在大学符号学课程中是必不可少的。在我看来，虽然叶姆斯列夫是一位重要的语言科学家，但他著作的原创方面是对符号学理论而非语言学理论的发展。他是基于内在语言学和结构语言学的普通符号学创始人，索绪尔期望把这门科学命名为普通符号学（sémiologie）。

2.1.2

虽然叶姆斯列夫将这门新的语言科学描述为"结构语言学"或"内在语言学"（immanent linguistics），但为了与传统语言学区分开，叶姆斯列夫把它命名为语符学（glossematics）。严格来说，语符学根本不是一门语言科学。它不是一门"语言的语言学"（langue linguistique，Hjelmslev，1944：32）或一门"自然语言"科学，而是一门符号科学，是关于一般符号结构的科学。在叶姆斯列夫的著作中，"语言"（langue）被定义为语符学的一个研究对象，在本质上与"符号系统"（叶姆斯列夫使用 semiotic 一词）是同义词。术语"语言"（language）除了这一用法，语言学意义上的语言也区别于普通符号学的结构。

叶姆斯列夫在《语言学刊》（*Acta Linguistica*）发表的文章中清楚地表示，归根结底，语符学的对象不是语言学意义上的语言。遵循索绪尔模式，他坚持语言学的对象不是言语（parole），而是语言（langue），但言语是必要的起点。叶姆斯列夫把语言定义为："如果言语是语言的表达，那么一种语言反过来就是它所属类的表达，最终那个特殊类的表达就是该语言……语言种类是结构语言学真正的和主要的对象。一种特殊的语言从属于类（type），类从属于种（species）。我们（《语言学刊》编委会）希望，对任何特定语言的研究都是基于语言类或种的结构，致力研究该语言的种。"（Hjelmslev，1944：31 f.）按升序排列：特定语言（langue particulière）→ 类（type or class）→ 种（species；espèce，class of classes），语言显然要比一门历史语言的结构广泛得多：语言作为种包含语言的共性。

叶姆斯列夫并没有达到语言抽象概念的极致：语言被进一步扩展为所有符号系统分类的结构。口语抽象的三个层级只是该普通语言内的一种特殊情况。在建立了特定语言→类→种的序列后，叶姆斯列夫指出种应该通过结构语言学来阐释，他接着说："这种类层级性从特定语言到种语言，理论上只有到达符号学结构的一般原则时才会终结。索绪尔的理论和最近关于形式逻辑的研究都表明，语言学意义上的语言仅代表语言可能表现方式的一种，当语言从最广义的角度被理解为一个转换结构时，它便包含着每一个符号系统。"图4-2给我们提供了描述语言的层级性的方法：

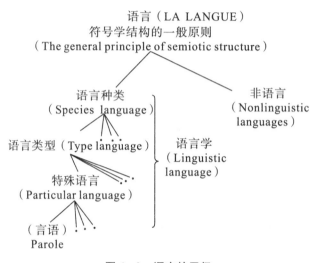

语言（LA LANGUE）
符号学结构的一般原则
（The general principle of semiotic structure）

语言种类
（Species language）

非语言
（Nonlinguistic languages）

语言类型（Type language）

语言学
（Linguistic language）

特殊语言
（Particular language）

（言语）
Parole

图4-2　语言的层级

2.1.3

上面引用的片段揭示了叶姆斯列夫写作的一个特点：他试图表达语符学的中心观点以及认为语符学正是索绪尔意图的实现。虽然在这里我们不能详细叙述叶姆斯列夫对索绪尔的诠释，但从我们论证的一个中心观点来看，这个解释绝不像叶姆斯列夫想让我们相信的那样不证自明。

索绪尔认为，语言是众多符号系统中的一个特殊符号系统，语言学是符号学中的一个特殊领域。但他没有像叶姆斯列夫那样声称语言学语言只是普通语言的唯一表现形式。叶姆斯列夫在上面的引用中顺便提到了《普通语言学教程》中的段落，索绪尔专门提出语言学语言。事实上，他说口语——意思是有声语言——可能是语言的一种物质表现形式。在此物质表现形式以外，索绪尔说："在各种器官功能之上，可能存在着一个更普遍的能力，它控制着符号，并且是最好的语言能力。"（Saussure，1916：27）从"符号控制机制"（sign-governing faculty）的表达可以看出叶姆斯列夫的广义语言观，在上面的引用中他清晰地表明，语言实际指语言学语言。在《普通语言学教程》基础上，语言学机制（faculté linguistique）可被扩展为符号学机制（faculté linguistique），是一个有待解决的问题。我认为，索绪尔这里关注的是语言学语言的抽象平面，而不是普通符号学结构的更高层面。这也可以解释在另一篇相关文章中他所坚持的观点："语言的本质不同于语言符号的语音特征。"（Saussure，1916：21）把语言概念扩大用于特指"符号学结构"体现了叶姆斯列夫的激进特点。

2.1.4

在对语符学的分析中，科塞留（Coseriu，1954）清楚地展示了叶姆斯列夫试图建立一门新的语言科学，但其核心并不是语言本身，而是一般符号系统。这一解释解决了当一个特定的语符学谓语（比如实体独立于形式的定理）被应用于语言学语言或其他特殊语言时所带来的所有难题。至于具体符号系统层，语符学则不再是语符学，而是一门纯粹形式的科学。

然而，在某些方面，叶姆斯列夫本人对他推理的极端和大胆表现出不安。尽管《语言学刊》被认为是上述无所不包的语言的机构，但该杂志只刊登关于语言学语言研究文章的事实，正体现了他的不安。他明确承认这一局限性是对实际考虑的被迫让步，但这一让步不能被他自己的理论证明。换句话说，叶姆斯列夫本人也没有把他的激进理论纳入他的逻辑结论。他似乎在暗示，语符学既是一般符号理论，同时也是语言理论。但这种歪曲的语符学自我评价阻碍了该理论的真正创新方面——普通符号理论——的开花结果。此外，语符学又导致新的困难，比如语言符号抽象为一般符号——这是后面我们将要讨论的问题。然而，尽管叶姆斯列夫对语符学的评价以及由他的符号概念引发了问题，语符学必须被视为当代符号学发展中的重要阶段，因为它标志着语言学与更广泛的符号学之间的相遇。

2.1.5

语符学作为符号学不仅代表从抽象的一个平面转变为更高的平面，还表示在较低平面收集的数据在更高平面的扩展。因为在语符学中，语言符号的结构被明确视为一般符号结构的基础，也就是说，只有那些与语言符号具有相同结构的东西才被视为符号。从这一点看，语符学是所谓"语言帝国主义"的一个代理，但符号学家越来越反对这一说法，他们感觉有必要把符号学从它的母科学中独立出来。

尽管现在已不能仅把符号赋予语言符号那样的结构，即"双重分节"（double articulated）的结构，仍然有一些有力证据支持语言符号是符号学的核心和主要原则。然而，这并不是说，语言符号的所有特征通常应被提高到比一般符号更高的抽象平面，像叶姆斯列夫所做的那样。

2.2 双重分节或两次形成的符号（twice-formed sign）

2.2.1

符号只有在其内部能区分出能指和所指时，才能被称为一个符号。叶姆斯列夫提出了表达和内容来代替索绪尔的术语，他称为符号的平面。为了进一步解释索绪尔，他又引入了形式和实体。索绪尔认为，语言是一种形式，另一方面区分我们思维（内容）的"无定形体"（amorphous mass）和声音的"塑性物质"（plastic matter）（Saussure, 1916: 155）。图 4 - 3 是索绪尔（Saussure, 1916: 156）想象的这两种无形实体的形成过程。索绪尔想要描述语言是两种实体间的一种综合形式。叶姆斯列夫则相反，他强调的是表达和内容两个平面的不同构成，他把由两种不同形式创造的实体（entity）定义为符号的确定模式（definitive model）。

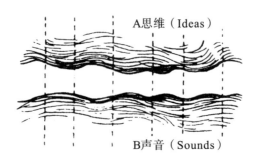

图 4-3 符号的两种无形实体

叶姆斯列夫用来描述形式和实体关系的图像是一种网（net），被置于未定型的物质之上［叶姆斯列夫称之为意图（purport）——也在表达平面上——或主题（matière）］，所以，一个有形实体（a formed substance）是通过把非物质形式投射到无形实体上。因此，有必要在符号的两个平面上都区分物质（无形实体）、（有形）实体和（非物质）形式。在叶姆斯列夫的符号模型中，有以下 6 个主要成分：表达意图（expression-purport）、表达实体（expression-substance，ES）、表达形式（expression-form，EF）、内容形式（content-form，CF）、内容实体（content-substance，CS）和内容意图（content-purport）。可表述为（箭头指示相互依存关系）：

表达意图—表达实体（ES）→表达形式（EF）↔内容形式（CF）←内容实体（CS）—内容意图

遵循索绪尔的另一个基本原理，语符学的唯一对象是纯粹的、非物质形式。

2.2.2

2.2.2.1

图 4-4 是叶姆斯列夫从内容领域选取的经典例子，即英语和威尔士语关于颜色命名的例子，用来说明形式、实体和物质间的关系（Hjelmslev，1943/63：53）。作为语言学上未定型的物质，色谱的一部分由一个长方形来表示（Ⅰ）（虽然现实这一领域局限性的描述在事实上是不能采纳的，它似乎已经象征着形成过程的某一类型）。现在各种不同的语言把它们不同的"网"投射到现实未定型的区域（Ⅱ）。英语投射在这个区域的网（实线）与威尔士语投射在相同区域（虚线）的网是不同的。该区域作为一个整体以这种方式被赋予形式，形成的实体是可分割的，区别于以前未定型的实体。在英语中，内容-形式投射在物质上形成了可区分的颜色——绿色、蓝色、灰色和棕色。

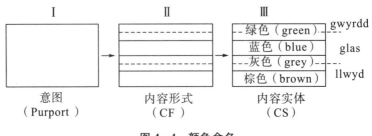

图 4-4　颜色命名

2.2.2.2

　　在对语符学的解释中，我们倾向于把内容-实体叫作"意义"，但这种理解并不总是对的。内容-实体也包含所谓的"所指物"（referent），意义所描述的现实的实际方面。叶姆斯列夫认为，意义和指称的区别存在于内容-实体中，并且与内容-形式和内容-实体的区别不同。事实上，叶姆斯列夫（1954）把实体又分为物理层、社会生物层和集体评价层，内容-实体的物理层相当于所指（reference），其他两个层相当于意义的不同概念。相反，语符学的内容-形式只是形式。它不是意义，虽然经常被误解为意义：它只是框架、网和一系列区别。有这种误解的人没有了解语符学的真正意图，它是不了解独立于所有实体的一门学科，只关心纯粹的形式。

　　纯粹形式的首要性基于索绪尔的两个原则：首先，索绪尔主张语言是形式而非实质；其次，索绪尔对语言形式特征的定义源于这一观点：语言中只有区别（Saussure，1916：166）。叶姆斯列夫的语言作为纯粹形式是一个激进的、先验的假定，是他对索绪尔的一种解释。语符学的真正对象是纯粹形式的语言。如果从语符学的观点看，实体被语符学思考排除在外，那么从语言学角度看，对实体的研究被分配给了其他非语符学的即非语言学的学科。语义学，作为对意义——内容-实体的研究由此被完全排除在语言学-语符学之外。

2.2.2.3

　　语义学的例子清楚地说明，为什么语符学是一门语言科学而不是一般符号科学会制造困难。如果我们像叶姆斯列夫所希望的那样，把语符学当作"语言学"，那么我们就会面对语义学提出的大问题。叶姆斯列夫认为，语义学毫无疑问是语言学的一个方面，它必须被视为一门非语言学科，因为它研究实体。但如果我们把语符学看作普通符号学，那么，把语义学排除在语符学之外是完全合乎逻辑的和有道理的，因为普通符号理论在特定"语言"或符号系统中与意义无关，而与控制符号内容的形式结构规则有关。

2.2.2.4

语符学作为普通符号结构的科学，是一门可能性理论科学而不是体现现实的科学。应该这样审视叶姆斯列夫的语符学观点：语符学和代数一样是一门可能性理论科学，不需要在特定实体中显现出来。在前面的例子中，并非英语颜色名字是语符学的合适对象（因为它们是实体形式），而是图表里使用的赋予给定内容结构的框架。建构同一实体的纯粹理论方式见图4-5。这些理论上的可能性建构在现实中可能出现，也可能不出现。叶姆斯列夫（Hjelmslev，1943/63：106）这样评价自己关于语言的科学："这里必须预见所有的可能性，包括经验世界里虚拟的东西，或那些没有自然或真实表现的情况。"

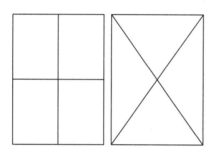

图4-5 同一实体建构图式

2.2.3

2.2.3.1

在表达平面，形式作为一个被投射到最初是未定型物质之上的网而发挥作用。比如，如果把通过发音器官发出声音的潜能想象成未定型物质（unformed matter），那么，显然每种语言以不同的方式形成这种物质，并且有不同的局限性。叶姆斯列夫的一个例子是关于连续体，它是从咽喉到嘴唇通过上颚的中间侧面形成的，因为这一区域是清辅音和闭塞音的发音位置。在一般的欧洲语言中，又分为三个区域，即/p/、/t/、/k/，而爱斯基摩语和拉脱维亚语的两个/k/区域是不同的，许多印度语言有两个/t/区域（Hjelmslev，1943/63：55）。

在内容平面我们面临同样的问题。未定型物质被形式分成三个区域，成为有形实体或表达实体。表达形式不是一种语言的音韵学或是语音学结构，而只是投射到未定型物质上的非实体网。与内容平面的语义和指称一样，音韵学和语音学属于实体：这些是表达实体的不同平面，因此不是语符学的问题。

2.2.3.2

只有在更一般的意义上把语符学视为一门符号科学，这门新学科关于表达平面应特别研究形式的主张才站得住脚。作为符号的一般学科，语符学与通过特别符号系统形成的实体没有一点关系。因此，音韵学和语音学作为特殊符号系统语言的特殊研究，将不属于语符学。另一方面，如果音韵学和语音学因为是非语言学的而被排除在语言学之外，那么，这种语符学的形式主义马上会被认为是荒谬的。

正如科塞留所指出的，忽略自然语言的表达－实体比忽略内容－实体更具有反语言学色彩。语言作为实体的物质体现是声音，即声音实体是语言的实体。没有表达－实体，语言将不存在："语言形式表现它自己，在表达－实体中是一种固有的存在。"内容－实体没有语言也存在；世界"既不展现也不生成任何语言形式"；世界只通过这一形式进行组织。换句话说，世界通过语言被感知，但没有语言形式它仍然存在（Coseriu，1954：210）。

2.2.4

表达－实体和内容－实体不一定与表达－形式和内容－形式产生联系（形式是纯粹虚拟的不需要实体的体现），语符学的符号模型最终是由叶姆斯列夫的6个主要成分中的两个构成，即表达－形式和内容－形式。"符号功能"——符号的特征相关性——是表达－形式和内容－形式之间的关系。在索绪尔的模式中，这种关系是紧密的、相互的。符号本身去物质化后成为纯粹的形式，保留了语符学的真正对象。

2.2.5

如果内容平面和表达平面确实是以不同的方式形成的，就需要区别符号的两种形式：内容形式和表达形式。有些结构的表达平面和内容平面具有同样的形式：叶姆斯列夫把它们称为"符号"。一个内容实体可被分配给那些可解释的对象，但没有区别于表达形式的内容形式。在叶姆斯列夫的论证中，这些可解释的实体作为一个背景而存在，符号的特殊特征，也就是两个独立平面的不同形式尤其突出。符号性（signicity）不仅在于表达和内容两个平面的区别（在符号中也一样，表达可区分于内容），还在于两个平面的不同形式。

因此言语符号 tisch 的表达平面与内容平面的构成是不同的。表达平面是由/t/、/i/、/š/构成的，而内容平面是一个意义整体。即使从不同内容方面分析 tisch 的内容，如"桌子""单数""主格的"，想把三个内容方面的每一方面分配到表达平面的相应单位仍然是不可能的，比如将"table"给/t/，将"singular"给/i/或将"nominative"给/š/。内容平面与表达平面具有不同的形式。

相反，有些符号的内容平面和表达平面是一一对应的。比如棋子，表达平面的每个要素，也就是每个棋子，都对应着内容平面的一个单位，也就是一个特定功能。在这种情况下，就没有必要对表达平面和内容平面做单独分析，因为两个平面表达同一形式。1947 年在伦敦的一次演讲中，叶姆斯列夫提到了其他的例子：钟表的整点报时，响声数量对应小时数，交通信号灯的每种颜色对应一个功能（停，走，小心）。叶姆斯列夫认为，规约符不是符号，因为它们在内容和表达方面没有展现出任何形式上的区别，叶姆斯列夫把它们称为"可阐释的、非符号学实体"（Hjelmslev，1943/63：114），因此它们不是语符学关心的对象。

叶姆斯列夫对规约符的定义包含像似性（iconicity），莫里斯（Morris，1971：420）在像似符里发现的符号和对象间的相似性（similarity），以及索绪尔关于"象征符"的"理据性"（motivatedness）。在棋子的例子中，"相似性"和"自然理据性"与它们的内容都无关（象棋马与它的功能没有相似性），叶姆斯列夫的定义更深刻、更清晰，因为它把像似性和规约性降为结构特征，也就是单分节特征（与符号的双重分节相反）。

2.2.6

如果把语符学提出的符号学问题视为普通符号理论，正如我们所见，是基于这样的事实：语言符号的结构、表达和内容的不同形式（双重分节）被认为是所有符号的基本特点。"语言帝国"的这种特殊变体，既是语符学的混合评价，又是语符学对索绪尔内在假设的解释，它在两方面体现出激进性。首先，它排除所有"外部的"考虑，尤其是心理的、社会的和人种学的考虑，用现在的术语来说就是排除符效学维度。其次，它排除实体（形式主义）。如果符效学维度被抑制，其他方面如人类对话、交流者意图以及符号的行为特点没有受到密切关注，而只是符号自身，符号作为一个东西，其具体实体的内在结构必须提供它的定义标准。此外，对于实体的关注，符号－实体的物质性被排除在外，符号被表达的方式仍然是叶姆斯列夫判断符号性的唯一标准。

从广义符效学角度看，叶姆斯列夫的例子是一个关于符号性的失败范畴。从动态方面看，叶姆斯列夫认为，交通信号是规约符（因此不属于语符学－符号学），毫无疑问，交通信号应该被视为符号，尽管它们是单分节的。相反，叶姆斯列夫在 1947 年伦敦讲座中提到数字是符号，而电话号码的动态特点却很难与叶姆斯列夫的观点保持一致。

即使当代的符号学研究没有简化为欧洲结构主义的内在符构－语义方法，尝试从符效学角度研究符号，内在论方法对符号内在结构也已经有了深层了解，并为将来的研究创造了必要基础。在叶姆斯列夫之前，没有人对单分节和双分节实体结构有如此透彻的理解。辩证地看，在一个基于实用主义的符号学理论中，分节的这些区别仍然是符号分类的重要特征，也是符号系统效率的重要标准。一个双重分节符号系统，即自然语言，是所有符号系统中最丰富、最重要和最普遍的，而这不仅仅是偶然。

2.3　内涵和元符号学（connotation and metasemiology）

2.3.1

接下来我想谈谈语符学符号理论高度内在性和形式化特征带来的两个结果。这两个结果都与当前的符号学研究有关，也与被语符学明确排除在外的符号学方面有关。

（一般结构主义者）排除"外在的"，在更宽泛的意义上"符效的"事实导致了内涵符号的语符学说。

典型的语符学对实体的排除，使实体分析有必要与（形式）语符学分析联结为元符号学。

2.3.1.1

尽管叶姆斯列夫不研究符效维度（对他来说这并不特殊），但他也注意到语言的现实性以及语言和符号系统中的差异是源于实际说话人和听话人。叶姆斯列夫努力将这一认识和结构主义者的内在性假设联系起来，合并被符效学决定的符号学材料中的差异（民族差异、阶级差异、地区差异、交际环境差异和个人差异），根据其内涵符号理论，说话人和听话人被排除的"外在"信息作为符号的一个内在属性重新出现了。这发生在一个附加的内容平面，跨越外延符号形成了内涵符号的表达平面。作为内涵内容的一种表达，可服务于实体或形式，或外延符号的形式和实体。

"内涵"（connotation）在叶姆斯列夫那里并非所谓的情感意义，对一个特殊东西的心理赞同，而是指更为普遍的东西，即符号关于说话者的所有再现，"他是一个英国人，他来自伦敦，他是一位语言学家，他说话很认真"，等等。根据内在性假设，关于该说话人的信息被理解为符号所提及的东西，"我是英国人，来自伦敦，从事语言学相关职业，代表优雅的言说"，等等。在广义的"内涵"概念中，每个符号原则上都参与几个内涵符号学结构。

如果该内涵结构是一个符号，它必须像一个符号那样被建构且有符号层级：表达－实体，表达－形式，内容－形式和内容－实体。尤其是它必须拥有表达和内容的不同平面，即一个内涵表达形式和一个内涵内容形式，如图4－6所示。

图4-6　内涵结构

内涵表达平面和内涵内容平面是以不同方式形成的假设，换句话说，一个类似于符号结构的内涵假定，是语符学符号理论中最有疑问的概念之一。无论内涵实体是否真的表现为表达和内容的不同形式，或它们是否是规约结构，即只有内容实体能被视为"可解释的"结构，与被解释的实体是一一对应关系，就像交通规则和交通信号一样。一个简明易懂的例子，人们可以赋予一个特定单词或文本内涵内容－实体"德语"（German），也就是说"'德语'（German language）这一概念所附加的社会或宗教一般用法"（Hjelmslev，1943/63：119）。采取这种方法，这种关系将被定义为一个"规约"。但既然它被认为是一个"符号"，那么，就要假定一个内容－形式。

"德语"（German）这一内涵内容的形式是什么呢？叶姆斯列夫的回答是：内涵内容的相互依存（功能），比如"德语"，"法语"和"俄语"的关系。遗憾的是，叶姆斯列夫并没有指出，内涵内容形式上的界限是什么样的。

尽管如此，他确实把内容－形式放了一个内涵语境中。这里也一样，内涵符号真正的语符学分析是一种形式分析。分析了外延符号（被认为是内涵同质的）后，内涵内容——迄今一直被系统地排除在外——被置于相同的形式下分析："分析完外延符号后，必须根据相同的步骤分析内涵符号"（Hjelmslev，1943/63：119）。语符学对内涵符号的形式感兴趣（见图 4－7）：

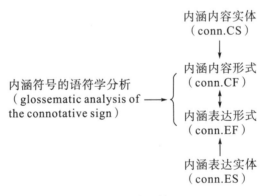

图 4－7　内涵符号

内涵符号形式本身不包含（实体的）解释，而仅是这种解释可疑的相互依赖。换句话说，它是一个"空"形式。出于这个原因，语符学（狭义上）对内涵符号的研究不考虑被排除的语用学信息，仅在内涵内容－实体的分析中这么做。

虽然对实体的分析不是语符学的任务，但是叶姆斯列夫没有把它完全排除在科学之外，而是把它归入一个独立的、非语符学学科，但需要与形式的语符学分析相关联。外延符号和内涵符号都是如此。实体的这种分析是如何与形式分析相关联的将在 2.3.2 节展现。

2.3.1.2

语言和符号的语用学和行为特征被认为如此重要，叶姆斯列夫尝试用行为结构来定义符号。在这类尝试中，符号和语言一开始与施为者间的关系比在叶姆斯列夫结构主义内在方法中更加紧密，承认存在符号的符效学方面，但被认为是符号的一个外部范畴，它影响着对象的功能性、同质性，因此，一开始就被排除在语言学和符号学研究的核心之外。只有当它完成它的特定任务之后，语符学才转向内涵方面（甚至那时候还是形式上的）。

"外延"显然在本质上指"意义"，言语层面上"所指"（K. Bühler 称为"representation"）是语言符号的主要功能。鉴于这一点，就能够理解结构主义的典型方法，忽略交际的"符效"方面。还应该强调，指称行为通过符号再现现实，也是一种行为过程。它是与他者相关的一种行为，所以施为者的语用学范畴不能被视为附加的或额外的，它对符号来说是必不可少的。

2.3.2

2.3.2.1

虽然叶姆斯列夫把实体排除在语符学之外，但他认为对符号实体的分析是非常重要的科学行为。他认为它是科学的，只不过不是语符学的。在 1953 年发表的副校长就职演讲中，他提到语言学的内容－形式是一种社会因素（Hjelmslev，1953），比如，他关注科学研究时代政治相关性的意义（内容－实体）。他把实体分析和语符学对语言和符号的纯形式分析以一种复杂的形式关联起来，即通过第三层级符号结构，所谓的元符号学（metasemiology）关联起来。

语言学－语符学作为一种科学的元语言，其对象语言是一个符号系统，一个与内涵符号相似的第二层级的符号结构。与内涵符号相反，内涵符号的表达平面是由符号（由符号的实体或符号的形式，或两者）构成的，语言学作为一个符号结构有一个符号的内容平面，但只有符号形式，因为根据其定义，实体不是语言学的内容。叶姆斯列夫把科学的元符号结构称为符号学。语言学是一门符号学，它的结构反映了图4－8所示的模型（在此，我们只区分元符号的平面，而不区分形式和实体）：

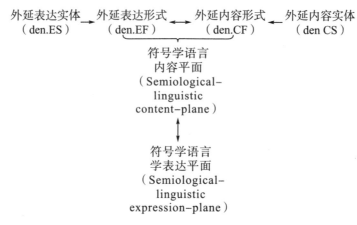

图4－8　元符号结构

可从一个更高层面谈符号学本身：科学的元语言（符号学、语言学）变成了一个内容——讨论的对象，其结果是一个第三层级的符号结构，即元符号学。关于符号学的讨论最终成为可能，按叶姆斯列夫的观点，实体必须被排除在外。既然语言形式的符号讨论仅是重复以前说过的，元符号学甚至可以主要致力实体。语符学从对象语言排除的实体可以最终在一个元平面被描述。图4－9描述了这种复杂关系。描述外延符号实体的那些学科——一方面是语音学和音位学，另一方面是语义学——并没有融入语言学－语符学，仅仅是被分层堆放在上面。与实体有关的符号学学科在关于形式的符号分析层级之上。语音学/音位学和语义学不是传统的局部元语言，而是局部的元元语言（metametalanguage）。

但如果不把语音学/音位学和语义学视为语言学学科，而只是认为其与语言学有松散关系，那就是对语言学研究的完全曲解。元语符学的救援行为旨在保存实体分析，如果叶姆斯列夫不坚持把语言学的语言（和其他的具体符号系统）看作纯形式，那么，把语符学和那些非语言学学科结合起来的尝试将是没有必要的。如果只把一般符号学结构保持在纯形式层面，在前文中描述的语言，那么，语言学的语言就能够解决它的属性问题，在实体的更低平面，语音学/音位学和语义学将会是它们的真正状态，即语言学学科。

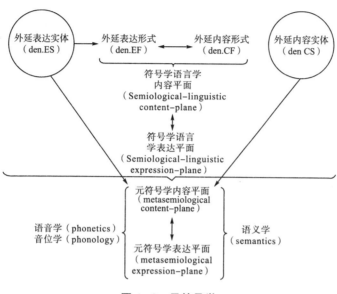

图4-9 元符号学

2.3.2.2

正如我们所见，语符学对内涵符号的研究被限制在形式分析中。被排除在外的实体研究与通过元符号学的纯形式分析有关（这里的实体是内容实体，如内涵表达实体的分析，因为它是外延符号），与外延符号的方式一样，"就像外延符号的元符号学在实践中以一种重新解读的形式对待语音学和语义学的目标，在内涵符号的元符号学里也这样，社会语言学的最大部分和索绪尔的外部语言学将在一种重新解释形式中找到它们的位置"（Hjelmslev，1943/63：125）。内涵符号的元符号学分析"地理的和历史的，政治的和社会的，神圣的和心理的内容－意义"（Hjelmslev，1943/63：125），与民族、地区、风格、个性、情绪等相关。叶姆斯列夫挑选出社会学、人种学和心理学，认为它们是对内涵内容－实体分析做出了最重要贡献的学科。

如图4-10所示，内涵元符号学的再现是复杂的，内涵符号本身是一个第二层级符号结构，使内涵符号学成为一个第三层级符号结构，内涵元符号学成为第四层级符号结构。

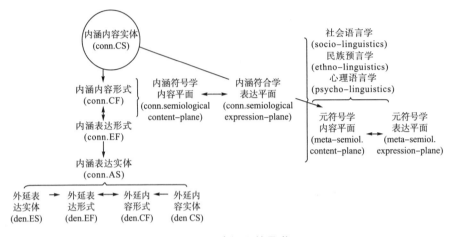

图 4-10　内涵元符号学

上面对语音学/音位学和语义学的批评也可应用到内涵符号实体分析中。语符学形式主义要求，被排除在符号学核心之外的实体，通过一个更高的元平面进行研究，如果不是先验的排斥，将完全没有必要。

另外，不能说被描述成"内涵元符号学"的学科一般被认为是语言学学科，像语音学/音位学和语义学那样。这些学科像社会语言学、民族语言学、心理语言学、符效语言学，以及那些已经被发现的学科，许多语言学家认为这些并不属于语言学的内核。虽然在现代语言学中，没有其他方向支持叶姆斯列夫的极端形式主义，但它一直是大部分结构主义研究的特点，从索绪尔到乔姆斯基到排除真正语言学之外的所谓的"外部因素"——更广义上说是符效成分。相反，叶姆斯列夫的内涵元符号学，是克服内在性观点的一个基本尝试，就像科塞留所指出的："用语言术语来理解所有人类和文化问题。"今天跨学科可被视为对内在观点的进一步克服。连字符（hyphen）在当前这些学科名字中象征性地反映这些努力仍然被认为是陌生的，移植到语言学真正的内核，结构主义传统依然倾向于排除与说话人和听话人有关的干扰性事实。

但只从语言学角度看，整合那些"外部"要素来代替"内部"和"外部"的对立是可能的。只有当这种对立被消除时，对语言"外部"要素的科学研究才能成为焦点，只有到那时，内涵内容实体分析才能成为真正的语言学研究，而不是与语言学相关的外围研究。

3　叶姆斯列夫符号学核心文献

［1］B. Siertsema. *A Study of Glossematics: Critical Survey of Its Fundamental Concepts*. Berlin：Springer Netherlands，1965.

［2］Louis Hjelmslev. *Prolegomena to a Theory of Language*. Trans. by Francis J. Whitfield. London：The University of Wisconsin Press，1969.

［3］叶姆斯列夫：《叶姆斯列夫语符学文集》，程琪龙，译. 长沙：湖南教育出版社，2006 年。

4　关于《叶姆斯列夫——作为普通符号学的语符学》的思考

　　1935 年叶姆斯列夫首次提出语符学概念①，总体而言，语符学属于结构主义语言学理论，是对索绪尔结构主义语言学理论的继承和发展，影响了兰姆的层次语法和乔姆斯基的转换生成语法。20 世纪 30 年代，欧美的语言学研究和历时语言学日渐衰微，而共时语言学逐渐成为主流，叶姆斯列夫本人的研究兴趣也从印欧语的句法转向了更具抽象意义的普遍语法理论，这一方面是受到布拉格音位学派的影响，另一方面是受哥本哈根学派另一位核心人物乌尔达尔对形式化研究的影响。乌尔达尔为了完成叶姆斯列夫在《语言理论绪论》中提出的"我们将所有的科学都看作围绕语言学的"（叶姆斯列夫，2006：193）原则，努力将语符学打造为科学的一般理论，那么语符学就不但要研究所有语言的统一理论。还要研究所有科学的统一理论，乌尔达尔更倾向于使用语符代数学，因为他极力避免语符学理论与现实研究对象产生关联，从而将其限制在纯关系层面或从假设出发得出必然结论的数学模式，这才符合语符学作为一门精密科学的定位，"排除研究对象的物质，用关系、相关关系和派生关系表达所研究的对象，在语符学看来是统一精密科学和人文科学的唯一可能的基础"

---

　　① 叶姆斯列夫（2006：194）："自 1936 年起，我们一直在预备工作中采用该名称：我们称它为语符学（glossematics），用语符（glosseme）来表示最小形式。"但在 1935 年 12 月 18 日，叶姆斯列夫首次将该理论提交到丹麦奥胡斯人文学会并做了阐释。

（Звегинцев，1960：242）①。

  叶姆斯列夫 1943 年出版的《语言理论绪论》标志着语符学理论的确立，该书也是叶姆斯列夫为乌尔达尔 1957 年《语符学论纲》② 写的绪论，全书共分 23 节，附录有 108 个定义。《语言理论绪论》《语言导论》③《语言理论纲要》④ 这三部著作基本上代表了叶姆斯列夫的语言观。第一，叶姆斯列夫认为语言本身应该是一个独立于经验的演绎或计算系统，这样语言的功能就主要是表达，"应该有一个将语言、语篇自身作为研究目标的语言学"（叶姆斯列夫，2006：123），这就是叶姆斯列夫关于"语言自主性"的一个总体观点。第二，叶姆斯列夫把依存关系（dependence）视为语符学的研究对象，即"根据对一事物与其他事物之间固有的依存关系而对该事物的描写"（Hjelmslev，1963：131）。叶姆斯列夫在索绪尔句段与联想关系基础上，于 1939 年在《形态结构》一文中发展出组合（syntagmatic）与聚合（paradigmatic）两类组合依存关系。1943 年在《语言理论绪论》中他将依存关系发展为三种：相互依存关系（interdependence）、决定关系（determination）和并存关系（constellation）。在叶姆斯列夫的体系中，这些通过科学描写发现的关系或依存关系与"功能"是等价的，功能是横组合关系，"是满足分析条件的依存关系"（叶姆斯列夫，2006：153）。"真正的语言单位不是语音、文字和意义，而是由语音、文字和意义所代表的相互关系……这些关系构成了特定语言的系统，也就是这个内部系统成为使一种语言有别于其他语言的特性。对语音、文字和意义的描述与这个系统无关，并且可以在不影响系统的情况下得以改变。"（Hjelmslev，1959：27）⑤ 第三，叶姆斯列夫认为，语言学不是一门先验科学，这就导致他从 20 世纪 30 年代在格范畴研究中倚重归纳法到语符学研究向演绎法的转变。归纳

---

  ① В. А. Звегинцев. Глоссематика и лингвистика. *Новое в лингвистике*. Москва：издательство иностранной литературы，1960：215—243.

  ② H. J. Uldall. "Outline of Glossematics：a study of methodology of the humanities with special reference to linguistics". in *Travaux du Cercle linguistique de Copenhague Vol. X*，1957. 这里的 *Travaux du Cercle linguistique de Copenhague* 指《哥本哈根语言学协会文集》。

  ③ L. Hjelmslev. *Language：An Introduction*. Trans. By F. J. Whitfield. London：The University of Wisconsin Press，1970.

  ④ L. Hjelmslev.

  ⑤ L. Hjelmslev. *Essais Linguistiques*. 转引自丁信善. 叶姆斯列夫语言学观的形成与发展 [J]. 外语教学与研究，2005（5）：374.

法是经验的方法，通过归纳的方法在理论上无法穷尽所有的言语现象，因此也就无法得到一个完整的语言系统。叶姆斯列夫的逻辑是，只有理论无须依据经验，即理论是"任意性"的，那么，理论在应用于具体实践时才能有"适切性"。

下面我们重点关注叶姆斯列夫《语言理论绪论》中的第 12 节"符号和符号成分"（"signs and figures"）和第 22 节"内涵符号学和元符号学"（"connotative semiotics and metasemiotics"）。"我们认识的符号有两种：语词和语句。语词是概念的显性规约（symbol），语句是判断的显性标记。语言是符号系统，是一个稳定的单位体，我们期望通过语言来解开人类思维系统和心智本质的奥秘。"（叶姆斯列夫，2006：122）可见，虽然叶姆斯列夫意欲建构一个完全形式化的语言系统，但他依然强调要遵循语言结构的主导原则。在"语言是一个符号系统"这一基本观点方面，叶姆斯列夫和索绪尔是一致的，叶姆斯列夫进一步区分了语言符号系统外部功能和非语言因素的关系以及内部结构和功能，提出"语言是一个用以构建符号的符形系统"（丁信善，2006：24）[①]。叶姆斯列夫指出语言是一个符号系统有两个极其重要的因素：一个单位体可以和另一个层级的单位体的范围相同（就只含一个词的句子而言，语词单位体和句子单位体的范围是相同的）；随着程序的推进，单位体清单的范围逐渐缩小，一开始是无限的，然后变得越来越有限（叶姆斯列夫，2006：162）。叶姆斯列夫认为，符号或符号表达首先是其他某物的符号，符号是通过功能来定义的，符号的功能体现为命名、指示、描写，符号与非符号的对立就体现在它是意义的载体。

> According to this conception a "sign" (or, as we shall say, in anticipation of a terminological refinement to be introduced later, a sign-expression) is characterized first and foremost by being a sign for something else—a peculiarity that is likely to arouse our interest, since this seems to indicate that a "sign" is defined by a function. A "sign" functions, designates, denotes; a "sign", in contradistinction to a non-sign, is the bearer of a meaning. (Hjelmslev, 1969: 43)

---

① 丁信善. 关于语符学及其研究 [J]. 外语学刊，2006（4）：24.

根据这一概念，一个符号（或一个符号表达，稍后将会引入这个优化的术语）最重要的特征是另外某物的符号，一种可能引起我们兴趣的特性，因为这似乎指出一个符号是根据一个功能被定义的。一个符号发挥作用，命名，指示；一个符号区别于一个非符号之处在于它承载意义。

因纯粹的操作需要，叶姆斯列夫根据单位体从语词、小句和句子，进一步划分出符号成分（figure），"这样的非符号作为符号的局部进入符号系统，我们称它为符号成分；符号成分是一个纯粹的操作术语，为了方便起见而引入"（叶姆斯列夫，2006：165）。符号成分用于构建符号，从而发挥语言的工具作用，这类似于音位构成音节、词素构成词。这样，叶姆斯列夫得到了从内部结构出发的语言新定义：用来构建符号的符号成分系统。

接下来，我们来到叶姆斯列夫给出的"denotative semiotic""connotative semiotic""metasemiotic"的定义。

In the last section, despite a considerable broadening of the perspective, we have still acted as if the unique object of linguistic theory were the denotative semiotic, by which we mean a semiotic none of whose planes is a semiotic. It still remains, through a final broadening of our horizon, to indicate that there are also semiotics whose expression plane is a semiotic and semiotics whose content plane is a semiotic. The former we shall call connotative semiotics, the latter metasemiotics. Since expression plane and content plane are defined only in opposition and in relation to each other, it follows that the definitions we have given here of connotative semiotics and metasemiotics are only provisional "real" definitions, to which we cannot ascribe even operative value. (Hjelmslev, 1969：114)

最后一节虽然极大地拓宽了视角，但我们仍认为，语言学理论的唯一对象是外延符号学，而其任何面都不是一个符号系统。通过最后一次拓宽我们的视野，指出表达平面和内容平面也都是一个符号系统，我们把前者称为内涵符号学，后者称为元符号学。既然表达平面和内容平面只通过彼此的对立和联系来定义，那么，我们在此给出的内涵符号学和元符号学定义只是暂时为真的，甚至不具有操作价值。

巴特在《符号学原理》（1988：170）[①] 中继承并发展了叶姆斯列夫的这一划分，提出了 ERC 模型。

> It will be remembered that any system of significations comprises a plane of expression （E） and a plane of content （C） and that the signification coincides with the relation （R） of the two planes：ERC. (Barthes，1967：89)
>
> 任何意指系统都由一个表达平面（E）和一个内容平面（C）构成，意指即两个平面的关系（ERC）。

接着巴特根据 ERC 的不同关系分别得到了"内涵"（connotation）和"元语言"（metalanguage）。当 ERC 以一个整体形式（巴特称之为第一系统）成为第二系统的成分时，就出现了意义的生长或不同的意指系统。第一种情况下，第一个系统 ERC 成为第二个系统的表达平面或能指，即（ERC）RC，这就是叶姆斯列夫的内涵符号系统（参见图 4-11），因此，内涵符号系统的表达层就是一个意指系统，比如文学。第二种情况，第一系统成为第二系统的内容平面，即 ER（ERC），这时构成元语言（图 4-12），即一个系统的内容平面是一个意指系统。

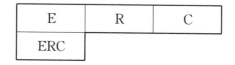

图 4-11　内涵符号系统（Connotative semiotics）

<table>
<tr><td>E</td><td>R</td><td>C</td></tr>
<tr><td></td><td></td><td>ERC</td></tr>
</table>

图 4-12　元语言（metalanguage）

---

① Roland Barthes. *Elements of Semiology*. Trans. from the French by Annette Lavers and Colin Smith. London：Jonathan Cape Ltd.，1967；转引自巴特. 符号学原理［M］. 李幼蒸，译. 北京：生活·读书·新知三联书店，1988.

五、罗曼·雅柯布森
（Roman Jakobson）

1　雅柯布森符号学关键词

雅柯布森（Roman Jakobson，1896—1982，rus. Роман Осипович Якобсон）1896 年生于俄罗斯莫斯科，1982 年在美国马萨诸塞州逝世，是俄裔美籍语言学家、文学家，主要研究普通语言学理论、音位学、词法学、俄罗斯文学、诗学、斯拉夫学（славяноведение，涉及斯拉夫语言、文学、文化、历史、生活等诸方面）、心理语言学、符号学等。雅柯布森的学术思想主要集中反映在其 8 卷本文集中（*Roman Jakobson Selected Writings* 1—8）。雅柯布森一生并没有全面、系统论述某一领域的专著，这是因为他思想活跃，总是思考新学科与语言学研究的可能性关联，努力拓展语言学研究的领域，发现新的研究视角，如音位学（区分性特征[①]、标记理论）、通信理论（提出语言功能交际模型）、生理心理学（隐喻换喻与失语症[②]的关联）、符号学、人类学等。

雅柯布森同时是俄国形式主义和布拉格学派的核心人物，这是两个有着传承关系的思想流派，在理论上和方法上都直接受到索绪尔的影响，甚至可以说，结构主义思想发端于这两派。赵爱国（2016：102）将 1915 年莫斯科语言学小组（московский лингвистический кружок）和 1916 年彼得堡诗歌语言研究会（общество по изучению поэтического языка）的成立视为俄罗斯符号学成为一门独立学科的标志。

雅柯布森有杰出的组织和领导才能，毕业于拉扎列夫东方语言学院附属中

---

① 雅柯布森是通过分析诗歌开始研究音位学的，诗歌的能指系统不同于日常语言的能指系统，诗歌坚守形式主义，强调能指，语音系统的最小单位不是音位而是音位的区分性特征，提出所有语言的语音区分性特征大约有 12 对。雅柯布森对音位问题的关注受到库尔特内的影响，库尔特内最早提出了音位和音位变体的概念，认为语言形式的变化源于语言功能的变化。

② 1941 年雅柯布森发表了《儿童语言、失语症和语音普遍现象》（*Child Language Aphasia and Phonological Universals*. The Hague：Mouton Publishers，1968.）

学，在莫斯科大学上学期间受福尔图纳托夫学派（формунатовская школа）①，如乌沙科夫（Д. Н. Ушаков）、杜尔诺沃（Н. Н. Дурново）、佩捷尔松（М. Н. Петерсон）等人的影响，积极参与②莫斯科语言学小组（Московская лингвистическая школа）的活动，与雅科夫列夫（Н. Ф. Яковлев）和维诺库尔（Г. О. Винокур）交好，同时与彼得堡诗歌语言研究会的波利万诺夫（Е. Д. Поливанов）、埃亨巴乌姆（Б. М. Эйхенбаум）、特尼亚诺夫（Ю. Н. Тынянов）、什克洛夫斯基（В. Б. Шкловский）一起研究诗学，1916 年成为该研究会的主要创建者之一。

雅柯布森 1918 年毕业于莫斯科大学，1920 年前往捷克斯洛伐克，在苏联全权代表处工作，与特鲁别茨柯依（Н. С. Трубецкой）等人一起组织成立了布拉格语言学小组（пражский лингвистический кружок），参与撰写了纲领性

---

① 康得拉绍夫（Н. А. Кондрашов）在《语言学史》（История лингвистических учений，1979）第 92 页至 96 页介绍了莫斯科语言学小组（Московская лингвистическая школа）存在于 19 世纪末和 20 世纪初，其建立者是福尔图纳托夫（Филипп Федорович Фортунатов，1848—1914），他的一些学生继承和发展了他的学术思想，因此，莫斯科语言学小组又称为福尔图纳托夫学派。福尔图纳托夫 1871 年至 1873 年间曾留学德国、法国和意大利，听过雷思琴和古尔齐乌斯的课（索绪尔 1881 年到 1990 年间任巴黎语言学学会秘书），从 1876 年起开始教授普通语言学、印欧语比较语音学和词汇学、古斯拉夫语、立陶宛语、哥特语、梵语等，1902 年起被选为彼得堡科学院院士，主持俄语和斯拉夫分部的工作并出版科学杂志。《福尔图纳托夫文集》（1956：131）："语言由词构成，除了个别例外情况，词组合构成判断和句子；我们应把语言中的词区分为单独的词和思维中、言语中和句子中词的组合。"按照这一划分，得到了现实意义（与客观事实的关系）和形式意义（与语言的关系），并指出词汇学研究词的现实意义，语法学研究形式意义，语法学因此也就是关于语言形式的学说。此外，福尔图纳托夫引入词法学取代了词源学，词法学（морфология）的研究对象是词的形式，句法学的研究对象是词组的形式。在词形研究中，福尔图纳托夫依据词干和词尾的划分研究词汇意义的变化，词干是不变化部分，词尾是变化部分。福尔图纳托夫强调语言的社会属性，社会的变化影响语言的变化。福尔图纳托夫－索绪尔定律就是因为他们同时发现了波罗的语和斯拉夫语中重音交替现象而命名的。

② 关于"雅柯布森是莫斯科语言学小组的建立者"这种说法，我们查阅了康德拉绍夫的《语言学史》（История лингвистических учений，1979），他在介绍莫斯科语言学小组时只字未提雅柯布森。阿尔巴托夫（В. М. Алпатов）在《语言学史》（2015）中介绍"罗曼·雅柯布森"（第 299 页至 300 页）以及"布拉格语言学小组"（第 178 页到 194 页）时有这样的表述："1916 年雅柯布森成为诗歌语言研究会的主要组织者之一……雅柯布森是布拉格语言学小组的主要代表之一。"（第 299 页）1920 年前，雅柯布森的兴趣主要在诗学、民族学、民间故事的研究，与马雅可夫斯基（Ю. Н. Маяковский）、赫列布尼科夫（В. Б. Хлебников）等人的诗学思想接近。雅柯布森在莫斯科大学学习期间，他的老师们有许多是福尔图纳托夫学派的学者，雅柯布森自己也曾强调自己的概念属于莫斯科语言学小组，他赞成福尔图纳托夫关于"语言是思维的工具，语言和思维相互决定"的观点。1920 年雅柯布森自莫斯科大学毕业后前往捷克斯洛伐克工作，1941 年前往美国，先后在哥伦比亚大学、哈佛大学、麻省理工学院工作。也许是出于政治原因和当时的冷战思维，而且他 24 岁离开莫斯科，当时的学术影响和学术贡献有限，所以苏联学界把雅柯布森视为美国学者。

文件《布拉格语言学小组论纲》。在捷克斯洛伐克生活的 20 年间，雅柯布森主要研究音位学（历时和共时词法学、语言接触和联盟理论）和结构诗学（影响了后来的结构主义语言学、文学理论甚至心理语言学）问题。1919 年雅柯布森就开始进行诗学语言与自然语言的对比研究，诗学是一种审美语言，不受所描写对象的影响，这不同于传统文学研究中的形式与内容，这一观点也成为早期俄罗斯形式主义美学的基础。1928 年雅柯布森与特尼亚诺夫（Ю. Н. Тынянов）合作研究文学，他们认为文学有自己的内在规则，但文学研究应以广义上的文化为背景，与政治、经济、宗教、哲学等都有内在联系。在诗歌作品中，词汇音节本身不具有表意功能，音节排序才是表意手段。正是由于对语言声音表意的探究，雅柯布森和特鲁别茨柯依一起发展了语言学的新研究领域——音位学，以音位的"区分性特征"（дифференциальные признаки）为研究对象，确立了 12 组语音二元对立特征，并认为这是自然语言的普遍性基础。1962 年雅柯布森发表了《言语分析导论：区分性特征及其相关项》（«Введение в анализ речи: различительные признаки и их корреляты», 1962），收录在《语言学新论》（Новое в лингвистике）第 2 辑，提出了每一个音位都被解释为一组区分性特征。

音位学中的区分性特征是对索绪尔"语言中只有差别"观点的发展和应用，不同之处在于，区分性特征这一概念描述的不仅是差别，还有发音意义，如传统语言学中发音特征的相关项元音/辅音，又进一步划分为两组对立概念：元音/非元音，辅音/非辅音。雅柯布森尝试将语音层的区分性特征进一步拓展到语言的其他层级，他对俄语名词格对立属性的分析就是较为成功的尝试，从而建立了语法意义的区分性特征，但他为构词学和语义学建立区分性特征系统的努力并没有成功。二元对立也从语音学研究扩展至人类学，列维－斯特劳斯在神话学研究中采用的二元对立方法也为法国结构主义奠定了基础。在 1936 年发表的《格学说》（«К общему учению о падеже»）一文中，雅柯布森使用"对立理论"研究俄语名词的格，论述每一个格的一般意义和语义特征。

1939 年捷克被德国占领，雅柯布森去往丹麦和挪威，1941 年到达美国，直到去世一直在美国工作和生活，领导建立了美国的斯拉夫学和苏联学并培养了大量专家学者，积极向世界介绍和推广苏联学者的思想。而且自 20 世纪 50 年代末起，雅柯布森多次返回苏联，与苏联学者保持着较为密切的联系。1941

年雅柯布森对失语症的研究为神经语言学奠定了基础，他采用组合能力和聚合能力缺失来解释失语症的原因。也因为这一研究，雅柯布森的研究范畴从语言学、诗学扩展至符号学，他受到索绪尔结构主义影响，基于组合与聚合关系的类比，创造性地发展了隐喻是基于相似性的选择，换喻是基于临近性的组合，这一符号学分析得出了隐喻和换喻的对立正是语言共时模式和历时模式的对立的结论。1949 年到 1967 年间他在哈佛大学工作，担任斯拉夫语言和文化教授。他弟弟谢尔盖·雅柯布森（Сергей Якобсон，1901—1979）曾任美国国会图书馆斯拉夫和中欧部主任。

20 世纪 50 年代末即结构主义后期，出现了数理语言学和将语言学发展为一门精密科学的趋势，其背景是 40 年代美国出现了电子计算机，信息论、控制论、系统论的发展，使语言学家也参与机器翻译研究。20 世纪 60 年代美国和苏联都一度注重语言共性研究，从对语言类型学的概括性和综合性研究转向统一类型的细化研究，直到生成语法兴起。雅柯布森对语义常体和变体的研究是布拉格语言学小组语言标记理论从音位学领域到语义学领域的发展，将词汇意义分节为成分。

雅柯布森的《语言学基础》（*Fundamentals of Language*，1956）包含了语言的层级特征（区分性特征、对立、信息、代码）以及失语症、相似性紊乱、邻近性紊乱、隐喻与换喻问题。雅柯布森借助语言的组合关系（邻近性）、聚合关系（相似性）来解释失语症，是语言理论成功应用的例子，为语言学与生理心理学的融合性研究提供了启示。

雅柯布森 1959 年的《论翻译的语言学诸方面》（"On linguistic aspects of translation"）提出了语内、语际、符际翻译，是他对符号学和翻译研究做出的重要贡献，虽然他的三重译域划分存在逻辑错层和将研究视野局限在语言词汇层等方面的不足。①

雅柯布森 1960 年在《语言学与诗学》（"Linguistics and poetics"）② 一文

---

① 关于对雅柯布森三重译域概念的批判性分析和重构，请参考贾洪伟. 雅可布森三重译域之翻译符号学剖析 [J]. 解放军外国语学院学报，2016（5）：11—18；Hongwei JIA. Roman Jakobson's triadic division of translation revisted. *Chinese Semiotic Studies*，13（1）：31—46.

② Roman Jacobson. Linguistics and poetics. In *Style in Language*. Ed. by T. A. Sebeok. Cambridge：Massachusetts Institute of Technology，1960.

中讨论诗学和语言学的关系，他明确提出诗学研究言语结构的问题，因此属于语言学的一部分。诗学研究的对象常常超出词汇艺术的范围，如壁画、电影、芭蕾舞等，因此，"诗学研究超出了纯粹的语言学范畴，应该借助一般符号学理论"（Роман Якобсон，1975：194）。雅柯布森提出了著名的言语交际模型（图 5－1），包括发送者（addresser）、接收者（addressee）、上下文（context）、信息（message）、代码（code）、渠道（contact）。[①] 言语交际过程伴随着语言功能，而语言功能则围绕信息展开。信息与语境之间是再现关系（representational）、信息与发送者间是表达关系（expressive）、信息与渠道间是寒暄关系（phatic）、信息与代码间是元语言关系（metalingual）、信息与接收者间是意动关系（conative）、信息与自身关系是诗学（poetic），对应语言的六种功能：指称功能、情感功能、交流功能、元语言功能、意动功能、诗学功能。1934 年布勒的《语言理论》提出了语言的三种功能，即指称、呼吁和感情功能，雅柯布森在布勒的基础上，增加了寒暄功能、元语言功能和诗学功能。1961 年雅柯布森发表了《语言学和交际理论》（"Linguistics and communication theory"）[②] 一文，尝试将语言学研究与交际活动联系起来，进一步扩大了语言学研究的视野和范围。

context

上下文（指称功能）

addresser   message   addressee

发送者（情感功能） 信息（诗学功能） 接收者（意动功能）

contact

渠道（交流功能）

code

代码（元语言功能）

图 5—1　雅柯布森的交际模型

---

① Роман Якобсон. Лингвистика и поэтика. // Структурализм: за и против. Сборник статей. Под ред. Е. Я. Басина и М. Я. Полякова. Москва: Прогресс, 1975: 198.

② В. В. Лазарев 从英文翻译为俄文，收录在 В. А. Звегинцев *История языкознания* 19－20 *веков в очерках и извлечениях части* 2 中第 435—445 页。

　　20 世纪五六十年代，雅柯布森积极参加苏联的学术活动，他这一时期的三篇论文《符号和语言系统》（«Знак и система языка»）[①]、《语言通用性意义对语言学的启示》（«Значение лингвистических универсалий для языкознания»）、《语言学和通信理论》（«Лингвистика и теория связи»）收录在兹维金采夫（В. А. Звегинцев）1965 年出版的论文集中。雅柯布森在《符号和语言系统》中主要针对索绪尔《普通语言学教程》中的符号观和语言观提出了不同意见。第一，关于符号能指与所指的任意性，雅柯布森引用了克鲁舍夫斯基（Н. В. Крушевский，1851—1887）的"相似性联想"和"相邻性联想"，"选择过程发挥作用的是相似性联想，是一种等同性原则"（Р. Якобсон，1965：397），进而认为索绪尔提出的语言符号能指与所指间的任意性应是相邻性联想，而相似性联想在语言中大量存在，由相同词根的词构成词族，相同词根决定了共同意义，比如派生词和复合词在构词上讲，就不是完全任意的。雅柯布森援引了皮尔斯关于像似符、规约符、指示符的分类来讨论发音规约性，语言符号的描写性和指示性理据。第二，关于能指的线性，雅柯布森建议与音乐中的和弦类比，而不能仅从时间先后顺序来考察，语言单位还存在共时并列关系，如音位的区分性特征就不是线性关系。第三，不能将共时等同于静态，将历时理解为动态，即将共时与历时的对立等同于静态与动态的对立。变化是持续的，并构成共时的一部分，即共时是动态的。由此，雅柯布森得出一个结论：语言不是一个同质系统，将索绪尔的语言系统发展为"语言是系统的系统，通用代码包含不同的次代码。语体构成的是次代码层级，而不是偶然的堆积"（Р. Якобсон，1965：399），语言可分为不同的语体系统，而修辞学就是对各种语体的研究，20 世纪五六十年代结构语言学也开始研究语体。由此，进入语言功能研究领域，苏联出现了功能语体学（五大语体分类，即科学语体、口语体、公文事务语体、文学语体、报刊政论语体）、功能句法学等。第四，雅柯布森已经注意到交际理论和密码学对符号的使用，分析了编码和解码、发送者和接收者、代码等概念，此外，他将重新编码解释为"用另一种语言解释一种语言、另一种语体解释一种语体、一个代码或次代码翻译为另一个

　　[①] 《符号和语言系统》是雅柯布森在 1959 年德国埃尔福特（Erfurt）召开的第一届国际研讨会上的发言，梅尔丘克（И. А. Мельчук）将这篇发言稿由德语翻译为俄语。

代码或次代码"（Р. Якобсон，1965：399），这已经是雅柯布森关于语言功能模型的初步思考，此外重新编码概念与他对翻译三重译域划分中语际翻译的表述一致。不同于结构主义忽视语言意义研究中人的因素，雅柯布森将说话人与听话人要素纳入语言意义研究，从说话人角度研究语言的路径是从意义到文本，而从听话人角度研究语言的路径是从文本到意义[①]，这丰富了语言研究的视野，无疑是对结构主义的推进，是对交际理论和符效学的贡献。语言学不应只研究纯粹的语言系统，语言学家应该与人类学家、心理学家、文化学家合作开展语言共性研究。

　　雅柯布森 1980 年出版了《语言学框架》（*The Framework of Language*），其中《符号学发展概观》（"A glance at the development of semiotics"）和《皮尔斯评论——语言科学的开拓者》（"A few remarks on Peirce, pathfinder in the science of language"）是他较为直接评述符号学的文章，也集中体现了他的符号学思想和观点。在雅柯布森看来，每一个信息都是由符号构成的，因此，符号科学研究那些作为一切符号结构的基础的一般原则，研究它们在信息中的应用，研究各种各样符号系统的特殊性，以及使用那些不同种类符号的各种信息的特殊性。符号学是一门包罗万象的统一科学，应该由不同学科领域的专家积极开展跨学科研究。雅柯布森从语言学研究出发审视语言学和符号学的关系，把文字语言放在符号系统的首要位置，"语言是文化的基础，其他符号系统是语言的伴随物或派生物"（Jakobson，1971：556）[②]。雅柯布森学术思想的形成受到多位学者的影响，比如库尔特内、克鲁舍夫斯基、特鲁别茨柯依、索绪尔、博阿斯、萨丕尔、皮尔斯等。在《符号学发展概观》一文中，雅柯布森提及了洛克、兰伯特（Jean Henri Lambert）、博尔扎诺（Bernard Bolzano）、皮尔斯、胡塞尔、索绪尔等人对符号学的贡献和存在的不足，并在文章最后给出了自己的符号学定义："符号学，或符号的科学，有权利和义务去研究符号的所有类型和系统并解释符号的多层级关系、符号功能的网络以及所有系统间的共性和差异。"（Jakobson，1980：26）除了雅柯布森，俄罗斯世界级的符号学大家至少有特鲁别茨柯依（Н. С. Трубецкой，1890—1938）、

---

　　① 梅尔丘克（И. А. Мельчук）的《语言模型理论：意义⇔文本》就受到雅柯布森的影响。
　　② Roman Jakobson. *Selected Writings* 2. The Hague，1971：556.

维诺格拉多夫（В. В. Виноградов，1895—1969）、巴赫金（М. М. Бахтин，1895—1975）、洛特曼（Ю. М. Лотман，1922—1993）、波切普佐夫（Г. Г. Почепцов）、乌斯宾斯基（Б. А. Успенский）、托波罗夫（В. Топоров）、斯捷潘诺夫（Ю. С. Степанов）等。

2 罗曼·雅柯布森对符号学发展的影响①

〔意大利〕翁伯托·艾柯（Umberto Eco）

博洛尼亚大学

2.1 一段流放史

研究符号的所有可能变体以及它们的生产、交换和解释原则的科学有相当久远的历史。前苏格拉底的诗歌和哲学经常关注自然符号的本质和神圣信息，希波克拉底传统解释征候，而智者派批判性地意识到了语言的力量。柏拉图的《克拉底鲁篇》是一篇论述语词起源的文章，《智者篇》可被视为语义学定义采用两分法的第一次尝试。

我也能引用亚里士多德《诗学》和《修辞学》对戏剧性情节、隐喻性替换、"话语分析"和"对话性原则"的影响，以及斯多葛学派在分析"semaínon""semainómenon""pragma"三者根本区别时所扮演的角色。在父权制时期，关于符号的讨论变得尤其重要，从摩迪斯（the Modistae——拉丁文，统称中世纪语法学家）到奥卡姆（Ockham），达到了一个很高的水平。

简言之，哲学的整个历史可以从符号学角度重新解读。我们仅谈及波尔－罗瓦雅尔的《普遍语法》，17 世纪讨论符号艺术的可能性（*ars signorum*－

---

① 国际符号学协会（The International Association for Semiotic Studies）成立于 1969 年，该协会统一使用"semiotics"来代替"semiology"或"semiotic"。然而，雅柯布森最初追随皮尔斯和莫里斯使用"semiotic"。本文使用"semiotics"来代替雅柯布森使用的"semiotic"。——译者述

Latin：The Art of Signs），有几种不同的说法，如"semaelogia"（Wilkins）、"semeiotiké"（Wallis）、"sematology"（Dagarno）、"semeiologia"（Kircher），直到洛克（Locke）在他的最后一本书《人类理解论》（*An Essay Concerning Human Understanding*，1690）中把"符号学"（semiotic）定义为科学的三个方面之一（另外两个方面是物理学和伦理学），它等同于逻辑学，"符号的本质是人类用来理解事物或者向别人传达它的知识"。

即使不把霍布斯（Hobbes）、休谟（Hume）、伯克利（Berkeley）和莱布尼茨（Leibniz）的哲学视为对现代符号学的明显贡献，甚至忽视（在意大利之外的其他国家经常这样做）维科（Giambattista Vico）《新科学》（*La Scienza Nuova*）中的人类语言考古学，洛克不容置疑的陈述已足以将符号学视为一门制度性科学（an institutionalized science）。与此相反，这门学科在接下来的几个世纪中被科学流放了。

兰伯特（Jean Henri Lambert）的著作《符号学或思维与事物指称教学》（*Semiotik oder Lehre von der Bezeichnung der Gedanken und Dinge*，1764）没有得到应有的评价，也没人注意到博尔扎诺（Bolzano）《科学教育》（*Wissenschaftslehre*，1837）中的《符号学》一章。胡塞尔（Husserl）在1890年写了一篇名为《符号学》（"Zur logik der zeichen"）的文章，但这篇文章直到1970年才出版。最后一个也是最典型的例子是皮尔斯的学术不幸，导致他的大量著作直到40年前才被发现。甚至从那之后，这位"符号学之父"继续作为一个形而上学者、一位逻辑学家，或实效主义哲学家获得了更多的认可，但他的思想只有从符号学角度才能够被真正理解。

在本世纪[①]，有四个人系统地论述了符号学理论的原则：索绪尔、莫里斯、叶姆斯列夫和布伊森。但索绪尔、叶姆斯列夫和布伊森一直被认为是语言学家，而莫里斯被认为是一个哲学家。

莫里斯的部分想法被逻辑实证主义哲学家和逻辑学家们接受（更多的是符构学、符义学和符效学的区别，而不是他的各种符号类型分类）。许多思想家把这些问题和弗雷格的观点联系起来，以及对维特根斯坦《逻辑哲学论》（*Tractatus*）的外延语义学所引发的问题和《哲学研究》（包含关于图像符号、

---

① 指 20 世纪——译者注

明示符号、语境制约等许多问题的重要见解）对自然语言的逻辑性展开了许多研究。可以大胆地说，一方面，他们对这些问题与结构主义语言学家们提出的问题做了对比研究；另一方面，他们将其与非文字语言进行了对比研究（如De Jorio，Kleinpaul，Mallery，Efron 等几位先驱者），俄罗斯形式主义者还对诗歌、民俗学、绘画、电影和戏剧做了分析。

语言学家们认识到，跟随索绪尔的思想，语言本应该进入一个更广泛的框架。但索绪尔仅预见到了符号学的存在，而没有继续深入，仅列举了一些可能的应用。因此，语言学家们多年来一直致力一门神秘的符号学研究以及用结构方法研究文字语言的本质。布伊森在 1943 年尝试把语言学原则用于其他交际行为，然而其研究没有得到响应。

叶姆斯列夫本可以成为唯一一个成功提出普通符号学理论框架的人，但他的理论太过抽象，而且他关于其他符号学系统的例子又非常有局限性和附加性，此外，他的语符学术语也很难理解。叶姆斯列夫作为一名符号学家在过去的 20 年产生了巨大影响，但需要发生一些事情才能实现这种状态。一场交叉学科的地震、一场方法论的传播、一种突然的科学好奇心、一种趋势的逆转、一种新感觉、一种新哲学意愿，都能够产生一种主要面向符号的文化。

现在符号学已作为一门学科存在（不管它是一门统一的科学还是一个统一视角，还是在方法论上聚焦不同科学的共同"对象"）。很多大学把符号学视为一门学科，有些国家甚至建议将其作为中小学的一种重要教学手段，现在有国际符号学协会、国际会议和学术团体。这一革命性变革发生在最近 20 年间，人们会思考，为什么这样的学科性融合刚刚才发生？

毫无疑问，可从人类学和历史学角度来回答这一问题。由于压力和大众传媒技术的发展，交际问题已被证实为人类文明的核心，这也就可以理解为什么许多学科开始研究人类和自然意义的一般法则。但这还不够。多年来，令人不安的大众传媒只是成功制造了许多社会理论和与定性研究无关的大量经验研究。

此外，即使已投入精力研究大众媒体，通过深层研究并描写了大众媒体所依赖的那些意义互动的初始系统，理解动物和自然过程（比如基因信息）或机器与机器互动，符号学已经取得了真正效果。因此，人类学－历史学解释仍无法完全令人满意：谈及一门科学的"传播"时，我们也必须同时考虑特定学派和个人著作的催化和影响作用。

此文的目的是展示雅柯布森是当代"符号学反应"的主要"催化剂"。

2.2 符号学探索

遍寻雅柯布森的众多文献，其中与符号学有明确关联的文章会令人失望。1974 年 6 月为国际符号学协会第一次会议准备的开幕词《符号学的发展》（"Coup d'oeil sur le développement de la sémiotique"），是他唯一一篇明确带有符号学标签的文章。1974 年以前，人们意识到雅柯布森也写了两篇概括符号学的文章，但第一眼看来，它们似乎更像是关于"语言学"科学状况的全景图。此外，以下这两篇文章是相对较晚的，《语言与其他交际系统的关系》（"Language in relation to other communication systems"，1968）和《语言学》（"Linguistics"，1974）（现收录于《语言科学主要趋势》，1974）。实际上，最后一篇是关于符号学的文章，只不过标题有误导性。当读雅柯布森的其他著作时，我们意识到尽管他经常使用"符号学"这一词语，但那些影响符号学发展的章节却没有使用这一词语。

我认为，雅柯布森不曾写过关于符号学著作的原因在于，他的整个科学存在就是探寻符号学的一个鲜活例子。他著名的《语言的框架》（*Linguista sum：Linguistici nihil a me alienum puto*）应该表述为 *Linguista sum：nihil a me alienum puto*。雅柯布森的目的在于理解语言现象的所有形式，他论述了语言和人类的其他行为是不可分割的，这一行为整体一直都很重要。比如，他并不是从文字语言出发去发现语言和民俗学的类比关系。1915 年他遇见了博加特廖夫（Petr Bogatyrev）："在我上大学的第一天……尝试深入书面和口头语言以及诗歌的隐秘之处。"1929 年两人合写了文章《民俗文化作为一种特殊的创作形式》，文中尤其强调了一些基本原则：（a）任何语言学创新只有被社会接受并与社会共识结合，才能起作用，其他交际体系也一样；（b）任何符号学系统作为一个代码都遵守普通符号学原则和功能；但这些代码也与特定社群相关联（从村庄到民族单位），类似一门语言产生特定职业或活动有关的子代码；（c）代码研究既与其共时原则也和其历时形成和转换有关。这篇文章没有提到民俗学的产物是语言产品，只是说民俗学是民俗学代码的产品，一个独立的系统，与语言具有相同本质的规则。显然，一篇民俗学诗歌也是由词构成的，因此遵循文字规则，但语言学"能力"是用来"表现"另外一种"能力"。

雅柯布森和特尼亚诺夫于 1928 年合写的《文学和语言学研究的课题》（　）一文中提到，不与其他系列的内在原则相比较，就不可能理解文学系列，就像不考虑与其他符号系统规则的互动，也就无法理解文字语言的规则一样。

肤浅的观察者也许会说雅柯布森是在研究前卫诗、绘画或民俗学之后才研究语言学的；当雅柯布森在分析立体派和未来派绘画或当代和古代诗歌结构的时候，他实际上一直在研究符号学，就像当他谈及语言规则时，他是在学习绘画、诗歌或电影。雅柯布森早年就偏爱符号学，他认为如果不考虑整个行为背景就无法专心研究语言规则。语言和整个文化是相互联系的，很难把语言学和文化人类学分开。

当发现音位系统的二元结构时，雅柯布森就确信存在一门普通符号学，他遇到了信息理论。从此时起，他越来越多地提及整个符号学领域，雅柯布森对人类学家（列维－斯特劳斯）和精神分析学家（拉康）的影响也越来越大。这一交叉学科意识在 20 世纪 40 年代和 50 年代初达到顶峰。之后出现了三个基础性贡献：布卢明顿人类学和语言学大会的闭幕词《语言原理》（"Fundamentals of language"）（对失语症、语言学、修辞学、巫术和审美行为做了富有启发性的对比分析），还有论文《语言学和交际理论》（"Linguistics and communication theory"），符号学设计基本完成。第一个系统性的符号学理论出现在 20 世纪 60 年代初绝非偶然：1964 年，巴特的《符号学原理》（Elements of Semiology）以及《交际 4》出版。从那时起，符号学（sémiologie or semiotics）开始成为一个话题。这种讨论的轻松性（许多批评家错误地认为，这只不过是一个时髦话题，认为它是厚颜无耻的）掩盖了它的真实背景：基于 20 多年来不间断的呼吁以及雅柯布森的催化作用，其他学者把他的著作命名为"尝试符号学"（to try semiotics）。20 世纪 60 年代初，符号学不再是一个不可能的梦，它是一次成功探索的结果。

2.3　基本假设

　　下面我尝试列举当代符号学研究依赖的 8 个基本假设。我们可以清楚地看到雅柯布森的著作在使这些假设被科学领域广泛接受过程中所起的巨大作用。虽然我假设当代符号学研究是从 20 世纪 60 年代初开始的，但我会把雅柯布森以前的著作也考虑在内。对新近论文的引用只是作为早期思想更系统表述的例子。

　　（1）There is a sign every time there is a "rélation de renvoi", a "sending-back" relation, in other words, when "aliquid stat pro aliquo".

　　　　存在中介关系的地方就有符号，一个反馈关系，换句话说，一物代一物。

　　符号现象的结构是能指和所指的辩证法，这并不是雅柯布森发明的，但雅柯布森的所有研究都是以这个"戏剧性"的关系为中心的，"符号与所指对象的关系，它们的同一性，同时存在差异性，这是符号最显著的矛盾之一"。为了总结这一基本定义的深层意思，他于 1974 年提出一个公式："任何符号都是使用（遵循著名的公示：一物代一物）。"我认为没有其他定义符号学的方式，只有把符号学定义为研究所有现象（即使它们也是另一学科的研究对象）的学科，这些现象基于这样一种关系，即指向某种其他的东西。事实上这是一个非常简单的观点，但它代表着符号学事业的核心，同时也是雅柯布森所有语言学的、美学的和科学好奇心的核心。

　　（2）Signification is a phenomenon encompassing the entire cultural universe. There are signs everywhere outside verbal language.

　　　　指称是整个文化世界的一种现象。文字语言以外到处都是符号。

　　就像之前所说的，在雅柯布森的著作中，对文字语言的每个讨论都关系到其他交际现象。雅柯布森早期分析过诗歌表达、绘画、民俗学、音乐、电影和戏剧、明示符号、特定历史时期各种艺术间的相互影响、雕刻象征主义、交通信号灯语法和烹饪艺术的要素。他是语言学家中第一个提出把皮尔斯的三分法（规约符、指示符、像似符）作为理解不同符号类型差异和身份的基本工具的。

随后出现了一个所有可能符号系统的更为全面的清单，手势符号最先研究的是表示"是"和"否"的头部动作。但早期著作以及对语音行为、儿童语言、失语症的研究充满了基于不同意指系统的微观研究。《弗朗茨·博厄斯的语言方法》清晰阐明了人类学方法，激发了人类学和社会学系统的交际本质（在《语言与其他交际系统的关系》以及《语言学》中得到了全面发展），出现在《人类学家和语言学家联合大会的结果》中（"Results of a joint conference of anthropologists and linguists"，1952）。1945 年，列维－斯特劳斯在总结人类学现象的交际方法时，把雅柯布森视为他的主要灵感来源并非偶然。

至于自然生命和机械设备的交际方面，或人类语言与生物和数学"语言"的类比，只要提及雅柯布森的交际理论方法就足够了，在香农和韦弗的《交际的数学理论》出版三年后，以及最近对基因代码的关注。

(3) Since there are many types of signs, each embodying a "rélation de renvoi", semiotics must operate with an interdisciplinary transference of laws in order to isolate constant or universal mechanisms of signification.

既然符号有很多种，每一种符号代表一种关系，为了分离指称的常规或普遍机制，符号学必须按照跨学科的规则运行。

雅柯布森的所有文献是这一过程的一个活生生的例子。1952 年雅柯布森在回忆索绪尔和皮尔斯时，严肃地提出了这一原则，他指出所有符号系统比较研究的必要性：交际的数学理论应该支持语言学和人类学完成这样一个任务，而不用担心新的或复杂的术语或那些能证明他们多产性的"类比"。作为该跨学科能量的一个实例，我在此引用 1942 年雅柯布森的 6 节课，他同时分析了埃德加·爱伦·坡的诗《乌鸦》（The Raven），关于它的评论（《写作的哲学》），两个人通过演员演出和广播形式谈论诗歌本身表现的例子。雅柯布森以一种巧妙的方式在信息的这种多元互动中，指出了交际行为的一个复杂网状模式："《乌鸦》之所以成功，是因为它大胆地解决了最复杂的交际问题。"

雅柯布森已经意识到最勇敢的跨学科转移。让我们来列举这些方法论上的"移植"，它们构成我们学科名副其实的基石：

（a）语言学相关性原则应用到音乐、电影和民俗学等。

（b）心理学概念"受挫期望"应用到韵律学和诗学中，因此，对立信息/

冗余被视为诗歌的基本原则（未知只出现在已知的背景上），重新表述为规范和偏离的双重次序，在 1958 年被最终组织起来。

（c）1921 年在《新俄罗斯诗歌》中预言的语言功能［受卡尔·布勒（K. Bühler）的启发］，在关于诗歌的文章中被再一次提出来，在跨学科背景的《人类学家和语言学家联合大会》中得到发展，在《总结发言：语言学和诗学》中得到更系统的论述。这一功能系统，把心理学、信息理论、元语言的逻辑概念和艺术作品自我聚焦品质的美学定义综合起来，深刻影响了世界符号学研究的发展。

（d）二元对立从音位学扩展到其他系统。雅柯布森产生了超出他自己愿望的影响，因为符号学家们经常把二进制网络强加在那些反对二元的现象中。无论如何，列维－斯特劳斯（亲属关系和烹饪三角）和拉康对这一原则的应用最广为人知，二元对立的概念结合了弗洛伊德的象征性选择"去/来"（Fort-Da）。

（e）区分性特征概念，与上一个概念紧密联系，或多或少扩展到许多其他的重要现象中。雅柯布森本人把这一原则扩展到语法，我认为，即使允许语义学家们重新调整他们的分析，生成语义学并没有充分考虑这一建议，它应该获得进一步关注。

（f）代码/信息这一对概念从交际理论扩展到整个符号学领域。将进一步讨论。

（g）选择/组合、隐喻/换喻这两对概念扩展到巫术、电影、视觉艺术、文学和失语性障碍。巴特和拉康不遗余力地将这一概念应用到从时尚、广告到心理分析的其他领域。其他许多学者把这一对概念应用到建筑、实物、文化行为等领域，但必须要强调的是，修辞学和巫术的首次对比出现在 1937 年（分析普希金雕像的神秘性）。

（h）把布拉格诗学原则扩展到不同的艺术领域，建立以符号学为导向的美学基础，尤其重要的是模糊性原则和美学信息的自我聚焦性。下面的引用能够证实雅柯布森在这一领域的工作，这也是许多艺术和文学符号学分析者未来的研究方向：

> 诗学研究的许多内容并不局限于语言艺术。我们能把《呼啸山庄》改编成电影，把中世纪传奇改编成壁画和微型画，或把《牧神午后》改成音

乐、芭蕾和图形艺术。然而，在戏剧《伊利亚特》和《奥德赛》中出现荒唐可笑的想法，尽管口头形式消失，但它们情节中的有些结构特征被保留下来。布莱克（Blake）为《神曲》做的插图是否适当的问题，是不同艺术形式可以比较的一个证据。巴洛克或任何其他历史风格违反了单一艺术形式框架。当处理超现实隐喻的时候，我们几乎不能越过马克思·恩斯特或路易斯·布努艾尔（Luis Buñuel）的电影：《一条安达鲁狗》（Andalusian Dog）和《黄金时代》（The Golden Age）。简言之，许多诗学特征不仅属于语言科学，也属于符号理论，也就是普通符号学。然而这一结论不仅对语言艺术，对语言的所有变体也是有效的，因为语言和许多其他符号系统甚或是所有符号系统（泛符号特征）有许多共性。

还可以引用许多其他的移植案例。在最近的论文中，将人类符号学和信息的生物传输联系起来的这一努力具有重大意义，主要是基因编码和解码现象，以及在那些既没有意向性发送者也没有意向性接收者的事件中，使用皮尔斯的指示符号概念。在我们看来，在这一点上对皮尔斯的参考是非常重要的，符号学在今天能够被视为一门"成熟"学科，是因为雅柯布森把语言学结构主义和皮尔斯融合在一起，这是雅柯布森最伟大的一个历史性贡献。霍伦斯坦（Holenstein）也证实，雅柯布森把结构语言学和胡塞尔的现象学结合得不明显；但简化的皮尔斯－布拉格不仅是一种融合，而且是一场解救、一次重建、一个历史性的科学事件，它的可能性仍然需要被挖掘。

(4) All semiotic systems can be described from a unified point of view if they are considered as systems of rules (codes) allowing the generation of messages.

如果被认为是允许生成信息的规则系统（代码），那么，所有符号系统都能从一个统一的角度进行描述。

索绪尔提出了"语言代码"，但毫无疑问，是雅柯布森把这些范畴从信息理论扩展到了语言学和符号学。任何进一步的评论或证明都是可笑的。然而，有一点值得注意。初步看来，雅柯布森似乎应该对一个令人困惑的概括负责，术语"代码"同时指出了一个缺乏意义的由纯粹差异单位构成的句法系统（如音位学代码，参见《语言原理》）和两个成分的相互关联，第一组项目代表第二组项目。事实上，雅柯布森在提出接受这一概念的时候，似乎清楚地意识到了这种区别：只有存在基于一个特定能指和一个特定所指相互联系的一组可预见的可能性，这个时候才有编码。但意义单位（词素和词）编码极其丰富的清单，是通过缺乏意义（区别性特征、音素和它们的组合性原则）的相互区别的成分系统来实现的。这些成分是独特的符号学实体。这些实体的所指只是区别性，也就是意义单位和它所归属部分的语义区别，那些在其他条件都不变的情况下不包含同一实体。把那些特殊系统简单地称为"系统"将更富有成效，为两个不同系统的要素保留"代码"这一名称。但雅柯布森经常在这两种情况下都使用代码。我认为其源于雅柯布森（忠实于现象学灵感）一贯的具体态度。纯区别性系统和差异系统是一个相当抽象的概念，只有从代数学角度可被理解为一种隔离，就像叶姆斯列夫一样（参见雅柯布森的《语言原理》）。相反，雅柯布森研究的主要对象是"行为中的语言"。语言是一种理论工具，用来解释语言的工作原理。因此，雅柯布森只能把一个音位学系统（或它的任何符号学类似物）看作为指称所设计的某种东西。人们发明音位不是为了不带意指意图的表达（也不是为了只思考这一系统而不去使用它），一个音位学系统的形式用于构成单词（赋予意义，由此受代码规则的制约）。"在语音起源中，并不是没有意义的元素的组合，这些元素随后表现出意义或被赋予意义。相反，正是为了意义的功能，声音的组合被赋予了特定的语言形式。"

因此，代码具有双重意义，为了保持行为中语言的整体性，雅柯布森已经放弃强调方法论的显著区别。许多曾受雅柯布森影响的作者们已经失去了这种具体感知，在"代码"的两种语言学用法之间犹豫不决。

雅柯布森对准确理解代码概念做出了许多贡献。不讨论他著名的语言学分析，让我至少回忆三点："次代码"概念的引入；"代码语词"和"句子的编码矩阵"的重要区别，使代码概念扩大到生成语法和文本性的许多问题，我们将继续讨论；并讨论不同类型代码的特殊功能研究。

（5）Since there are many types of signs and of codes，behind their homogeneity，diversities should be isolated and described in their mode of production，in their way of "sending back"，in their mode of perception and memorization.

既然有多种符号和代码，在它们同质性的背后，多样性应该被孤立，在它们的生产模式、"反馈"方式、感知和记忆模式中被描述。

雅柯布森一直都很关注这一问题，认真区别不同符号的存在模式，尤其当其他学者还在无谓地坚持所有符号学现象的绝对同一性时（比如视觉符号和听觉符号区别概要）。对皮尔斯三元观的提议强调了这一变异单位："指示符根据有效临近性关系的替代，像似符根据有效相似性的替代；规约符指在指定（归属）、传统、习惯的连续性下的替代。"为了强调雅柯布森的两种典型态度，在此重新表述皮尔斯的传统概念：（a）有指称就有代码，代码不局限于文字语言或意向性符号；（b）代码没必要是完全任意的，甚至在自然语言中也是如此。因此，像似和指示也存在于自然语言中，但代码原则在像似和指示中也发挥作用："习得的、传统的联系同时存在于指示符和像似符中。要完全理解图画和图表需要一个学习过程。任何绘画都离不开表意的规约性成分。将三个维度通过任何图形视角投射到一个平面都是一个错误的质……任何把语词符号仅视为传统的、任意规约符被证实都是一个错误的简化。在语言结构的不同层面，像似性都发挥着巨大和必要的从属作用。"尽管雅柯布森一直提倡语言在其他符号系统中的重要作用，但他在最近的文章中越来越强调其他符号的机制不能被简化成语言。在"语言学"中，他仍然强调"虽然语言是最一般的符号系统，语言学事实上为这一分析提供了最有利的模型"，但在《符号学的发展》中他做了更清晰的表述："那些认为语言符号系统是符号学唯一对象的人，只是一厢情愿。语言学家的自我中心主义试图将不同系统的符号排除在符号学领域之外，而这些符号与语言不同，这实际上是将符号学简化成语言学的一个简单的同义词。"

雅柯布森在研究电影的论文《乌帕德克电影公司?》中说，如果每种艺术的对象都是符号，电影和戏剧的特点是这样一种事实：它们把现实事物当作符号，由此详尽阐述明示符号（ostensive sign）的概念（在同一篇文章中，他指出，图像符号的特殊本质是相似性和规约性的混合）。实际上，电影只是看起来在展示现实，它通过在蒙太奇的符号关联下插入这些事物来产生符号。雅柯布森引用了库莱索夫（Kuleçov）的话："一个电影平面作为一个符号、一个字母发挥作用"。然而，"现实事物"并不是电影所假设的那样，而是"被修饰成一个符号"，并且只有以这种方式才成为电影的合适材料。用人类身体的一部分代替整个人类是一种修辞手段（一物代一物）；通过相似性和相关性，电影认识到隐喻和换喻的原则。化妆和灯光的相互作用是另一个符号手段的例子。外部世界的每一种现象都被转化成荧幕上的一个符号。与音乐相反，静默获得了符号学意义。从无声电影到有声电影（前者遵循歌舞剧法则——视觉素描和幕间休息，后者遵循歌剧法则——不间断的视觉、文字序列以及音乐结构），符号学法则（在话语层，或用今天的话说，电影的符构）发生了变化。蒙太奇意识到时间的和因果的意指规则；有声电影遵循古老的叙事诗原则。相反，戏剧中的人类行为并不是现实事物，它被符号化了（semioticized）。

雅柯布森在这篇简短的文章中考察了和他同时代许多电影理论家们的观点，他的这篇论文是把早期电影理论的所有相关事物归入一个真正的代码的第一次尝试。更让人惊讶的是，这篇论文包含了20世纪60年代早期诞生的电影符号学理论的全部要素。与此同时，他在论文中庄重宣称，除了文字代码还有其他代码，每种代码都遵循特定的原则："在艺术上，正是电影的角色清楚而明确地揭示了……语言只是一个可能的语义系统，正如天文学曾经揭示的那样，地球只是众多行星中的一个，这彻底改变了我们的世界观。"

（6）A semiotic theory must naturally be concerned with the syntactic structure of the sign-vehicles of the different systems; but it also must take into account the fact that those systems, even though appearing as purely syntactic, allow the semantic interpretations of their combinatory possibilities.

一种符号学理论必须自然地关注不同系统符号载体的符构；但也必须考虑这个事实，即尽管那些系统看起来纯粹是符构的，也允许对它们结合的可能性进行符义学解释。

1919年，在谈到未来派、立体派和非写实绘画时，雅柯布森期望（没有使用符号学术语）有一个纯符构要素形成的内部和相互排斥的功能，在《符号学的发展》（"Coup d'oeil sur le développement de la sémiotique"，1974）一文中，他较充分地阐述了这一观点。1932年，当谈到音乐学和语言学时，雅柯布森通过胡塞尔的定义把音乐的音响归于符号王国。他认为，音乐的要素不是简单的声音（声音实质），而是一个意向性行为的目标。音乐作品中的音响作为一个系统的要素获得价值，根据相关性的特殊标准获得价值。一个原始人用音色代替音高并把它们理解为相同的旋律，而一个欧洲人却认为是它们由两种不同乐器演奏出的两种不同旋律。在这篇文章中，音位学对立概念被作为音乐系统研究的一个工具。在这篇文章发表且音位实体研究开展 25 年后，才第一次兴起了用语言学方法研究音乐的热潮（Springer，Ruwet，Lévi-Strauss，Schaeffer，Nattiez）。

正是这一原因，尽管雅柯布森承认其有象棋一样的纯粹符构系统（叶姆斯列夫称其为象征系统，与符号系统相对立），他尝试去发现在它们内部存在意指的可能性：符号学事实与同一语境中的等效事实交叉引用……在抽象绘画中，将我们从现在的音调带到记忆中的音调……像在音乐中一样，存在一种自我意指的语言，因为多样的和层级的平行性结构，任何马上被感知到的音乐能指的解释，能够推断并期望一个更进一步的相关成分（比如"系列"），以及这些成分的连贯性……在一个特定时代、一种特定文化或音乐流派中，在很大程度上部分和整体相关性的等价代码，是一组习得的、估计的平行结构。

(7) A semiotic theory is not only concerned with the structure of sign-vehicles but also with the structure of the universe of vehiculated contents. There cannot be a semiotics without incorporating a semantics. This semantics is not only an extensional one (as is the study of the correspondence between signs and things or states of the world) but also and especially an intensional one, that is, the study of the way in which the universe of sense is culturally organized.

一种符号学理论不仅与符号载体的结构有关，还与载体内容领域的结构有关。没有符义学也就没有符号学。这种符义学不仅是外延的，即研究符号和事物或世界状态的关系，同时也是内涵的，即研究意义宇宙是如何以文化的方式被组织的。

根据来自胡塞尔的灵感和他与捷克及俄罗斯朋友们一起制定的布拉格语言学小组的明确原则，雅柯布森一直拒绝把意义研究驱逐出语言学。因此，他多次声称：(a) "sense" "meaning" "signified" 和 "denotata" 之间有本质区别；(b) 只有借助皮尔斯的"解释项"概念，所指（signified）的本质才能得以解释。他反对幼稚的混淆"解释项"（interpretant）和"解释者"

（interpreter），解释一个符号学的术语就是把它翻译成另外一个术语（有可能是一整段话语），这种翻译总是创造性地丰富第一个术语，这种不断的创造性是皮尔斯"无限符号活动"（unlimited semiosis）的主要结果。在一篇文章中，"单身汉"（bachelor）的语义标记被视为皮尔斯的解释项，但否认解释项作为纯同义的身份，这就更令人恼火。1952 年雅柯布森强调，意义的结构分析在于研究语义常量，就像对语言能指的结构分析在于对音位学常量的分析一样。最近，经过符号学对未婚人士、海豹、年轻骑士的多年研究，雅柯布森以最简明的方式列出了"单身汉"所有意义中的常量，即尚未完成事业的人。1937年，他在研究普希金文章里提到语义结构分析的例子：休息和运动，死亡和生命，活着和仍然重要（living and still matter）。在普希金的诗歌里，雕像被看作抽象的角色，虽然没有形式化，但这一工作是令人满意的一个实例，让人想起列维-斯特劳斯的神秘内容组织、洛特曼的文化类型学分析和格雷马斯的结构语义学。

（8）In every sign exchange there are not only isolated items：semiotics must，as does contemporary linguistics，shift from a theory of single terms and "phrases" to a co-text and context theory. This also means that semiotics should incorporate not only syntactics and semantics but also pragmatics.

在每个符号交换中不仅存在孤立的术语：像当代语言学一样，符号学必须从单一术语和"短语"转向一个共文本和上下文理论。这也意味着，符号学应该既包括符构学和符义学，也包括符效学。

一个一直关心语言行为的学者也会不断对语境敏感性和语境中的话语问题提出建议。作为语言学和符号学对语用学的介绍，雅柯布森在语言学研究框架下研究转换（shifters）的建议源于胡塞尔、拉塞尔和卡尔纳普。无论如何，早期对俄语动词的研究似乎就已经全面考虑了今天在自然语言、预设和语义蕴含语用学标题下许多学科所讨论的问题。所有这些问题在"语言和其他交际系统的关系"［语境敏感性、自形符号（idiomorphic signs）和命题符号的区别］和"语言学"（话语更高级别单位作为现成的和编码的文本、话语能力、对话原则中的能力）中得到了更系统、更进一步的研究。

2.4 最后设计

1933 年，雅柯布森在评价布拉格语言学小组的活动时，强调了这一小组从结构主义和现象学角度展开的研究为普通符号学理论提供了丰富材料。1970 年，他给出了一个普通符号学的定义，今天我们可将它作为雅柯布森关于这一学科的描述以及进一步的研究方向：

> 符号学的研究对象是所有信息的交际，而语言学局限于语言信息交际。因此，这两门关于人的科学，后者范围更狭窄，另一方面，任何非语言信息交际都预设了一个语言信息回路，而没有反向含义。如果符号学学科循环是包含语言学的最近学科，它外围是更广泛的交际学科……列维－斯特劳斯给出了这一主题最清楚的描述并开展了最有前景的尝试，从交际学角度来解释整个社会。他努力建构一门整合性交际科学，包含社会人类学、经济学和语言学，或我们用更广义的符号学代替语言学。在任何情况下，符号学在整个交际科学中都占据最中心位置，并构成这门科学其他领域的基础，而符号学反过来包含语言学并且语言学是符号学的中心，语言学影响着符号学的其他领域。三门整合性科学互相包含并呈现出三级逐渐增加的普遍性：
>
> （1）语言信息交际研究＝语言学；
>
> （2）任何信息交际研究＝符号学（包含语言信息交际）
>
> （3）交际研究＝社会人类学加经济学（包含信息交际）

我在想甚至第三层级都不应该属于符号学，只要这里存在反致（renvoi）关系。但雅柯布森的观点是辩证的，内半径的不断增加不能排除这种可能性，即广义可被聚焦在狭义之内。

不管怎样，如果接受这种符号学设计的建议，把它定义为艺术的状态和未来的前景，那么从 1914 年开始到现在——共 62 年，雅柯布森一直在为这一建议和前景不断努力。

3　雅柯布森符号学核心文献

［1］Р. Якобсон. Значение лингвистических универсалий для языкознания. // В. А. Звегинцев. *История языкознания 19－20 веков в очерках и извлечениях части 2.* Москва：издательство просвещение，1965. 383－395.

［2］Р. Якобсон. Знак и система языка. // В. А. Звегинцев. *История языкознания 19－20 веков в очерках и извлечениях части 2.* Москва：издательство просвещение，1965. 395－403.

［3］Р. Якобсон. Лингвистика и теория связи. // В. А. Звегинцев. *История языкознания 19－20 веков в очерках и извлечениях части 2.* Москва：издательство просвещение，1965：435－445.

［4］Роман Якобсон. Лингвистика и поэтика. // *Структурализм：за и против.* Сборник статей. Под ред. Е. Я. Басина и М. Я. Полякова. Москва：Прогресс，1975. С：193－230.

［5］Roman Jakobson. The Framework of Language. *Michigan Studies in the Humanities*，1980（1）.

［6］Roman Jakobson. *Fundamentals of Language*. The Hauge：Mouton & CO. 's-Gravenhage，1956.

［7］雅柯布森.《雅柯布森文集》钱军，编译，长沙：湖南教育出版社，2001 年。

4　关于《罗曼·雅柯布森对符号学发展的影响》的思考

艾柯（Umberto Eco，1932—2016）在文章开篇即指出，关于符号的研究有久远的历史。他在文中提及了古希腊时期的几位先贤大家，如希波克拉底从医学征候学角度阐释内在的病因与外在症状的因果联系，智者派（又称诡辩派）因对修辞学和论辩术的关注而注重语言符号与语言施为力量（即奥斯丁和塞尔的言语行为研究），从而更好地发挥语言劝导众人的作用和功能，而柏拉图、亚里士多德也都对语言符号的研究做出了贡献。如果把符号学视为西方学科化的产物，其起点是皮尔斯和索绪尔，这一点应该能得到众多学者的认同，但谈及符号的思想或符号使用的历史，应该再往前推进一步。我们出于这样的考虑，公元前 3000 年美索不达米亚文明时期，苏美尔人使用的占星术（mesopotamian astrology）根据人类个体出现时与星座位置的相关性来预测未来，并根据星星的位置和形状与动物的类比关系划分出星座，这种复杂的系统是对像似符、指示符和规约符的不同组合关系的解读，这些内容显然与今天符号学理论中的符号、符号系统、符号表意模式化等概念具有某种内在的一致性。

在回顾了古希腊时期后，艾柯又提及奥卡姆、波尔－罗瓦雅尔、洛克、霍布斯（Hobbes）、休谟（Hume）、伯克利（Berkeley）、莱布尼茨（Leibniz）、维科（Giambattista Vico）、兰伯特（Jean Henri Lambert）、博尔扎诺（Bolzano）、胡塞尔（Husserl）、索绪尔（Saussure）、皮尔斯、莫里斯、叶姆斯列夫、布伊森（Buyssens）、弗雷格、维特根斯坦、雅柯布森等，从而得出结论：哲学的整个历史可以从符号学角度重新解读，进而为符号学树立应有的学科地位，并给出了符号学的一个定义——符号学是研究符号的所有可能变体以及它们的生产、交换和解释原则的科学。人类使用符号的历史虽然悠久，但直到近代符号学才成长为一门独立科学，艾柯认为，应该从人类学和历史学角度去寻找，即交际问题已被证实为人类文明的核心。艾柯认为，在符号学国际化进程中，雅柯布森是当代"符号学反应"的主要"催化剂"。

在雅柯布森的各种出版物中，与符号学有直接关联的文献并不多，换句话说，雅柯布森很少专文或系统论述他的符号学思想。《符号学的发展》是他为1974 年 6 月召开的国际符号学协会第一次会议准备的开幕词，也是他唯一一篇题目带有"符号学"的文章。艾柯却认为，雅柯布森对符号学的关注和研究始于 20 世纪 20 年代，虽然雅柯布森早期的研究对象是诗歌、民俗学、音位学，但这些都是雅柯布森符号学理论研究的背景，为他提供了广阔的视野，雅柯布森对精神分析学家拉康和人类学家列维－斯特劳斯都产生了不同程度的影响。

在当代符号学作为一门独立学科的标志——巴特的《符号学原理》问世之前，雅柯布森为之做出了基础性贡献：他为布卢明顿人类学和语言学大会撰写了闭幕词《语言原理》（"Fundamentals of language"）（对失语症、语言学、修辞学、巫术和审美行为做了富有启发性的对比分析），并发表了论文《语言学和交际理论》（"Linguistics and communication theory"）。

　　艾柯把雅柯布森视为当代符号学成立的催化剂，其依据是当代符号学研究所依赖的8个基本假设都与雅柯布森有着密切关系。第一，符号学的研究对象是所有符号，而符号现象的结构是能指与所指间的辩证法。第二，雅柯布森研究诗歌、绘画、民俗、音乐、电影、戏剧等艺术形式的符号形式与表意关系，如对失语症的研究就是对意指系统的微观研究，雅柯布森为交际理论和符号学研究的结合做出了贡献。第三，雅柯布森倡导符号学跨学科性与研究方法的跨学科应用，如二元对立、区分性特征、元语言、代码、选择、组合。艾柯更是看到了雅柯布森对符号学贡献的深层原因，这也是雅柯布森最伟大的一个历史性贡献，即他把语言学结构主义和皮尔斯的理论融合在一起，才使符号学在今天能够被视为一门"成熟"学科。第四，雅柯布森发展了代码理论，将之从信息理论拓展到语言学和符号学。第五，区分不同符号的存在模式，即符号学现象存在异质性，每种代码都遵循自身的规则。第六，雅柯布森认为，与符号学系统相对立的是纯粹句法系统（叶姆斯列夫称为规约系统），如象棋，这种纯粹符构系统内部也存在意指结构。第七，符义学与符号学是相互依存关系，但要区分解释项和解释者，每一次解释都会丰富前一个符号，这一点与皮尔斯符号活动观点一致，雅柯布森将解释项应用于符义结构分析。第八，将符号学研究分为符构学、符义学和符效学，这与莫里斯的划分一致。就语言学和符号学的关系问题而言，雅柯布森认为语言学属于符号学，因为语言学限于文字信息交际，而符号学则是关于任何信息的交际研究，但一门宏观的交际科学除了符号学，还应包括社会人类学和经济学，但符号学是交际科学的核心并构成其他领域的基础，这样雅柯布森就建构了交际科学、符号学、语言学的三层关系，如果符号学学科的圆周是包含语言学在内的最近的一个圆周，那么下一圈较大的同心圆就是交际学科的总体了。

六、卡尔·布勒

（Karl Bühler）

1　卡尔·布勒符号学关键词

海达·博尔加尔（Hedda Bolgar）撰写的"Karl Bühler：1879—1963"一文刊发在《美国心理学杂志》（*The American Journal of Psychology*）1964年第4期，另外一篇同名文章就是西比奥克写的《卡尔·布勒》（"Karl Bühler"），其译文附后。

1.1　德国时期

卡尔·布勒（Karl Bühler）1879年5月27日生于德国西南部海德堡附近一个名叫梅克斯海姆（Meckesheim）的小村庄，1963年10月24日逝于美国洛杉矶，享年84岁。布勒对心理学的出现并成为一门独立学科做出了奠基性贡献，并影响了欧洲和美洲的心理学研究。

布勒中学毕业后进入弗莱堡大学医学院，于1903年获得医学博士学位（M. D.，Medicinae Doctor）。医学院时期布勒主要关注生理学研究，在其导师克里斯（Kries）指导下完成了博士学位论文《颜色视觉不一致性》（"Duplicity theory of color vision"），他的另一篇博士学位论文名为《亨利之家研究》（"Studien über *Henry Home*"）。布勒于1904年在斯特拉斯堡大学获得博士学位。

布勒毕业后曾在船上从事医生工作。布勒作为奥斯瓦尔德·库尔佩（Oswald Külpe）的助手，与之有长达九年时间的紧密合作，布勒对1907—1908年间的"无意象思维"（imageless thought）做出了重要贡献，因此，1909年他获得波恩大学的副教授职位并于1913年获得慕尼黑大学的副教授职位。1914—1918年第一次世界大战期间，布勒开始关注实验心理学和临床医学研究，如军队飞行员的心理测试、大脑损伤恢复等，1918年布勒被任命为德累斯顿工学院的心理学教授。

1.2 奥地利时期

　　1922 年 43 岁的布勒成为维也纳大学心理学学院教授和院长，直到 1938 年纳粹德国占领奥地利，布勒才被迫离开。维也纳大学时期是布勒的创作高峰，也是在此期间他获得了国际声誉。布勒与妻子夏洛特一起创建了心理学研究院，开设了系列实验课程，如理论和发展心理学、儿童心理学统计和研究方法、社会心理学等，招收博士研究生和博士后，布勒当时的研究接近现在的行为学。

　　1926 年布勒的心理学研究院一项研究获得了洛克菲勒基金会十年的研究资助，布勒于 1927—1928 年间在美国斯坦福大学、约翰·霍普金斯大学、哈佛大学教学，1929 年在芝加哥大学教学。1927 年布勒成为威滕伯格学院（Wittenberg College）法学荣誉博士并于 1929 年当选德国心理学研究会的会长。

　　布勒这一时期的研究领域包括思维过程心理学、感知心理学、格式塔心理学、儿童心理发展等，在研究中采用了实验法、自然观察法等。1927 年布勒出版了关于心理学研究的批评性著作《心理学危机》（*Die Krise der Psychologie*），这一著作的出版也预示着布勒研究重心的转移，布勒也因为他在这一领域的研究而被更多世人熟悉，这个领域就是语言学。1931 年布勒加入了布拉格语言学小组，1931 年发表了论文《语音学和音韵学》（"Phonetics and phonology"），随后 1933 年出版了《表达理论》（*Ausdruckstheorie*），1934 年他出版了《语言理论》（*Sprachtheorie*）。在《语言理论》①这部著作中，布勒以"语言再现功能"作为副标题，可见布勒关注的是语言功能研究。

---

　　① 古德温（Donald Fraser Goodwin）将布勒的《语言理论》由德语译为英语 *Theory of Language—The Representational Function of Language*，由约翰·本杰明出版公司于 2011 年出版。

1.3 美国时期

布勒于 1938 年被纳粹德国逮捕入狱，虽然在其朋友帮助下出走美国，但这一事件成为他人生和事业的巨大转折。布勒离开了自己所熟悉的文化、语言、朋友、同事、学生，他到美国以后的生活可用颠沛流离来形容。布勒先在美国明尼苏达州德卢斯的斯考拉斯蒂卡学院任心理学教授，1940—1945 年间在圣托马斯学院任教。1945 年搬迁到洛杉矶，在南加州大学找了一份精神病临床助理教授的工作，这与他之前从事的理论研究工作和兴趣差距较大，因此也没有取得显著的成绩。1951 年和 1954 年布勒曾在《心理学报》（*Acta Psychologica*）发表了研究动物如何在时间和空间中自我定位问题的文章，运用了对生物学和格式塔理论探索的成果。1958 年用德语写成的《人类和动物生活中的格式塔原理》（*Das Gestaltprinzip in Leben der Menschen und Tiere*）是布勒生前最后一部著作。

虽然布勒生前在心理学领域取得了杰出成就，但他并没有写成一部完整的、系统的、统一的心理学理论著作，这是后人全面和深入了解布勒贡献的一大遗憾。布勒研究兴趣广泛，涉及思维心理学（psychology of thinking）、感知心理学、儿童语言发展理论、儿童心理学等。布勒不但研究理论，而且关注行为的完成方式、方法、过程等，如人类如何思考、如何感知、如何交际、儿童智力如何发展、动物如何在时间和空间中定位、如何习得外语，等等。也正出于这一原因，布勒的心理学带有显著的行为主义倾向。

布勒将心理学研究的方法视为心理学研究的合理性和合法性前提，提出心理学的三个方面，即可观察行为、内在经验和精神产品。而布勒关于语言功能观的认识和贡献也衍生于他的心理学研究，他认为语言作为工具是由其功能即传递信息决定的，而人使用语言的不同情境可归结为三种主要功能：表达（expression）、呼吁（appeal）和描述（description），雅柯布森的语言六功能模式正是在布勒语言三功能基础上发展起来的。此外，布勒在批评弗洛伊德"力比多"概念时提出了"功能愉悦"（functional pleasure）和"创造性愉悦"（creative pleasure），认为这是人类创造性行为和病态行为的动因。

布勒晚年还依据格式塔理论解释和研究了动物在时间和空间中的定位问题，如动物在夜间的飞行。布勒从动物、人身上的格式塔理论适用性，进一步提出格式塔是否会在机器上发挥作用，因为机器是程序语言设定的，具有指令→执行的单向运动性，所以缺乏灵活性，不能同时与多情境格式塔经验建立起有效关联，所以得出机器缺乏创造性的结论。联系当下人工智能理论的迅猛发展，在以往的语料库（词库、生成语法、语义计算等）基础上，出现了大数据、云计算、机器学习、神经网络学习等新兴领域，所以，机器的创造力在不断增强，有资料称，百度 AI 经过不断学习，目前相当于一名 9 岁儿童的思维能力。正如海达·博尔加尔（Bolgar，1964：678）[①] 所给予的评价："如果忽略布勒作为一名老师的身份，那么，任何对布勒一生的描述都是不完整的……布勒没有创造一个学派或吸引一群追随者，但他丰富了欧洲和美洲的心理学研究，许多杰出科学家对心理学的贡献都受到了他的影响。"布勒之所以会有这样的影响，是因为他不满足于为众多事件寻求唯一的解释，而是以一种多元和开放的心态不断去探索各种可能性。

1.4　布勒的符号学思想

回顾布勒的一生，他对心理学、认知语言学、语言学（尤其是语言功能的研究）、生理学等都有独特的思考和贡献，但很少有详细和全面论述布勒符号学思想的文献，因为人们更多看到的是他对心理学和语言学研究的贡献，另一个重要原因是布勒的作品大部分是用德语写作的[②]，且很多没有被译成英语。但布勒并未给自己的研究设置人为的限制，他的兴趣是探究认知的可能性和方式、交际的可能性和方式、动物在时间和空间中定位的方式等，他的这种探究本身就具有符号学的色彩。罗伯特·英尼斯（Robert E. Innis）于 1982 年出版了专著《卡尔·布勒：语言学理论的符号学基础》（*Karl Bühler: Semiotic*

---

① Hedda Bolgar. Karl Bühler：1879－1963. *The American Journal of Psychology*，Vol. 77，No. 4：674－678.

② 布勒在 1918 年用英文发表了《儿童的心理发展》（*The mental development of the child*），这是他不多见的英文作品。

Foundations of Language Theory）。该书分为上下两篇，在上篇（1—73 页），英尼斯从 6 个方面介绍和评论布勒语言学理论的核心观点：布勒的公理化项目、音韵学诊断和抽象化、语言的双域理论、从感知到隐喻、通过对比澄清语言、结论。下篇（74—164 页）围绕语言科学的公理化这一主题，由五篇独立文献构成，包括伊丽莎白（Elisabeth Ströker）写作的一篇介绍和四篇由英尼斯翻译①的布勒的文献：包括核心原则——语言的符号特征、言语行为和语言结构、语言的结构模式、语言功能的图式。

　　阅读《卡尔·布勒：语言学理论的符号学基础》（*Karl Bühler: Semiotic Foundations of Language Theory*）和《语言学理论——语言的再现功能》（*Theory of Language-The Representational Function of Language*）② 我们发现，虽然布勒前期接受的是医学和心理学训练，但从 1907 年开始，语言问题成为布勒关注的一个核心，而且他的研究超出了语言哲学范畴，因此，我们应从更广泛的符号学视角来审视他的语言功能研究。虽然我们很难概括布勒符号学思想的全貌，但可以确定的是，如果不考虑布勒在符号学学科发展史上的作用，则是犯了一个原则性和知识性的错误。具体而言，布勒提及的语言公理化涉及四个语言公理。第一公理，确定了语言的符号本质，符号必须是具体的和可感知的，但符号的部分特征被听话人抽象化后就具有了区分性意义。这里布勒的区分性特征是受布拉格语言学小组影响，也是布勒对特鲁别茨柯依思想的扩展。第二公理，语言的两个重要基础是语言是动态的（与静态对立，可参照洪堡特对语言产品和过程的区分）、语言是一种能力（与语言是事件对立，可参照索绪尔对语言和言语的区分）。第三公理，语言是一个符号和域的二元系统（a two class system of symbol and field），语言再现系统优于其他再现系统，因为语言能将词汇和句法结合起来。第四公理，布勒提出语言的组织模型

---

　　① Thomas F. Shannon（*Language*，1983，Vol. 59，no. 4，943）在对罗伯特·莫尼斯所著的《卡尔·布勒：语言学理论的符号学基础》的书评中明确指出其翻译的错误和误解较多，也许会因为这些错误而激发人们重新翻译布勒的著作。在此之前布勒作品的英译本出现在布鲁门特尔（Blumenthal，1970：58—63）；巴拉·阿东和利奥波德（Bar Adon and Leopold，1971：52—56）.

　　② 布勒的《语言学理论——语言的再现功能》1931 年出版，1965 年再版，此时在德语世界才引起较为广泛的关注和重新评价，1983 年由埃施巴赫（Eschbach）整理编辑以德语出版。鲁道夫·坎普（Rudolf Kamp）1977 年的 *Axiomatische Sprachtheorie* 是研究布勒语言公理理论的代表性著作，也是德语版。布勒的《语言学理论》直到 1982 年才由罗伯特·英尼斯译为英文出版。

（organon model of language），从语言的工具观和交际功能发展为三种功能：征候符（symptoms）表达说话人的情感、意图；信号（signals）呼吁听话人；规约符（symbols）再现对象和事件的状态。布勒对指示域（deictic field）和象征域（symbolic field）即情境上下文（situational context）和语言上下文、言语行为的研究已经显现出当代语用学特点。"如果北美语言学家们能充分认识到布勒作品的价值，可能就不会出现排除说话人、社会条件甚至是语义学的语言学研究。"（Koerner，1984：4）

柯纳（Konrad Koerner）认为，布勒的语言学理论受到众多学者的影响，如布伦塔诺（Franz Brentano，1838—1917）、斯图姆夫（Carl Stumpf，1848—1936）、洪堡特、胡塞尔（Edmund Husserl，1859—1938）、迈农（Alexius Meinong，1853—1920）、贡珀茨（Heinrich Gomperz，1873—1942）、冯特（Wilhelm Wundt，1832—1920）、穆勒（Paul Hermann Müller，1899—1965）、布鲁格曼（Karl Brugmann，1525—1569）、韦格纳（Philipp Wegener，1848—1916）、加德纳（Alan Henderson Gardiner，1879—1963）[①]等，还有一个重要的人物是索绪尔。《普通语言学教程》1916 年用法语出版，1931 年译为德语出版，布勒熟悉索绪尔的《普通语言学教程》，他们在语言学的观点上既有相似之处也有区别。布勒早在 1927 年出版的《心理学危机》中就已经论及语言的符号本质，随后在 1933 年的《语言学公理》以及 1934 年的《语言学理论中》将这一观点发展成熟，提出了语言学理论赖以存在的四个公理："我们在业已存在的语言学公理基础上探索一个封闭性的公理系统作为我们语言研究的准则或出发点。"（Bühler，1934：21）在语言的符号本质问题上，布勒与索绪尔意见一致。布勒在特鲁别茨柯依音位学区分性特征概念基础上，于 1931 年提出了"抽象相关原则"（principle of abstractive relevance）和两域理论［即异域特征（field-alien）、域特征（field-specific）用于描写言语符号的特征］，并由此将符号概念发展到音位学以外的语言领域（Bühler，1934：183）。布勒的"域"（field）类似索绪尔的"系统"（system），域或系统赋予符号的特征即域特征，而符号自身具有的特征是异域特征。在语言域的研究中，布勒继承了亚里士多德的语言工具观，在语言使用过程中存在着"指

---

① 在布勒的推动下，加德纳于 1932 年以英文出版了 *The Theory of Speech and Language*。

示域"（deictic field）和"象征域"（symbolic field）。指示域是言语行为发生的实际情境，象征域则是言语行为的语言上下文，如语法、语义等关系。布勒正是从言语行为的分析进入符号学研究的，布勒的双域理论是他语言公理的基础。

索绪尔语言与言语的二元划分[①]以及洪堡特关于语言产品和语言过程的二元划分等，为布勒的语言学理论奠定了基础。布勒（Bühler，1934：49）在索绪尔和洪堡特理论的基础上提出了一个"四域框架"（four field scheme），第1级在抽象性上要低于第2级，如表6-1所示。

表6-1 语言的四域框架

	I	II
1	Sprechhandlung（parole）言语	Sprachwerk（ergon）言语产品
2	Sprechakt（energeia）言语行为	Sprachgebilde（langue）语言

在语言结构方面，布勒认为语言可分为三层结构：音位层、词汇层和句法层，而且词汇和句法是语言的基本结构和规则，也是语言符号系统区别于所有其他符号系统的重要特征。

布勒认为语言具有社会本质和功能本质，早在1920年他就提出了语言的三个功能，即呼吁（appeal）、表达（expression）和再现（representation），语言功能是通过语言符号这一媒介才发挥作用。1933年他用符号学三角来描述语言的功能、对象和概念世界的因果关系以及说话人和听话人的关系。应该说，这是布勒对柏拉图以来关于语言功能观点的继承和发展，但区别在于，布勒的符号概念是在现实的言语环境中的，强调的是发话人、受话人共同作为言语行为的主体而发挥作用，而对象和事件的状态通过语言符号得以再现，发话

---

① 我们在读完索绪尔的《普通语言学教程》后会了解到一系列的二元关系，如能指和所指、历时和共时、语言和言语、内部和外部、组合和联想等。应该指出，我们不能就此将索绪尔视为一个二元主义者，因为在他看来有这样一种三元关系：言语活动（language）＝语言（langue）＋言语（parole），符号是能指和所指的组合等都是三元关系。

人通过语言符号向受话人传递关于对象或事件的状态。可以看出，它们具有明显的三元关系特征。如图 6-1 所示：

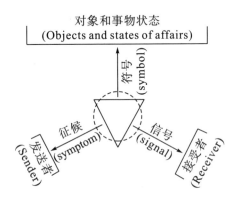

图 6-1 三元符号关系（K. Koerner，1984：14）

柯纳进一步将布勒的符号关系加入，这样就得到了一个三元符号关系："符号"（symptom/symbol/signal）、"发送者"（sender）、"接收者"（receiver）以及对象和事件状态（objects and states of affairs）的一个图示。这里"符号"（symbol）与对象和事件状态之间是一种协调关系（coordifation），对应再现功能；"指示符或征候"（index 或 symptom）是发话人表达一种原因，对应表达功能；"信号"（signal）是一种指向受话人的呼吁，对应呼吁功能（Bühler，1982：164）。

布勒继承了索绪尔的符号任意性观点，但不同于索绪尔排除指称问题的做法，布勒把符号和功能关注的焦点放在具体的言语行为上，关注符号主体（发送者、接收者），建构了言语行为研究的三元模型，进而得出语言的主体间性、语言独立于个体说话人的结论。雅柯布森（Jakobson，1971：671）曾这样评价布勒的《语言学理论》："在对语言心理学的所有贡献中，布勒的《语言学理论》对语言学家们是最有启发性的。"

2　卡尔·布勒

〔美国〕**西比奥克**（Thomas Albert Sebeok）
印第安纳大学语言和符号学研究中心

2.1　背景

那些试图去重新评价以前重要人物学术水平的人们，很快就会发现自己陷入了一场混乱，他们更有可能仅仅去描述自己的贡献。当我们尝试重新介绍过去几十年间的重要人物时，这种自我定义的过程可能会使用特殊力量。随着哈布斯堡皇室（Habsburg Hausmacht）政治和文化的衰落——一个帝国衰落的时代被恰当地描述为"永远绝望，但从不严肃"，因为我们中的有些人一直沉浸在性格形成时期的氛围中，出现了一个充满无限可能的时代，新的制度和社会实践开始建立，简言之，新奥地利共和国建立了。在当代奥地利，知识分子们有许多机会推行一个有效的社会民主体系，这在哈布斯堡王朝极端保守主义时期是无法实现的。正是在这个前所未有的社会危机时期，布勒（Karl Bühler，1879—1963）在奥地利改革中作为主要理论家发挥了作用，他的"无意象思维"（imageless thought）和"意识规则"（rule awareness）在此前已经酝酿了十年或更长的时间（Bartley，1973：144）。卡尔·波普尔（Karl Popper）和路德维希·维特根斯坦（Ludwig Wittgenstein）这些日后的学术巨擘已经崭露头角，他们参加了教师培训课程（Janik & Toulmin，1973：288）。第二次世界大战的爆发将这些创造性的发展一扫而空。回顾过去这几十年依然是有益的，因为它至少会减少我们当代幸存者们自以为是的、完全创新性的、自鸣得意和自欺欺人的满足感。当我们回顾战争时期的维也纳，我们必须注意两个基本事实：第一，无论在时间中还是空间中，我们都不能忽视所有人的倾向去抓住某一个引人注目的时刻，通过强加我们自己的偏见而得出结论；第二，在布勒居住于维也纳的这段时期，这个城市已经成为世界毁灭的试验场。乔治·斯坦纳（George Steiner，1979：101）总结得很好："就像华尔兹的调子，wien，wien，nur du allein。维也纳是焦虑年代的首都，犹太天才们的中心，大屠杀将从这座城市蔓延开来。"所有这些在科学领域早有先兆，布勒《心理学危机》（*Die Krise der Psychologie*）出版于 1927 年，1929 年发生了世界经济危机（Wellek，1959）。

关于"维也纳遗产"（"Viennese Heritage"）系列讲座的目的，我现在协助做的是纪念和庆祝奥地利在现代符号学研究中多元而独特的角色。我的特别任务是思考卡尔·布勒的贡献。他既不是出生于奥地利，也没有在奥地利接受教育，虽然他是农民出身，但在一个信仰自由的家庭中长大（他父亲是一个新教徒，母亲是一个天主教徒，布勒跟随妈妈信仰天主教）。布勒被迫离开这个国家，1938① 年后定居美国。但布勒却是在维也纳获得了国际声誉。从 1922 年开始，在维也纳居住的十六年是他最多产的时期（Lebzeltern，1969：25）。

布勒于 1879 年 5 月 27 日出生在德国海德堡附近的梅克斯海姆（Meckesheim），就读于弗莱堡大学。1903 年在著名生理学家约翰内斯·冯·克里斯（Johanness von Kries）指导下，布勒写了一篇有关颜色视觉理论的论文，开展了实验性研究，即研究眼睛对光和黑暗的适应性限度，并获得了医学博士学位（M. D.）。他一生致力心理学研究，在弗莱堡时期奠定了重要基础，又获得了斯特拉斯堡大学的哲学博士学位（Ph. D.）。1904 年布勒提交给鲍姆克尔（Clemens Bäumker）他的第二篇生理学绪论的论文，是关于 18 世纪思想家亨利·霍姆（Henry Home，又称为 Lord Kames）的美学观。猜测亨利·霍姆对布勒的影响是有趣的，尤其是苏格兰道德哲学家们关于联想律（laws of association）和关系品质的讨论，布勒特别关注时间和空间中的邻近性（contiguity，现在有些人称为指示性 indexicality）、相似性和相异性（resemblance and dissimilitude）或像似性（iconicity），以及基于因果律的经典指称概念（Miller，1979），与全球统一（global uniformity）背景相对的表面变化（surface variation）。

---

① 按照西比奥克（Sebeok，1987：133）的讲述，布勒于 1938 年 3 月被捕，第二年经奥斯陆到达美国，这样应该是 1939 年。

布勒有一段时期在斯特拉斯堡学习医学，专攻眼科学（Lebzeltern，1969：13）。

随后在弗莱堡，布勒成为克里斯（Johannes von Kries）的助手，然后他前往柏林继续学习，师从研究康德的逻辑学家和心理学家班诺·厄德曼（Benno Erdmann），后者认为判断的核心是述谓关系（predicative relation）——这是言语行为（illocutionary act）的一个原型，因为它是在言说一个句子的过程中完成的——一个在很大程度上受到符号学影响的表达（formulation）。卡尔·斯图姆夫（Carl Stumpf）把实验现象学引入了心理学，他是格式塔心理学最重要的先驱者之一，也是1900年成立的柏林儿童心理学协会（Verein für kinderpsychologie）的联合建立者。布勒在之后的八年间积极研究儿童心理学，但夏洛特·布勒（Charlotte Bühler）在这一研究领域的表现更为突出。

2.2　布勒和符号学暗示

1906年，布勒获得了一份研究助理的工作，他前往乌兹堡（Würzburg）和奥斯瓦尔德·库尔佩（Oswald Külpe，威廉·冯特的第二任助手）亲密合作，在此期间他获得了哲学讲师资格。这部专著（布勒据此获得哲学讲师资格）以三篇系列论文的形式于1907—1908年间发表于《心理学档案》（Archiv für die gesamte Psychologie），该专著是布勒对思维过程的心理学实验研究，命名为《思维过程的心理学事实和问题》（Tatsachen und Probleme zu einer Psychologie der Denkvorg? nge）。布勒对"什么是思维"（第一篇论文）的分析受到库尔佩系列原创概念的强烈影响，如"无意象知识"（imageless knowledge，布勒使用的是 thought），"决定趋势"［determining tendency，这是1905年纳齐斯·阿赫（Narziss Ach）新创的术语，用来描写无意识过程，从自省隐藏，引导思考遵循正确的方向；参考 Rapaport，1951，passim］，"意识"（awareness），"任务设置"（tast set），"设置"（set），以及系统性实验自省技术（systematic experimental introspection）。第二篇论文（部分章节直到43年后才出版了英语版本［Rapaport，1951：39－57］）是关于思维的理解和句子的理解，符号学家们称之为"理解"（understanding）或"解释"（interpretation）。布勒的一个重要结论是，"理解"发生在整体之间。他意识到，这种经验与语言心理学的一个问题正好相反，即思维整体是如何通过词的组合意义来区分的，或相反，词的意义如何建立一个能被理解的思维整体？再换一种说法，布勒的数据还不足以解决这样一个问题，即关于格式塔是如何产生的更广泛问题，这里几乎没有谈到这个思想史上历史悠久和复杂的问题（Egon Brunswik，1929）。雅柯布森（1963）准确解答了语言和其他多种符号涉及的"整体与部分张力范围"问题，他（1971b：715）间接提到布勒的开创性想法，还明确列举了其他一些人物，如皮尔斯、弗雷格、胡塞尔、萨丕尔等。随后在20世纪20年代后期和30年代初，布勒（至少四次单独的场合）把理解句子的特征体验视为一个完成性操作，伴随着意识关系的出现达到顶峰。

库尔佩自己的实验最终从冯特的要素研究转向布伦塔诺（Brentano）的行为研究，布勒的研究引发了与冯特的争论，焦点在于非精确实验方法和回顾性内省法的合法性，至今仍存在内省法与思维经验价值的争论（Lieberman，1979）。勒布则尔坦（Lebzeltern，1969：15）指出，布勒因和冯特的长期争论使这个年轻学者"几乎一夜成名"。布卢门撒尔（Blumenthal，1974：1114-1116）很好地总结了他们之间争论的主要观点，这里无须重复。布勒的观点是思维看起来是独立于文字表达的，句子的意义在层级上高于词的意义（这是他和冯特都同意的原则），1919年之后这一观点最终成熟，发展成具有符号学色彩的言语理论。

1909年库尔佩前往波恩，1913年来到慕尼黑，而布勒于1913年跟随库尔佩来到慕尼黑并获得一个无任期保障的副教授职位。1916年，37岁的布勒娶了他22岁的学生夏洛特，她曾经是胡塞尔的追随者，最后成为一位著名的心理学家。第一次世界大战结束后，布勒成为德累斯顿科技学院的正教授，四年后，这对夫妻受奥托·格洛柯（Otto Glöckel）和他的同事们的邀请搬到了维也纳，在那里布勒成为教授，夏洛特是他的助手。布勒在维也纳建立了心理学研究院并在妻子的帮助下管理研究院直到1938年，其间得到了洛克菲勒基金会的10年赞助，迅速获得了世界性声誉。布勒同时是维也纳教育学院兼职教授。位于魏玛街100号的布勒夫妇沙龙，很快成为从世界各地到访维也纳的社会人士和知识分子的圣地。到 1937 年，布勒吸引了来自 18 个国家的博士研究生。

1938 年 3 月 23 日，布勒被纳粹逮捕，但不久后（于 5 月 7 日）在朋友帮助下获释并于第二年途经奥斯陆移民美国。在此之前，布勒曾在美国短期执教〔1927 到 1928 年间在斯坦福大学、约翰·霍普金斯大学和哈佛大学，1929 年在芝加哥大学，1930 年获得哈佛大学麦克杜格尔教授职位（the MacDougall Professorship），在拉德克利夫学院从教〕。然而他的妻子夏洛特·布勒（Charlotte Bühler，1965：187）在几年后明确表示："因为我们两个人都非常喜爱维也纳，我们决定待在那里。"回顾往事，这一决定被证实为一个代价昂贵的错误，经过 25 年流放岁月之后，布勒 60 岁以后的命运已经不可逆转，他没能找到与其名声相符的职位，被迫在明尼苏达州的德卢斯和圣保罗的天主教大学里教授心理学。1945 年第二次世界大战结束后，布勒夫妇定居洛杉矶，直到 1955 年布勒在南加利福尼亚大学医学院担任精神病学临床助理教授，后来成为达斯黎巴嫩医院（the Cedars of Lebanon Hospital）的一名心理师。这位饱受折磨的难民于 1963 年逝于加利福尼亚。他的妻子在布勒去世后说："我们在政治上非常幼稚地以为奥地利是一个安全的地方。"不幸的是，在六周的监禁期间，纳粹德国秘密警察对布勒的性格造成了无法治愈的伤害。自己的同胞以这样的方式虐待他，成为一生的阴影。他变得沉默寡言，承受着长时间的压抑，他的创造力源泉也消耗殆尽。我坚信他被纳粹迫害的唯一原因是他的妻子夏洛特——尽管她出生在一个新教家庭——有犹太血统，如果布勒与她离婚，他就能保住学术职位和社会地位。

在追溯第二次世界大战后布勒"学派"的解散时，夏洛特（Bühler，1965：193）给出了有趣的、让人惊讶的评论，我认为还有些夸张："在语言心理学领域布勒没有任何著名的维也纳学生……真正悲哀的是，他没能见证自己语言理论的胜利。"布勒的遗孀继续发布无礼的、任性的、与事实不符的评论："罗曼·雅柯布森的著作主要依靠布勒，却没有对他表示应有的感激。"事实上，仅在雅柯布森《选集Ⅰ-Ⅱ》（1971a，1971b）中对布勒的引用就有 20 多次，而且几乎每次引用总是持称赞的态度，更有意思的是，这些引用都是关于符号学的。雅柯布森《儿童语言》（*Kindersprache*，1971a：328）开头第一句就是直接引用布勒 1935 年的论文，到 1967 年（1971b：671）雅柯布森仍然把布勒的《语言理论》（*Sprachtheorie*）视为"在语言心理学领域最有启发性的贡献"。雅柯布森最初对语言功能的探究，其本质在于区分日常用语（everyday parlance，既有实践的也有情感的，但总是面向所指）和诗歌语言（poetic language，通过一组符号来体现），这种区别可追溯到 1921 年，许久之后才与布勒经常引用的 1934 年三元工具论模型（triadic organon model）合并（Sebeok，1960：355），但雅柯布森创造性地增加了另外三个言语活动要素，每个要素对应一个特定的交际功能。

让人好奇的是，夏洛特指责雅柯布森的一个学生保罗·加文（Paul L. Garvin），误认为他是"一个年轻的语义学者"，负责布勒死后《语言学》英译版出版，而且，是通过我的研究中心出版。然而，我并没有收到书稿，据我所知，至今其他地方也没有收到该书稿。加文（Garvin，1964：633）确实写过一则简短的讣告并强调"布勒的语言域理论（field-theory of language）是把格式塔理论的图形和背景思想改编为语言心理学"。他建议放弃 organon，因为这个词充满了亚里士多德的内涵，当然，与培根的"工具"（tool）相呼应——一个由符号组成的工具，以指示性的或象征性的方式发挥作用，这两个词围绕着首要词"环境"（umfeld）。这个词立即唤起雅各布·冯·乌克斯库尔（Jakob von Uexküll）的术语（Sebeok，1979，Ch. 10）。非常有意思的是，布勒清楚地认识到它的符号学意义。1934 年，布勒评论说，乌克斯库尔的基本概念"符号"（Merkzeichen）或"感知符号"（perceptual signs），以及"效果符号"（Wirkzeichen）或"操作符号"（operation signs），其定位是属于符号学的。

需要指出，就术语而言，在匿名作品《符号学概要》（*Outline of Sematology*，1831：1）中，布勒最常使用本杰明·斯马特（Benjamin H. Smart）造的词，而我们称之为"符号学"（semiotics）。斯马特沿用洛克的知识三分法："所有关于符号（ta semata）使用，或知识符号的使用，可被称为 Sematology"。他（Smart，1831：2）进一步强调："关于符号学，即知识的第三个分类，它是符号的学说，展示思维在获得其他类知识时是如何操作的。"斯马特在其后的著作中继续使用这一术语，尤其是在他的《符号学续论》（*Sequel to Sematology*，1837）中；萨伊斯（Archibald H. Sayce）选择了这一术语，随后最有影响力的英语词典专家穆雷（James A. H. Murray）在牛津英语词典和他在 19 世纪 80 年代初发表的一篇文章中也使用了这一术语。在那个时代，很多人读斯马特的作品，如查尔斯·达尔文（Charles Darwin），他的语言哲学思想与斯马特（以及 Dugald Stewart）是一致的。然而，现在已经不再使用"sematology"一词了，除了布勒的特殊德语表达（Teutonization）。[①] 我感到奇怪的是，他不喜欢他的维也纳同事海因里希·戈佩兹（Heinrich Gomperz）的"semasiologie"（1908）一词，该词最初被认为是由克里斯丁·卡尔·赖西希（Christian Karl Reisig）模仿"etymologie"一词创造的，因为布勒的许多符号学概念都与戈佩兹的概念相似，冈瑟（Günther，1968）在未发表的硕士论文中具体谈及了这一观点；但布勒习惯地喜欢使用"sematologie"一词，只有在经典上下文中才偶然使用"semiotik"（1968：16，18，19，162）。

正如夏洛特（Bühler，1965：195）对她丈夫的评价："卡尔是一个博学家，不能把他归于哪类。"他涉猎心理学的诸多领域，"是同时代研究最广泛的学者之一"。比如，可以写一篇评价布勒对儿童心理学研究的论文，这一研究影响了学校改革运动（Bartley，1973：146），其中包括他对语词符号（verbal signs）个体发生的前沿性研究，特别是对他女儿英奇（Inge，1918：224）的观察。根据他妻子对儿童心理学几乎无偏见的调查（Bühler & Hetzer，1929：221），"在布勒的著作中最基本和最全面的形成了"。但 20 世纪 20 年代早期，皮亚杰（Piaget）这种激进的不同研究方法——将结构和起源结合在一起，或一个带有经验色彩的理性主义模型——已经影响了当时的德国研究者们。

除了布勒，当时弗洛伊德（Freud）和阿德勒（Adler）也居住在维也纳，心理分析理论泛滥，热衷于学说纷争。由于自己的医学背景，布勒和大学的精神病学研究所联系紧密，许多分析家参加了他的讲座和研讨班。就像夏洛特（Bühler，1965：196）所说："与弗洛伊德相反，我认为应从健全心智而不是病态心理来解释人类发展。"在这一点上，她和丈夫起点相同。莱布泽特恩（Lebzeltern，1969：39）的观点似乎在总体上也是正确的，"布勒在社会地位

---

① 历史上条顿人是日耳曼民族的一个分支，他们的部落从欧洲北部的日德兰半岛（大致是现在的丹麦）开始了漫长的迁移，并从公元前 1 世纪开始，不断地侵入古罗马帝国的领土。虽然后来条顿人几乎被异族完全征服，但他们的文明遗产却保留至今，英语中的单词 Teutonic（条顿）和 Germanic（日耳曼）几乎是同义的。

和学术认可度方面是高于弗洛伊德的"。虽然由于他们在当代的相对位置和表面看起来无法跨越的种族隔离政策，弗洛伊德在心理学中的边缘位置和布勒的中心位置形成对比，但布勒（1927：178）慷慨地评价弗洛伊德"是一个伟大的魔术师，深深地迷住了他的学生们"。在我看来，这两位代表维也纳不同世界的杰出居民之间的复杂关系还没得到真正的研究。

接下来，我不打算重新审视学者们所熟悉的《语言理论》（Sprachtheorie，1934），这一著作被许多人认为是布勒唯一持久的贡献。克鲁格（Krug，1929）详细分析了它的历史背景。坎普（Kamp，1977）最近出版的专著也对布勒的语言域理论（field-theory of language）进行了全面分析。布勒的杰作应该和他的精彩论文一起研读，他的论文声称要建构语言学研究的四条基本原则［1933，1936 年后再版了该专著的删减本，但附带了伊丽莎白（Elisabeth Ströker）的一篇介绍和评论，英尼斯（Robert E. Innis）最近把它译成了英语］。两部著作围绕布勒基于符号学的语言"有机"模型指导原则，但我关注的是布勒"信息交换"（Zeichenverkehr，exchange of message）概念中被忽视的一些方面，这是我在这一领域中最感兴趣的内容。即使这一话题在这里不能详尽阐述，也会让人心存感激；期待布勒的符号学，尤其是以他所有作品为整体背景的符号学，比冈瑟（Günther，1968）的论文有更为详尽的论述，他的论文虽值得称赞却缺乏分析，并且编造了布勒的符号学和乔治·米德（George H. Mead）符号学的对比。

布勒认为，再现功能（representative function）区分了语言和没有语言的生物的符号活动，他从言语行为出发把语言范畴属性定义为表达功能、通知和宣告的组合，将符号和信息源关联起来。呼吁功能连接的是符号和信息，再现功能连接的是符号和上下文。对象关系是因说话人的宣告而在听话人那里引发的心理过程。特鲁别茨柯依是布勒在维也纳大学的同事，两人关系亲密，他在布勒离开之前的几个月去世。特鲁别茨柯依（Trubetzkoy，1939：17－18）观察到每个句子的三个方面，认为布勒的伟大贡献在于对这一看起来简单却长期被忽略事实的研究。现在大多数语言学家都熟知，一个句子要有意义就要考虑说话人和听话人的认知结构，正是这种认知结构组织着听话人和说话人的世界，决定了语言是如何映射到这些结构上的［布勒关于语言功能的理论是从心理学角度解决语言学问题的一个尝试，帕祖钦（Pazuchin，1963）饶有兴趣地讨论了这一问题]。

这种三元图式已经出现在胡塞尔和波尔齐格（Porzig）的著作中，但布勒进一步把它与"抽象相关性"原则关联起来，只有部分特征参与符号活动［布勒的部分/整体对应皮尔斯的对象（object）/基质（ground）］。布勒认为，语词符号的再现功能是这种相关性的直接后果，无疑这是他从戈佩兹（Heinrich Gomperz）对"一物代一物"（aliquid stat pro aliquo）的重新解释中得出的结论。相关性的抽象性是这一事实的一个结果，即语词符号可同时执行这三个功能，虽然它假设在任何特定信息中，其中的一种功能将占主导地位，而其他两种功能则根据言语行为的目标居次要地位。它由行为者、行为领域、行为者的需要和机会构成一个三元关系。布勒强调言语行为的社会属性，从而摆脱了胡塞尔的主观主义行为命题，但布勒的作品明显受到《逻辑研究》的影响，更不用说亚历克修斯·迈农（Alexius Meinong）的哲学著作。布勒直接追随胡塞尔区分了意义和指称。一个表达在不改变自身意义的情况下可以指称不同的对象，反之亦然：具有不同意义的表达可以指称同一个对象（比如"乔治·华盛顿"和"美国第一位总统"）。换句话说，我这里采用洛齐丘什（Laziczius，1942：22－23）的解释和批评，在布勒论证的背后潜藏着另一个分歧，即"意义"和"表意的意图"（the intention to mean），四维矩阵参见表6－2。

表6－2　语言四维矩阵

	I	II
1	语词信息 Sprechhandlung （parole）	言语产品 Sprachwerk （ergon）
2	言语行为 Sprechakt （energeon）	语言结构 Sprachgebilde （langue）

I下面是具体的语词信息和言语行为；II下面是发送者的言语产品和语言结构。1和2是层级关系，2是比1更高的层级。洛齐丘什（Laziczius，1939）最早分析了布勒所谓的第三公理是循环论证，他的批评令人信服（虽然其他读者可能不同意这一说法）。

布勒认为"意义"和"表意的意图"的隐含区别是一种同音异义现象。当我单独说出一个英语单词的发音/baer/时，我用它表示"支持""裸露的"，还是表示猫科哺乳动物，这取决于我的"意图"，听话人只能根据语言和/或非语言上下文猜测。对我而言，作为说话人，不存在同音异义，因为我知道我要表达的意义；但对我的对话者来说，意图就发挥作用，雅柯布森（1971b：575）以更精确的方式将之称为"上下文的条件概率"。

布勒对符号功能的分类取决于症状的来源，是内省的外在化表达，信号构成内在和外在行为目的的指引，符号的产生依据上下文。毫无疑问，在结束这个主题之前，应该强调布勒提出的功能清单和符号分类，按当代的观点看并不全面；早在 1937 年波加特廖夫（Petr N. Bogatyrev，1971，Ch. 19）就已经意识到这一点，他在讨论"功能结构的功能"问题时，意在通过这个奇怪的短语引起人们关注更高级的符号功能，关注功能复杂整体的协调操作，即元功能。这一内涵丰富的概念最终被推广至其他领域，被语言学家卡尔·霍勒克（Karel Horálek，1948）以及其他学者使用。

布勒认为，语言是行为的副现象，更具体地说是行为的表达。因此，他关于表达行为的书——1933 年首次出版，1968 年再版——可被视为他对符号学的重要贡献。然而英美关于主体的文献，以及西欧包括德国关于非言语交际的著作都很少引用布鞋的这一理论，他们似乎忽略了本土的遗产。

表达行为的研究尤其是昆提利安的研究具有综合性和双重性，即起源于心理诊断学和修辞学（Bühler，1968：227−235）。布勒的书旨在说明，行为这些方面的历史体现出理据性状态——情感态度和心情；认知状态，比如注意和集中；激活状态，比如兴奋和疲劳；准个体属性，换句话说，在功能上非常不同的物质——大体上构成一个"完善的系统"。这些通常都被误导性的术语"表达行为"归为一类（比如，言语行为和表达运动）。然而，埃克曼（Ekman，1969）和他的合作者们在追随大卫·埃夫隆（David Efron，1941，1972）才华横溢且前卫的著作过程中，提及许多复杂的范畴。言语行为和表达运动的关系位于一个相当抽象的水平，准确地说是符号学关系。因此，布勒在讨论古代通过面部特征判断人物性格（包括作为一种占卜方法）的相面术（physiognomy）时，尝试弄清这门艺术的区分性特征，并且在六种辅助性冲动中发现了亚里士多德符号学，这在 18 世纪及 18 世纪以后被称为"经典符号学的一次明确应用"。布勒（Bühler，1968：18）引用圣·格里高利（Saint Gregory）对恺撒大帝（Emperor Julian）的惊人判断。格里高利从恺撒的面相预测他对基督的仇视，基于以下夸张的描写：

> 他肩膀上扛着一个笔直的、僵硬的脑袋，他目光游移不定，充满野性和疑惑；他的步态摇摆不定，他的双脚一直在动；他的鼻子看起来无理和骄傲；他的笑声聒噪；他焦躁不安，不守规矩；他的回答永远是"是"或"不是"；他总是提出烦人的问题，却很少给一个确定的或及时的回答。

格里高利通过看起来随机但具有区分性特征的能指来建构恺撒的性格，形成一种隐性推理，他的生长过程将与统一的"所指"一致，即这些特征将意指恺撒的内心一致性。布勒正确地指出批评经典符号学原子化、反结构的观点是不正确的，并清楚地解释了符号学的历史所涉及的内容。比如，约翰·雅各布·恩格尔（Johann Jokob Engel）从戏剧中获取的洞见（Ch. 3），布勒对此尤其感兴趣并以极大的理解和热情发展其理论，查尔斯·达尔文的特殊指称结构包括了"动物和人类的全部表达目录"（Ch. 6），普通行为学和人类行为学，或换句话说，动物符号学发展为一个更广泛的符号科学。恩格尔为区分再现和表达奠定了基础，布勒（Bühler，1968：40）赞扬这一步骤是理解模仿的公理。他坚持呼吁"一个全面的新计划，且必须在一个符号学公理的指导下开展"（p. 88）。

在回顾路德维格·克拉格斯（Ludwig Klages，Ch. 9）的"笔迹学"（Ausdruckslehre）时，布勒提出了很少被讨论的目的论问题，即表达行为和自由意志的关系。如马丁纳克（Martinak，1901：27，80-83）所预计的，这一争论既复杂又精深，但吸引我的是布勒注意到的一个古老的意义和符号学问题。此外，这一问题不仅与亚里士多德的面相术有关，而且体现在冯特对脉搏曲线和呼吸频率的实验分析中，它们是"测谎仪"的构成成分（其司法准入性还有争议，Lykken，1974）。

布勒在最后一章（Ch. 10）讨论了艺术的当前状态，尤其是他为表达领域的未来研究预测了一幅清晰统一的符号学蓝图："为了赋予它明确特点，表达理论当前最需要的是发展一门合成符义学（synsemantics）。由于孤立于表达性词汇中，由于必须由科学来完成，模拟事件富有成效的时刻出现在符义学领域；它们的病征价（pathognomic valency）和面相价（physiognomic valency）源于上下文。必须从符号学角度将之视为显现的症状，就如同言语中的语词或一幅绘画中颜色斑点的价值。"

因此，令人非常遗憾的是，一方面，布勒学术研究的价值往往被低估甚至完全忽略，他的编年史内容不仅丰富而且重要；另一方面，无论是在美国还是在欧洲，这一领域的许多研究者并没有意识到他们是站在布勒的肩膀上看问题的。不夸张地说，我见过的非言语交际专业的学生中，没有一个知道表达理论，它是一个里程碑，其先行者至少可追溯到昆提利安（Quintilian）。比如，德斯蒙德·莫里斯（Desmond Morris，1979：278）和他的合作者们列出的参考书目中，没有证据显示他们中有人查阅过这本书。德语学者们忽视它更是让人尴尬，这个问题应该马上得到纠正。

另外，布勒对符号理论基础的关注包含修正、体内平衡（homeostasis）或控制论基础。他的著作中到处都是对控制问题、递归性和信息的讨论，翁格豪尔（Ungeheuer，1967）根据对《语言理论》的详查，认为可以扩展至作为一个整体的符号学理论。布勒熟悉爱德华·弗吕格（Eduard Pflüger）和克劳德·伯纳德（Claude Bernard）的思想，他们的思想在19世纪70年代晚期得到发展，后者主要观察的内容是任何动物的内部环境是平衡的或自我纠正的，但后来坎农（Cannon）详尽阐述的体内平衡概念，对布勒来说并不能完全描述人类的精神生活。布勒（Bühler，1968：188）去世10年后，关于他的一个评价才引起了我的注意："历史告诉我们，建构性思维支持环境概念并以此种方式得到决定性的想法，这正是我建议专家去做的。是这样一个假设：一个真正的信号能力存在于身体内部的规则之中。关于'这意味着什么'这一问题，必须在最新的广义生物学模式框架下予以重新考虑，我们要再次修订和讨论，尽量得出结论。"

布勒（1968）清楚地意识到，他关于再现和表达的区分是符号差异性的决定性因素，英国的一些经典逻辑学家们曾经强调了这一差异并进一步发展，如弗雷格和他之后的马蒂（Marty）、马蒂纳克（Martinak）、胡塞尔、戈佩兹（Gomperz），尤其是迈农（Meinong，1977），他为回应布伦塔诺的论文写了指代理论①。布勒认为，这些先驱者们与他的想法一致："1918年我写了这一

① 原文中是 theory of supposition，在中世纪，supposition theory 是指代理论，被称为 Medieval Theory of Supposition，而奥卡姆（Ockham）的指代理论代表了中世纪的最高水平。

主题，至今仍不需要添加任何东西。"（迈农的假设是关于交际的重要论述，还有其他符号学主题，如游戏的本质、冲突的一致性；为能把握布勒的思想，我们必须先理解迈农的思想）。我们应在主要的思想来源加入柏拉图的《克拉底鲁篇》、亚里士多德、昆提利安、康德、洪堡特、卡西尔、索绪尔，他们的符号学思想目前仍被误解和被低估（Haller，1959：154）。反过来，布勒对特鲁别茨柯依的影响要追溯到 1931 年，两人"富有成效的讨论"（Jakobson，1971b：715）作为常识影响了布拉格学派的其他成员。他的第二公理，声称言语现象应归入符号学现象领域，是那个时代的语言学家们所普遍认同的。布勒把符号功能归入他的再现概念，提出了另一个三位一体：客观意义、音位标记（符号的一个相关成分）、域符号（field signs，在上下文中出现，特里尔（Trier）曾经阐释了这一概念）。在布勒那里，再现和表达是对立的，它们在布拉格学派那里伪装成指示功能并具有特定的力量，直到雅柯布森发现了皮尔斯对再现的界定。

2.3 未决问题

顺便指出，巴特利（Bartley，1973：148）认为，虽然维特根斯坦不是布勒的学生，但他却是"向布勒学习的那些人中最杰出的"（虽然维特根斯坦时不时谴责布勒为"江湖郎中"）。尽管如此，"布勒和后期的维特根斯坦在一些重要思想方面有惊人的相似之处"（Bartley，1973：149）。

布勒的著作有学究式特点，需要读者不仅了解当代心理学史，而且了解哲学谱系知识。他所有著作的辩证发展可简化为一些相当简单的术语。他的主要论文简单流畅，却巧妙地讨论了在特定状态（或规则意识）和特定逻辑结构之间存在着一致性。他没能证明任何这类同构性的存在，甚至主体逻辑（心理学家的主要任务）和逻辑学家（比心理学家的研究范围更广）的同构性也没能证明。反过来，这一想法依据的是两个完全对立的术语：无生命的和有生命的。无生命的是无意识的，荣格沿用诺斯替教派（Gnostics）① 的说法，称之为

① 初期基督教的一派，又称诺斯底派、灵知主义，主张物质邪恶，神是纯粹的灵，人是不可知的。

pleroma（Plentitude），与有生命的或创造物（creatura）相对，在两极之间存在着固有的张力：人类思维的创造性本质，在生物学控制的基础上产生的精神和操作。在最后的分析中，后两者本质一致，思维的创造性本质，反之亦然，两者事实上都与普通的物质宇宙相分离。阿尔伯特·韦勒克（Albert Wellek，1968：201）总结道："他的最后结论是，人类本质上是独立于机器或机械性原则的，在某种程度上也独立于动物的纯粹生物性，如思维和推理，格式塔经验和整体的经验。"

这一评论或许让人惊讶，布勒去世后，他研究动物和人类空间定位的遗作出版，被命名为《生物时钟》（*Die Uhren der Lebewesen*，1969）。这部专著探讨生物钟和认知地图，布勒假设人类和动物，无论是航行的林德伯格（Lindbergh）还是远距离飞行的蜜蜂，他们的经历是相似的。他的学生康纳德·洛伦兹（Konrad Lorenz，1971：324）证明，这一假定并非完全基于类比。布勒最伟大的发现是意识到反射训练是"一种真正的思维和经验的先验必要性"，简言之，布勒的公理是有证明力的。布勒把它称为从听话人处得到的证言。洛伦兹（Konrad Lorenz，1971：268）遵循老师布勒的论证，在几种方法中选择身-心二元论的解决方法，从而能假设一个确定无疑的身份。就心理生理学研究的实践目的而言，对这种表面的区分采取什么样的态度可能确实与之无关，我（Sebeok，1979，Ch. 5）在其他地方也表达了类似的观点，我们对于观察者和被观察对象之间关系的观点对我们从事的符号学研究具有深远影响。布勒临终前曾经说过（1969：157），这些研究是"非常有趣而且迫切的"，当然又是非常及时的。

最后我想再回到埃贡·布伦斯维克（Egon Brunswik），布勒曾经把他视作自己的学生。布伦斯维克为《统一科学国际百科全书》（*International Encyclopedia of Unified Science*）写了《心理学的概念框架》小册子。他主要采用客观功能方法研究心理学、控制论和交际理论。此外，布伦斯维克也非常熟悉查尔斯·莫里斯的符号学著作。我所能找到的布伦斯维克对布勒仅有的两处引用，一处是关于19世纪的心理学是内省主义者、自然力崇拜者、感受经验论者和联系论者的交汇，另一处是布勒早期关于颜色一致性的研究（Brunswick，1955：711，728）。布勒是符号学发展史上的一位转折性人物，毫无疑问，他还是一位具有精湛技巧的学者，但布勒能否被擢升为脚注之外的关键人物，需要等待符号学编年史问世的时候才会公布。

3　卡尔·布勒符号学核心文献

［1］Karl Bühler. *Theory of Language-The Representational Function of Language*. Trans. by Donald Fraser Goodwin. Amsterdam/Philadelphia：John Benjamins Publishing Company，2011.

［2］Konrad Koerner. Karl Bühler's Theory of Language and Ferdinand de Saussure's "Cours". *Lingua*，1984，62-3-24，3-24.

［3］Robert E. Innis. *Karl Bühler: Semiotic Foundations of Language Theory*. New York：Plenum Press，1982.

4　关于《卡尔·布勒》的思考

由本维尼斯特（Émile Benveniste）、格雷马斯（Algirdas Julien Greimas）、雅柯布森（Roman Jakobson）、克里斯蒂娃（Julia Kristeva）、洛特曼（J. M. Lotman）和西比奥克（Thomas A. Sebeok）联合发起，创立于1969年的国际符号学学会集合了来自世界各大洲65个国家的符号学专家。国际符号学会每五年举办一次国际大会，分别在米兰（1974）、维也纳（1979）、巴勒莫（1984）、巴塞罗那与佩皮尼昂（1989）、瓜达拉哈拉与墨西哥城（特殊补充会议，1997）、德国（1999）、法国（2004）、芬兰（2007）、西班牙（2009）、中国（2012）、保加利亚（2014）、立陶宛（2017）、阿根廷（2019）举行。《卡尔·布勒》是西比奥克为第二届国际符号学大会（The 2nd Congress of the International Association for Semiotic Studies）写的发言稿，于1979年7月5日刊发在奥地利首都维也纳《维纳·埃尔贝》（*Wiener Erbe*）系列上。

关于布勒在符号学史上的地位，西比奥克（Sebeok，1987：143）这样评价："布勒是符号学发展史上的一位转折性人物，毫无疑问，他还是一位具有精湛技巧的学者，但布勒能否被擢升为脚注之外的关键人物，需要等待符号学编年史问世的时候才会公布。"西比奥克的评价说明了布勒的特殊地位，因为从现代学科角度讲，布勒属于心理学领域的学者，他的研究都是基于医学、心理学的一种拓展，但因为布勒在不同领域的成就，又很难为布勒划定一个位置。我们需要了解心理学史、哲学谱系知识、语言学、交际学、控制论、信息论、数学等，才能更好或更加全面地去了解布勒的研究范围。受限于知识和视野，我们在此仅依据西比奥克对布勒一生的回顾，简单梳理和勾勒布勒的符号学思想。

第一，符号学色彩的言语行为理论。布勒强调实验法，这是布勒在与冯特争论时一举成名的重要原因。在思维和语言的关系问题上，布勒认为，思维独立于文字表达，句子层在逻辑上高于词汇层。这种层级的划分和理解体现出布勒的格式塔理论或整体理论，这与索绪尔的系统观一致，即语言是一个整体，是从上向下的划分得到了语言的各种层级单位。

第二，布勒的三元论工具模型（triadic organon model）影响了雅柯布森的语言功能观，后者在布勒语言三功能基础上提出了语言的六种功能。

第三，布勒的符号功能理论与乌克斯库尔的"环境"概念有相似之处，都是定位于符号学。布勒将符号视为获取知识的工具，符号学则研究和分析知识获取过程中的各种要素间的关系、操作过程等问题。

第四，布勒的语词符号个体发生研究是对符号学的前沿性贡献。

第五，布勒关于再现（representation）和表达（expression）的区分，强调了人类语言或自然语言与动物符号活动的本质区别。这为语义学提供了启示，一个句子的意义不单是由词的组合决定的，还需考虑发话者和受话者的认知结构，这就将符义学和符效学问题紧密联系起来。语词符号的再现功能是基于一种抽象相关性，即符号和符号所再现的对象和事件的状态之间的联结点是抽象相关性。布勒于1933年出版了《表达理论》，详细论述了他对表达行为的研究，在语言与行为的关系问题上，布勒认为，语言是行为的表达，也因此语言是行为的副现象。表达行为还和人的自由意志相关，如果违背意志则是谎言。布勒关于表达理论的设想是发展成一门合成符义学（synsemantics）。

第六，布勒对符号学的跨学科认识。布勒的符号学理论涉及医学、心理学、交际理论、控制论、信息论、数学的递归性、生物学的体内平衡和自我修正、哲学等。

第七，布勒的三元关系。虽然布勒于1934年提出的语言功能工具模式包含四个要素：符号（sign）、语境（context）、说话者（speaker）、受话者（addressee），但他似乎更倾向于三元关系视角，如语言三功能（表达、再现、呼吁）、言语行为的三元关系（行为者、行为领域、行为者的需要和机会）、符号三元（信号、征候符、象征符）、再现三位一体（客观意义、音位标记、域符号）等。

七、雅各布·冯·乌克斯库尔

(Jakob von Uexküll)

1 雅各布·冯·乌克斯库尔符号学关键词

雅各布·冯·乌克斯库尔（Jakob Johann von Uexküll）1864 年 9 月 8 日生于爱沙尼亚，1944 年 7 月 25 日在卡普里岛（island Capri）逝世。Uexküll 一词源于今位于拉脱维亚境内的一个村庄，在爱沙尼亚语中表示"一个村庄"。乌克斯库尔的父亲于 1878 年至 1883 年间任爱沙尼亚塔林市市长。从 1884 到 1889 年，乌克斯库尔在爱沙尼亚塔尔图大学学习动物学。毕业后，他前往德国海德堡大学生理学院工作，加入了库恩（Wilhelm Kühne，1837—1900）的研究团队。1907 年乌克斯库尔因其在肌肉生理学领域的研究而获得海德堡大学荣誉博士。1892—1902 年间，乌克斯库尔还在意大利那不勒斯动物站工作。1926 年乌克斯库尔被任命为汉堡大学环境研究院主任。1993 年 11 月 16 日，在爱沙尼亚塔尔图乌克斯库尔中心成立，爱沙尼亚博物学家学会为中心提供办公场所，该中心讲授生物符号学课程，定期举办研讨会，还建立了雅各布·冯·乌克斯库尔档案。根据库尔（Kalevi Kull，2001）[1] 的不完全统计，他提供了 226（部）篇关于乌克斯库尔的研究文献，包括 47 本书（德语 34 本，其他语种 13 本）和 179 篇发表在期刊和报纸上的论文。

西比奥克在《动物符号学》（*Perspectives in Zoosemiotics*，1972：61）中就指出：乌克斯库尔是动物符号学发展史上不可缺少的人物。西比奥克（Sebeok，1998）[2] 进一步介绍了乌克斯库尔对符号学的贡献，将他视为生物符号学的奠基人。乌克斯库尔还被认为是理论生物学和有机体行为实验研究的奠基人，也是 20 世纪从符号学角度研究生物学的先驱，他将索绪尔、皮尔斯等开创的以人文科学和社会科学为中心的现代符号学扩展到自然科学领域，为符号学研究领域的拓宽做出了重要贡献，他将符号活动、符号行为、符号系统等概念定位到生物领域，从生物学领域寻求符号学的根基和起源，发展了环境（Umwelt）、环境界（Umwelten）、自我、他者、主体等具有生物符号学色彩

---

[1]　Kalevi Kull. Jakob von Uexküll：An introduction. *Semiotica*，134－1/4（2001）：1－59.

[2]　Thomas A. Sebeok. The Estonian connection. *Sign Systems Studies* 26，1998：20－41.

的重要概念，建立了生物符号学的理论框架和研究方法，发展了相对完善的认识论。

乌克斯库尔于 19 世纪提出了环境概念。任何一个个体主体以自己为中心，根据自己的特定需要建构自己的环境，每一个主体位于一个关系网的中心位置，同时通过网络与同种和异种的物种特有世界建立联系，因此，环境是一个共享的主客观世界，不是完全客观的、物理的环境。每一个主体会发展自己的认知地图或内在环境（Innenwelt），并通过交际不断拓展自己的活动和认知范围。"原则上讲，环境是一个模式化世界，是无限可能变体中的一种，环境诸要素据此被组织成可能经验的结构。对居民或栖息动物而言，一个环境是经验的真实世界和日常现实"（Deely，2018：79）。迪利（Deely，2018：85－86）认为，想法（ideas）对应内环境，代码（code）对应环境，这是人类物种特有的属性。代码和想法都属于逻辑解释项。

"符号系统研究既是生物学的，也是符号学的。在乌克斯库尔那里，生物学和符号学实现了融合"（Kull，2001：2），这种融合的基础是共同的研究对象，即都以交际结构为研究对象，且这一交际结构都是一种符号活动的产物，我们因此得到这样的假设：符号科学和生命科学具有同延性（Kull，2001：3），"在生命进化之前不可能存在符号活动"（Sebeok，1977：436）。"'环境'（乌克斯库尔的"Umwelt"——本文作者注）理论为我们如何看待有机体提供了一个内在视角，在对生命系统的研究方面，这一观点是革命性的创新，它也由此成为生物符号学，甚至是广义符号学的中心概念"（库尔，2013：146）。

乌克斯库尔既不是进化论者，也不是活力论者（vitalist），他更像是一个机械论者，他赋予有机体或生物以时间和空间的属性与维度，他继承和发展了贝尔（Karl Ernst von Baer）对生物时间组织属性的观点。乌克斯库尔并不认同起源于欧洲的生物学观，他努力重构生命科学。和众多学者一样，乌克斯库尔从创建术语开始。1904 年他提出了"神经运动调节法则"，这是反馈原则的早期形式之一。乌克斯库尔的主要著作是《理论生物学》（*Theoretische Biologie*，1920)[①]，他注重生理学中的因果关系，积极从生理学实验获取知识作为生物学的基础，使用"功能循环"来解释反馈概念，我们可将之视为符号

[①] 乌克斯库尔的《理论生物学》1920 年第一次出版，1928 年为第二版。

活动的一般模型，"功能循环是环境建构的机制"（Kull，2001：7）。

1909 年乌克斯库尔在《动物的环境和内在环境》（"Umwelt und Innenwelt der Tiere"）[①] 一文中引入了"环境"概念，用来表示一个有机体的主观世界或主观化的意义世界。"环境"是乌克斯库尔理论生物学的核心概念之一，被广泛引用，旨在探索生物主体是如何感知所孕育它们的环境，并根据这种感知去对环境施加影响，从而处于与环境的互相影响和互相改造过程中。乌克斯库尔将自己的生物学研究方法称为"环境研究"。

有机体因为自己的结构和功能循环差异而互相区分，在这种意义上，所有的生物或有机体呈现为交际结构即符号活动。功能循环又分为感知和操作，每一种有机体在无限感知和操作循环中以动态的方式建构自己的环境，直至生物体死亡即感知和操作停止。"每一个环境内部都形成一个封闭的单位，其所有组成部分都受到它对主体意义的制约"（Uexküll，1982：30）[②]。符号及其意义问题是生命和有机体面临的首要问题，生命是一个有机体持续动态建构自己环境界的符号活动，其意义呈现为自组织代码系统对符号的功能性阐释。

乌克斯库尔在生物学研究上追随穆勒（Johannes Müller，1801—1858）和贝尔（Karl Ernst von Baer，1792—1876），其哲学观则基于康德。乌克斯库尔将康德的范式拓展到生物学领域，而且在传统的主观/客观、主体/客体、实在论（realism）/唯心论（idealism）等二元对立概念范畴基础上实现了超越，发现了主体间互动的符号关系，由此提出了环境界概念。

乌克斯库尔的研究涉及动物行为、动物生理学、行为生理学、动物行为学、生物控制论、生物符号学、无脊椎动物比较生理学、比较心理学、生物学哲学等。雅各布·冯·乌克斯库尔的儿子图尔·冯·乌克斯库尔（Thure von Uexküll）撰写了系列文章论述其父亲建构的生物学是一种符号学，如"The Sign Theory of Jakob von Uexküll"（1987），"Jakob von Uexküll's Umwelt-

---

① 戈登·布尔加特（Gordon M. Burghardt）编辑出版的《比较动物行为学基础》（*The Foundations of Comparative Ethology*，1985）中收录了乌克斯库尔的 "Umwelt und Innenwelt der Tiere"，Chauncey J. Mellor 和 Doris Gove 将之英译为 "Environment and inner world of animals"。我们沿袭这一表述，将 Umwelt 译为环境，Innenwelt 译为内在环境。图尔·冯·乌克斯库尔（Thure von Uexküll）在《雅各布·冯·乌克斯库尔的符号理论》中将 Umwelten 解释为 Subjective-self-worlds（*Semiotica* 89-4，1992：281），即主观自我世界，我们将之译为环境界。

② Jakob von Uexküll. The theory of meaning. *Semiotica* 42 (1)，1982：25-82.

Theory" (1989), "Anthropology and the Theory of Medicine" (1995),
"Jakob von Uexküll's Umweltlehre" (1998) 等。

2 雅各布·冯·乌克斯库尔的符号理论[①]

〔德国〕图尔·冯·乌克斯库尔 (Thure von Uexküll)[②]

乌尔姆大学

2.1 个人历史和研究领域

雅各布·冯·乌克斯库尔 1864 年出生于爱沙尼亚的科波拉斯 (Keblas)。在多尔帕特（今天的塔尔图）完成动物学学习后，先后在海德堡大学生理学学院和那不勒斯动物中心工作。1907 年，海德堡大学授予他肌肉生理学荣誉博士。他之后研究生物是如何在主观上感知它们的生存环境以及这种感知是如何决定它们的行为的。他推广了"环境－研究"（Umwelt-research）的特殊方法。1926 年乌克斯库尔建立了汉堡大学环境研究院。1944 年，他在意大利的卡普里岛 (Capri) 去世。

乌克斯库尔的研究领域是生物行为与体内细胞和器官的相互作用，以及家族、群体和群落内主体间的相互作用。他被认为是行为生理学的创始人之一，洛伦兹 (Lorenz) 和丁伯根 (Tinbergen) 进一步发展了这一学科。

乌克斯库尔尤其感兴趣的是这样的一个事实，即符号在生命过程中的所有方面都是最重要的。他发展了创新的整合性符号活动理论，这一理论直到现在还被人们误解，因为它不属于任何一门已建立的科学。它既不关注生理学——

---

① 《雅各布·冯·乌克斯库尔的符号理论》一文用德语写作，1979 年发表于德语符号学杂志 *Zeitschrift für Semiotik* 1，该文扩展版于 1981 年收录于德语版论文集 *Die Welt als Zeichen: Klassiker der modernen Semiotik*，1987 年该论文集英文版《符号学经典》(*Classics of Semiotics*) 出版，《雅各布·冯·乌克斯库尔的符号理论》中文译文译自英文版。——译者注

② Thure von Uexküll 是 Jakob von Uexküll 的儿子。

甚至行为生理学，虽然行为生理学在很多方面与他的理论相近——也不关注心理学，虽然主体及其感知和行为活动是它最重要的部分。此外，它既不属于人文科学，也不属于自然科学。乌克斯库尔把他研究的领域归为生物学，但不是今天狭义上的概念，而是把它视为植物、动物和人类生命的科学。如果把他的理论归为"普通符号学"，那么就能避免许多误解。同时，普通符号学显然属于边缘学科。一门包含自然符号系统的科学，在我们将人类符号系统称为"语言"之前，必须同时打破人文科学和自然科学的传统界限。然而，把雅各布·冯·乌克斯库尔的理论归为普通符号学的尝试也存在困难。因为他既不知道皮尔斯，也不知道索绪尔，并且没有使用过他们的术语，他的理论不可能轻易与任何已知符号学派的思想一致。因此，那些从语言学那里追溯符号学根源的符号学家们很长时间都不知道乌克斯库尔的符号学思想。西比奥克（Sebeok，1979：187−215）第一个承认乌克斯库尔对普通符号学的贡献。

然而，不能把术语的差异仅看作一个困难，它们还有助于理解不同符号学理论的差异之处。

2.2　什么是环境研究？

如果说环境研究（Umwelt research）既不属于心理学，也不属于生理学（甚至不属于行为心理学），还不属于生物学（如果限制在分子生物学范围内），那么，这一否定性的结论必须要进一步补充：在很多哲学词典中，环境理论被描述成新生机主义（neo-vitalism），因此被贴上了一种自然浪漫哲学的标签。这导致了更多的误解，因为我们在这里关心的实证研究，虽然区别于所谓的精密科学，但它有自己的预设、方法论和目标。我将这三方面简单总结如下：

第一，乌克斯库尔环境理论的前提与传统科学哲学对现实的分类截然相反：一切都遵循现实性，一切都从现实性演绎而来，现实性不存在于"外部"无限的空间中，它既没有开始也没有结束，并且充满了朦胧的基本粒子；现实性也不存在于"内部"，在我们内部以及被我们思维创造的模糊和扭曲的外部世界形象的内部。现实性在那些被清晰描述而外部观察者却看不见的世界中，乌克斯库尔称之为"环境界"（Umwelten，主观—自我—世界），感知就像泡泡一样包围着所有生物。这些"主观—自我—世界的泡泡"（subjective-self-world bubbles）就像莱布尼兹的单子（monads），是现实的要素，将它们自己融入所有对象和它们的主观自我世界构成的综合体，与此同时，在相互和谐中经历着持续的改变。乌克斯库尔用 Natur 表示这一终极现实（ultimate reality），它通过符号揭示自我，超越了物理学家、化学家、微生物学家所理解的自然本质。这些符号因此是唯一的真正现实；符号和符号活动和我们思维交流所遵循的规则和法则是自然的唯一真正法则。

"思维活动是我们立刻就能知道的关于自然的唯一一个方面，它的法则是仅有的可被正确命名为自然法则的法则。"（Jakob von Uexküll，1973：40）

既然乌克斯库尔相信，思维活动由接收符号和解码构成，最终来看，思维是自然创造的用来感知自然的一个器官。可把自然比作一名作曲家，他听着由自己创造的乐器演奏出来的作品。这导致了自然和人类之间奇怪的相互关系，一方面自然创造了人类，另一方面人类不仅在艺术和科学中，而且在经验世界里也创造了自然。

第二，环境研究法旨在重建创造性自然的"创造过程"，可被描述成"参与性观察"，参与和观察更清晰的定义是：观察首先是确定观察者在自己经验世界中注意到的哪些符号也被所观察的生物接收。这就需要仔细分析有机体的感觉器官（接收器官）。分析完成后，有可能观察到有机体如何解码接收到的符号。参与指另一有机体环境（周围世界）的重建或行为活动期间解码过程的分享，其前提是已经确定了有机体能够接收的符号和它们解释符号所用的代码。因此，参与不是"同情的理解"，深度心理学在使用"移情"这个术语时会从符号学分析中受益。乌克斯库尔（Uexküll，1973：167）反复强调，移情出现的地方，心理学方法与生物学方法就是背道而驰的。

第三，环境研究的目标是发展一门自然构成理论或将乐谱重建为"意义交响曲"，即自然是由无数个周围世界构成的，自然好像在巨大的键盘上演奏，我们的生命和周围世界只是其中的一个按键（1970b，176）。

2.3　环境研究和语言学

　　人与自然之间相互关系的准则是人类必须在自己的世界中创造自然，而自然创造了人类，要求我们考虑自然和语言中符号活动之间的关系。乌克斯库尔对环境研究和语言学关系的一个方面尤其感兴趣，即人类语言中的词、句子或数字在什么程度上具有动物环境中符号的意义。乌克斯库尔不了解皮尔斯、索绪尔、列维－斯特劳斯等人的著作，然而需要考虑这些著作的基础作用，因为自然和人类相互关系的法则与语言学研究中语言和人类的关系具有极大类比性，后者认为，人类在创造语言的同时，语言也创造了人类。

　　因此，我们面对的基本问题是如何解释语言和自然之间、人类和生物符号系统之间、语言规则和自然法则之间的类比性。这些相似性仅仅是偶然的和纯粹的表面现象吗？这种类比仅仅是对自然的一种浪漫、拟人的解释吗？或这里我们面对的是一种同形性（homomorphy）？比如，在复杂性的不同层级上总以一种大致相同的形式重复出现的一条基本原则，这一原则或许涉及隐性的基因关联？

　　如果接受最后一个选择，索绪尔对语言（langue）和言语（parole）的区分（或更一般意义上对代码和信息的区分），可被视为乌克斯库尔对一次行动计划和一个具体生命现象区分的一个例证。综合来看，语言或代码是作为言语或信息基础的共时系统，通过被说出来的词和句子得以具体表现。语言只存在于言语序列中，但它决定着言语的每一个步骤。为了解控制我们言语系统的规则，有必要观察言语，人们实际上所说的语言。这与乌克斯库尔的"计划"相似："我们的思维有一个内部计划，它只有在行动中才能展现出来。因此，必须在思维接收和处理印象时去观察思维"（1973：10），"格式塔（形式）永远只是无关紧要的物质内部计划的产物，而物质可体现为其他形式"（1973：183）。

　　言语或代码以及自然计划的概念看起来是对"到底是先有蛋还是先有鸡"这一历史问题的最终解决方法：作为一个接一个的具体现象，鸡和蛋仅是决定发展阶段的深层计划或系统的表现。

然而，对支配人类和自然科学发展规律的类比性解释，马上就会遭遇强烈的反对。言语规则是后天习得的并被生物体实践，这些生物体具备生物和智力能力，即大脑和记忆力，喉部器官和能够发声的能力，此外，可以支配文化史，而语言正是在这种文化史中不断发展的。发展法则中缺乏这些特性，生物发展和刺激反应过程中的新陈代谢和细胞差异依赖的正是这些发展法则。基于语言规则来模拟自然法则的解释，对控制细胞膜、分子行为以及扩散过程的自然科学法则给予拟人化的扭曲，冒这种风险是否理智呢？

2.4　符号接收者、"特殊生命能量"法则和"本我"问题

乌克斯库尔认为，这一反对是无效的，因为它还可用来反对人文/社会科学规则的存在。事实上，没人能声称是语言使物理学、化学和空气波分子生物学原则无效，是语言使内耳或是听觉神经作用变得无效。然而，要理解人类文化范围内的教育过程，仅凭这些自然法则是不充分的。语言学的结构规则适用于活着的人并关注重要的有意义的符号活动，语言学结构规则和生物学领域中假设的物理学和生物化学过程一起，可作为一种辅助手段。对于理解环境理论有两个基本点。

a. 环境理论假设，自然科学法则不是自然法则，而是我们面对自然现象时主观上得出的原则。然而，这种说法并不是企图否定它们的有效性，只是坚持认为它们的有效性必须包含人类感知、意图和抽象化努力。

b. 环境理论不是区分人类和自然，而是为生物界和非生物界划清界限。它把结构规则假设为自然计划，可类比于语言学的结构原则，只适用于生物体。

　　生理学的最终目的是把生物过程简化为物理和化学问题……组织的基本活动，比如肌肉收缩，生理学通过电熔炼法或渗透过程，把生命的表现简化为无机物法则。

　　生物学的方法截然相反……它的构成成分是生物要素（它把生物要素的相互作用视为理解一个有机体生命整体的基础），因此，在生物学中，有生物和非生物的关系问题并不重要。（1902：229）

有机自然和无机自然的划分不是基于随机的区分性特征，比如化学成分、尺寸、复杂性或结构形式，而是由生物中最先被观察到的特点决定的，即使在原生生物这种最简单生命形式中，这一特点也是内在的和固有的。这一内在特点是有机体对刺激的反应能力，不只是以一种随意机械的方式，而是它的特有反应。从这一点来看，所有生物都被认为是自治的，而无生物包括我们使用的工具和机器则是受外界支配的。这一特点清晰和肯定地表明了有机物和无机物的区别，就像乌克斯库尔强调的，与歌德同时代的约翰内斯·彼得·穆勒（Johannes Peter Mueller，1801—1858）最早做了如下描述：

> 感官印象不是外部对象的质量或条件转换为意识，而是由外部因素引起的感觉神经内的质量或条件的转换。这些品质在不同的感觉神经中存在着差异，但都被称作感觉能量(1840：254)。

关于这一描述乌克斯库尔写道："100年前，约翰内斯·彼得·穆勒发展了这一理论——在当代生理学中只是部分被保留下来，即每种有机物的行为不同于无机物的空间延展。一个特定无机物，不管它是由许多无关部分构成的，还是一台制作精良的机器，它对外部世界的反应与有机物和由活细胞构成的器官对外部世界的反应是截然不同的，因为活细胞是自治的，不受外界支配。"

如果一台机器，比如一辆汽车受到外部化学或物理的影响，它仅作为一个协调对象做出反应，并且只有一个齿轮或踏板动了，它才能动。在所有其他条件下，它只是一堆钢铁；只有推它的时候，它的零件才动，加热时才能变暖，受到酸侵蚀时才会生锈。

穆勒指出，一块肌肉有不同的反应形式。它从不对外部的任何刺激做出反应，不管是机械的、电的或是化学的刺激，就像一堆独立的零件，但总是作为一个整体（作为一块肌肉）收缩。穆勒把这种现象称为"特殊能量"。在那时，"能量"一词指生命能量或生命力，即和物理能量毫无共性的非物质因素。此外，特殊能量不受能量守恒定律的约束。它也可被描述成"整体能量"——"一种不能转移的能量"（1931：208f.）。

这意味着所有生物，包括细胞，作为主体只对符号做出反应，并且只要它们活着，就不对偶然冲动做出反应。既然所有生物都是由细胞构成的，那么，在后来的生命进程中它们的身体发育和与环境的对抗只能被理解为对符号的反应。所有生物都可把物理和化学刺激编码成符号。

在强调每个生物的自治时，可得出另外一个结论：一个符号永远不能单独存在，它总是循环过程的一部分，一个接收器收到刺激，把它们编码成符号，并对它们做出反应。最基本的符号活动，即"符号学原子"，是统治细胞生命的代码。细胞对每个影响都赋予一个特定意义或把它翻译成自己的特定代码，然后做出特别反应。这是自然的第一个例子，我们把这个特征描述为"自我"显现，即一个有机物区别自我和非自我的能力并在它们间建立一种关系。

最原始的符号关系——自我和非自我——（在这种关系中，双方互相指示）也是最普遍的关系。在生命进化过程中，这种符号关系区分了非自我因素，比如猎物、食物、敌人等，对应自我因素的区分，如猎人、饥饿的自我、受到威胁的自我等。所有这些关系的基础就是自我和非自我。穆勒的"特殊能量"就是"本我"。

当我们意识到环境是探究符号活动的研究，这一符号活动控制着始于细胞层的生命主体行为，我们就会发现语言学和生物学的结构规则之间确实存在一种类比性，最后的分析废除了人文科学和自然科学之间的区别。如果科学被理解为确定那些决定着与人相关的现象行为因素的尝试，那么狄尔泰著名的区分对符号理论就无效了。他认为，"解释"局限于自然科学，和人文科学中的"理解"是相同的。

因此，我们可将系统、结构、单位、代码等取自语言学的术语和环境理论的术语加以比较，因为语言学术语似乎比乌克斯库尔从音乐得出的术语能更精确地解释环境理论的概念。

2.5 符号的 "私有" 本质

符号活动还有另外一个典型特征，不仅对环境理论，而且对所有其他符号理论的理解都非常重要。

在最严格的意义上可以说，每个符号是"私有的"，或换句话说，不存在客观符号。对不同接收者而言，只有相同结构和相同代码的符号系统。这一结论与生物自治极其相似。对作为接收者的主体而言，每个符号的含义只能由该主体确定，或像乌克斯库尔（1931：209）所言："一个活细胞拥有它自己的自我品质。"

这个结论的深远影响可简化为一个共同特征：如果这样理解这个结论，自我体验的不可避免性以不同方式在不同程度上动摇了所有的哲学家，在每次体验中，我们同时在体验自我，和康德一样，乌克斯库尔也面对同样的基本问题。他写道：康德坚决反对天真观察者对他周围物理形式的求知欲，研究并比较它们之间的影响。先要确定你自己作为主体给自然带来了什么，然后再去审视你周围东西的本质。在对所检验的内容做出批判解释之前，先要检验你自己的感知。

康德告诉我们，时间和空间是不能从众多其他可被审视和触摸的对象中移除的，它们（时间和空间）是我们的感知形式。从这一刻起，我们的兴趣转向对本质的研究，我们有必要把时间和空间纳入我们的观察，这一灵活框架包含了每个事件的所有现象，并且所有事情都安排好了，不管是大的还是小的，远的还是近的，过去还是将来的。

康德进一步说，所有事物的特征不是它们自己的，而是我们自己投射的感知。所有事物中所呈现的特征范围可以扩展但不能超出我们的感觉范围。（1947：6f.）

换句话说，我们对自然的体验包裹在我们自我体验的伪装之下，或：

所有的现实是一种主观显现。这形成了对生物学的基本理解……承认这一点，我们就站在康德准备的用来支持所有自然科学的坚实基础之上。康德把人这一主体与客体相对，并列出了客体在我们思维中形成的基本原则。

生物学的任务是在两条线上扩大康德的研究成果：（1）考虑我们身体的作用，尤其是我们的感觉器官和重要的神经系统；（2）研究其他主体（动物）与对象间的关系（1973：9f.）。

乌克斯库尔根据这两条规则定义了他符号理论的范围。该理论基于这样的假设，我们必须首先检查符号的"主要接收者"，即我们自己和我们的思维，然后才能把其他主体，尤其是动物，置于符号接收者的位置。

2.6 人类经验宇宙的构成被视为一个符号活动的构成

2.6.1 首项附注

在初级阶段生命是由细胞主体维持的，细胞作为自治单元把每个冲动转换为主体（私有）符号——它们的自我特点——仅对这些符号做出反应，这一基本概念需要在两个层面展开调查：

a. 它需要一门新"解剖学"的发展，弄清楚具有复杂任务的更高级生命形式是如何从细胞主体的融合和初级符号活动中形成的。这种"解剖学"必须首先"剖析"研究者的主观环境，确定身体细胞和器官的初级建构过程（符号活动）。

b. 它需要描写我们观察自己和其他生物的"客观外部世界"是如何从我们的主观（私有）宇宙——我们的环境发展起来的。换句话说，客观外部世界是如何从我们的主观宇宙中衍生成一个抽象概念的。这个问题只能通过认识论生物学或生物学认识论解决。这意味着生物学和认识论结合起来作为一个研究领域。

只有当我们解决了这个双重问题，才有可能从事环境研究的实际工作：从我们人类经验世界的结构获得的知识出发，为其他生物的经验世界（它们的环境）重构一个模型。

把人类思维作为一个符号接收者的分析和它在我们经验世界建构中的工作方式呈现出一种结构或"解剖学"，它与语言的结构极为相似：就像语言有不同的层级（音位、词、句子等），对我们经验世界的分析也得到不同的层级，在每一个层级上可研究具有不同复杂性的符号活动。在每一层级上符号呈现出和人类语言符号间的惊人相似性。

2.6.2 基本符号活动

基本层级有两类符号活动："组织符号"和"内容符号"。两类符号的表达都通过作为接收器的特定感觉细胞。

组织符号可被描述成细胞的自我特点，或是我们身体表面皮肤的触觉细胞，或是眼睛视网膜上的特殊感知细胞。他们使用局部符号对每个刺激做出反应，在我们的主观世界中，我们把它们理解为"位置"。因此，一个组织框架通过位置组合而形成。

当两个皮肤触觉细胞或视网膜感知细胞以这种方式被成功刺激，第一种细胞的"自我特点"在消失，而第二种细胞的特点在增加，这时一个新的符号被创造出来：方向符号通过运动把两个位置连接起来。局部符号和方向符号只能生成关于位置的一个二维平面。只有通过肌肉活动的积极干预，调动皮肤（主要是手和胳膊）表面触觉细胞的积极性，或影响透镜的曲率，才能导致深度的变化，从而进入第三维度。

然而，仍需了解导致肌肉活动的任意冲动。由肌肉活动的意向产生的效应符号负责这类反馈，也就是说，发生在运动开始之前。我们此处遇到的是神经电流的反馈（接收器的外围），埃里希·冯·霍尔斯特和霍斯特（Erich von Holst & Horst Mittelstaedt，1950）基于神经生理学实验结果得出的再内导原则。效应符号不仅负责空间的第三维度，而且负责区分我们自己运动和其他物体运动的能力。在建构一个中央控制系统过程中，这类反馈的重要性是一些现象的基础，比如意愿、意识和自我形成。然而，不能高估它们对普通符号学的重要性。

环境理论强调了效应符号的一个不同方面，即空间先验性的重要性。这些符号产生于意愿意图（the intention of will）的反馈，不受外部影响（1973：38）。这个事实解释了思维发展出空间概念的能力，无须借助外部经验就能赋予我们的经验世界稳定性和秩序。空间是"我们感觉组织的重要部分，同样也是自然的一个真正法则，同时具有客观和主观有效性"（1973：39）。

时间也是如此，它的基本符号显示为"时刻"。然而，与形成空间的基本符号相反，在寻找作为中介物的特殊细胞主体这件事上还没能取得任何进展。因此，时刻被理解为思维的综合、连续阶段功能的符号，统觉被认为是一个生命过程（1973：70）。

局部记号、方向符号、效应符号和时间符号是我们经验世界中时间和空间的构成成分。当它们赋予这个世界结构时，所有其他符号就是这个结构的内容，它们被称作组织符号。这些符号是"世界的组织者"（1973：111）。

内容符号、颜色符号、声音符号、味道符号等也可以被分为特定细胞主体的特殊自我-品质。在生命的更高级形式中，形成感觉器官的接收器（眼睛、耳朵、鼻子等）。

在人体复杂组织的框架内，感觉细胞通过神经与大脑的特定区域连接起来。因此，它们的自我特征取决于被成功激活的细胞主体的一系列编码和解码功能。然而，在感觉器官外围的细胞主体不仅位于这些过程的起点，也通过对刺激的主观反应来创造它们自己。因此，它们是我们感官组织的基本组成部分以及它们的自我特征是基本符号活动的假设是正确的。

2.6.3　基本符号活动的代码

我们现在审视语言学内在规则和基本符号层级原则的类比。在这一层级上，与查尔斯·莫里斯（Charles Morris）认定的符号的三个维度有惊人的相似之处。我认为，普通符号学尤其感兴趣的是两个互相不认识的研究者，出于不同目的，从截然不同的起点出发，在完全不同的领域，发展了符号概念，并发现了相似的内在原则。

查尔斯·莫里斯（Morris, 1938）区分了符号的符构、符义和符效三个维度。在乌克斯库尔的基本符号活动中也存在这三个维度：

（1）符构指符号和符号之间的关系，所有基本符号都展现出高度的密切关系系统（1973：13）。比如，颜色特征系统中每个颜色与其他颜色都有一种确定性关系。可用一个六边的或彩色的圆形来表示这种密切关系系统。一个声音密切关系系统可通过音阶来表示，用香气尺度来测量气味。这一相同原则适用于热量、硬度、味道等。

当一个单独符号出现时，这些密切关系系统总是下意识地被感知，使这些系统如此吸引人。当我们认知红色时，我们总看到它不是绿色、黄色或蓝色，但与所有不在场的颜色处于一个有组织的关系中。我们同时会在不可见的尺度上看到一种红色的强度，从浅粉色到深红色。对于声音也是如此，在听到的每一个音调中，所有其他音调和渐变的强度都以静默的共鸣形式存在。这一原则适用于对热量、气味、触觉、味道的感知。

当我们感知一个单独的符号时，我们会下意识地感知属于该系统的所有符号。这一事实表明（在语言学术语中），个体符号的无序性（话语中，按时间顺序排列的词）总是嵌在系统的组合背景与结构中，或体现着系统的形式（格式塔），只是大致上可理解，下意识地决定着符号活动。就像国际象棋（索绪尔的例子），在一个看起来无序的游戏中，抽象的规则和关系系统控制着游戏的每一个步骤，只有这样才能理解这个游戏。与之相似，个人知觉的抽象系统具有它们的组织关系，能创造颜色、气味、触觉、味道具体感知的无序序列。索绪尔称这种创造性能力为"语言"，乌克斯库尔在生物学中使用"平面"这个术语。每一个个体符号只是隐藏着的整体或一个符号系统的一部分，就像海面上的冰山一角（Hawkes，1977）。

（2）这些规则的符义维度或系统排列，体现在组织关系中，系统具有独立和以完全任意的方式定义自身和它组成成分的能力。考虑到它的特征，即语义意义（红色、黄色、绿色或蓝色），根据与比色图表系统的关系将每一种颜色确定下来。其他感觉符号也是如此，音调的意义通过音阶确定，热量的意义通过温度标尺确定，等等。

每一个个体符号都是下意识的和同时被感知的，同一范畴（它们的意义结构）所有符号的系统排列在组织符号时表现出有序性：通过每一个局部符号对接触皮肤或刺激视网膜做出反应，我们知道如何在空间中定位它并且知道我们的身体是其中的一部分；无论是在上还是在下，向左还是向右，往前还是往后。这意味着这样一个事实，即行动计划或代码、空间作为局部符号的语义系统一直存在于我们的意识中。这一空间结构不源于任何具体经验，它是一种先验（1973：38f.）。无论我们如何努力，都无法避免相同的潜在组织，它就像时间一样存在于我们的意识中。时间是瞬间符号的语义系统，这些瞬间符号总是被放置在时间标尺上，一个现在符号总是位于一个过去符号和一个将来符号之间。

语义系统对于内容符号而言是抽象模式，语义系统对于受规则支配的组织符号而言也是抽象模式。然而，它们生产的具体符号只有作为语义系统的成分时才变得有意义，即与其他符号的符构组合关系只有通过语义系统才能确立。符号超出自身指称它们之外的某种东西。在基本符号活动层级上，这实际上是使符号组织关系得以实现的系统。

生物基本符号符义系统的独立性、自足性和自定义，似乎只是内置，而不是外在的嵌入，是它们能够在一个更复杂层级上与其他系统的符号组合的首要条件。

（3）在环境理论中符效维度也同样重要。这一维度有两个不同的观点。第一个观点指乌克斯库尔区分了"感知符号"和"感知暗示"。每一个感知暗示（或典型特征）是一个"被传输到外部"的感知符号。换句话说，感知符号是主体内感知细胞的一个自我属性，感知暗示位于外部世界的空间中。

所有感知符号，无论具有什么特征，总是以一个命令或冲动的形式出现。当我说天空是蓝色的，我之所以这么说，是因为我发出的感知符号向最远的层级给出命令："成为蓝色！"在建构我们世界的时候，意识的知觉变成事物的特征，或者也可以说，主观特征形成客观世界。用感知符号代替感知或主观特征，我们注意力的感知符号就变成了世界的感知暗示（1973：102）。

对局部符号而言，即我们通过皮肤或视网膜接收到的符号，冲动或命令意味着在空间中某个特别点的"外部"，一个命令以这种方式被传输到外部。在乌克斯库尔的作品中我们经常看到"被传输到外部"这一表达，只有在局部符号的符效方面才看似可信。或者换句话说，只有当局部符号（显示为皮肤或视网膜的感觉细胞）被置于特定位置时，才能发展出"外部"的特征，也才能作为感知暗示完成它在空间中的命令。

第二个观点回答了从认识论的角度看哪一个是最重要的，即我们是如何从主观世界获取客观世界图像及其物理特征的，与此同时，作为我们科学观察基础的世界对我们和我们的经验世界意味着什么。我们在这里需要考虑到关系的一般系统和它的结构，所有组织符号和效果符号都是互相关联的。我们的经验空间，由一个触觉空间（皮肤的局部符号）、一个视觉空间（视网膜上马赛克的位点）、一个操作空间构成，这揭示了这样一种基本模式，连接着我们的感觉和积极运动干预的各种可能性。从生物学看，力量、物质、因果关系只是一般公式，在效果符号和方向符号控制下，用于安排和支配我们经验空间中不同的、大量的视觉和触觉点引发的可能肌肉运动。

我们视野中的每一块颜色区域，无论它是什么种类的，都是一个或近或远的障碍。它们都唤起了同样的感觉，我们称之为障碍，类似于手要去触摸一个物体时遇到的某种阻力。这就是赋予它们物质性特征的东西，只是意指一个真正的障碍。因此，我们把所有那些以障碍物形式来证明自己真实性的事物描述为物质的。

力量最初只是连接我们肌肉运动的一种感知。这种肌肉感知被自然地推断为我们肢体运动的原因，进而为所有运动的原因。通过把空间中的物质过程简化为局部符号和方位符号，这些现象的主观本质也被证实，自然科学在生物学领域中的位置就被清晰地确定下来了（1973：64-66）。

这意味着这样一个事实，经过对所有内容符号和感知内容暗示的持续抽象，自然科学建构了一个只有组织符号构成的关于世界的再现。这是对上述第二个问题的解答。把一个客观图像抽象为不同人类主体合作的参数以及人类文化发展的参数，其重要性是显而易见的。

2.6.4 复杂层级或符号活动组合学

符号活动与所有符号主体（以及它们的自我特征）的连接具有这样的优势，即使复杂符号和更高级生命形式的感官复杂结构之间的平行关系变得简单。即使是组织符号和内容符号的组合，更不用说我们主观世界中局部符号和效果符号的相互关系（如我们所见，我们关于客观外部世界的概念所依据的关系），都取决于一个中心神经系统中感知细胞主体和控制机制之间的复杂神经关联。于是引出了这样的问题，即复杂符号是如何发展的？它们作为对象和过程构成了我们的经验世界，并且在更高级生命形式的所有周边世界中具有一种引导功能，其重要性不亚于水手的助航设备。把基本组织符号和内容符号与清晰的对象和过程连接起来的纽带到底像什么？"我们在自己周围看到了什么以及我们对谁的统一坚信不疑？"（1973：116）

如果我们观察自己的思维，当它处于积极建构和识别我们环境中的对象和过程的时候，我们会发现我们不是只凭借静态的记忆图示。相反，图示的形成过程是重复的，我们肌肉运动（比如用手去感知一个对象的轮廓或用眼睛去看某种文字）的冲动序列就像存储在我们记忆中的冲动序列。沿用康德的说法，乌克斯库尔称为图式（schemata）。

> 我们的整个记忆像飞行着的剧院场景片段一样充满了图式，时不时出现在意识的舞台之上。（1973：121）

我们已经通过基本符号活动（对颜色、声音、味道的感知就像对疼痛的感知一样，是一种主观个体经验）强调了符号的私有属性，这也同样适用于我们通过图式来建构的复杂符号。我感知到的桌子、房子、树同样也是我经验世界的一部分，与另一个人主观经验世界中的桌子、房子、树并不完全一样。"不幸的是，我们无法进入任何人的意识，图式最能清晰反映一个人对世界的看法。然而，有件事我们不能忘记：当我们看到有人从我们身边走过的时候，我们也以同样的方式出现在他们的意识中。这些意识永远都不相同，并且在大多数情况下甚至完全不同。我们不能期待在他人意识中和在自己意识中一样发挥着相同的作用"（1973：121f.）。

现在我们解释雅各布·冯·乌克斯库尔的环境理论和人类生物学的某些关联。在我们的主观世界中，图式是形成复杂符号（中立对象等）的个体项目。语言生产主体间的有效符号，即词（图式符号的符号）。这样一来，语言不仅使发生在我们经验世界中的关于对象形成过程的主体间信息交换成为可能，而且使所有听到这个词的人激活相同的形成过程成为可能。然而，乌克斯库尔的陈述仍然是正确的：我们生命中形成的图式，在最宽泛的意义上是主体间一致的。

在复杂层级上，可从符构学、符义学、符效学角度分析符号。在分析过程中，这一点变得非常清晰，即抽象系统与基本符号活动层级上的系统是完全不同的，我们同时把抽象系统感知为每一个复杂符号背景中的共时结构。在复杂层级上，这些系统是生物学操作的单位。环境理论把它们描述成"圈"，并区分出捕食圈、敌人圈、性伙伴圈、中介圈。

在所有这些圈中，符构组织保证先后出现的符号对应相应操作的词汇。根据操作的内在逻辑，每一个新出现的符号在之前过程停止后，开始准备下一个过程。比如捕食圈的操作始于发现猎物的"光"符号；紧接着是捕获猎物时的触觉符号，随后就是猎物被吞食后的味觉符号。这样，猎物便具有光学、触觉和味觉特征。

符义组织保证每一个符号强调将一个圈（比如食物圈）和另一个圈（比如敌人圈）区别开的共同目的。作为一个意义载体的同一个中立客体可以指食物圈内的"进食"，敌人圈内的"危险"，中介圈内的"障碍"。它按照这样的方式在不同圈内改变着意义，即被观察的生物在周围世界中每一次都变形为一个不同的对象。

在符效组织中，符号变成操作指令。它们告知主体（就像助航系统对水手一样）该做什么。

2.7 观察者的主观世界是认识被观察动物自我世界的关键

2.7.1 中立对象和意义载体

如上所述，雅各布·冯·乌克斯库尔致力两项任务：第一，分析人类观察者的主观世界。除了对主观世界的"解剖"，还包括客观外部世界的再现是如何源于人的主观世界的，人在其中观察自己和其他对象。第二，赋予其他主体——即动物，符号接收者的角色。我已经论述了乌克斯库尔是如何解决第一个问题的。在我尝试描述他对第二个问题的解决方案时，我想总结一下他对第一个问题的解决是如何影响第二个问题的。

把人类心智作为主要接收器的分析方式告诉我们，周围世界是如何由符号构成的，这些由细胞接收到的符号一起构成我们的接收器，即感觉器官。从这个被直接感知到的主观世界中，我们的智力获得了一个客观外部世界并把它假设为我们和其他主体形成的共同基础。然而，在现实中，无视所有的内容符号，我们通过组织符号建构了世界的再现，而我们的主观环境因为组织符号而具有了空间和时间属性。

这一结论的重要性在于这样一个事实，即观察者在其他主体的周围世界中不能感知其他主体，而只能在自己的周围世界中感知其他主体。根据控制人类周围世界的时间和空间组织，它们出现在他的意识中。即使我们使用物理学用来指客观外部世界的对象和过程的术语来描述我们的观察，这一点也不会改变。当观察者想改变观点，用其他主体（动物）来代替人类符号接收者，他必须意识到他世界中的有些对象永远不会出现在动物的周围世界中。因为动物永远不是以中立观察者的身份对待环境的，所以那些不会出现在动物自我世界中的主要是中立对象。

> 因为还没有动物作为观察者，我们可以说，动物永远不会与一个中立对象建立关系(1970：108)。

在动物行为中不存在中立对象，只有它们生存需要（比如饥饿）的对象，并且这些对象在需要被满足之后，就会从它们的周围世界中消失。中立对象有稳定性并且我们能与它们保持一定的距离。对动物主体而言，动物周围世界的对象既没有稳定性，也没有距离。一只狗追逐一只野兔是一种被迫行为，只要狗能看到兔子或闻到兔子的味道，它就不会停止追逐。一旦兔子消失，它就不再是狗周围世界的一个对象。

如果人类观察者想赋予一种动物符号接收者角色，那就必须把他看到的动物周围的中立对象转换为动物周围世界的对象。为此他必须意识到，一旦一个主体建立起与它们的关系，这些中立对象就变成了承载主体印记的意义载体。

生物或非生物中立对象的每一个成分一出现在一个动物主体生命阶段的意义载体中，就与主体的补充成分联系起来，充当一个意义使用者（1970：111）。

把人类主观世界的一个中立对象转换成一个意义载体是决定性的一步，这个意义载体具有的意义取决于被观察的动物。只有那些学会以系统的方式分享这一步的主体才有资格自称为环境研究者。

这把我们引向乌克斯库尔方法的核心：科学家可根据物理学法则测量、称量、分离、改变一个中立对象，将它变为一个意义载体，其意义取决于动物主体并被它转换成符号系统中的一个符号，这个符号指动物机体内的意义使用者，就像我们主观世界中的"光"符号（作为一个意义载体）指称我们的眼睛（作为意义使用者）或"音调"符号（作为一个意义载体）指称我们的耳朵（作为意义使用者）。

可简化为这样的公式：中立对象→意义载体＋意义（＝指称意义使用者）＝符号。乌克斯库尔强调说，对于生物学而言，这个公式比因果关系公式更重要：原因→效果＝原因→新效果。第一个公式控制着所有生物体的主观世界，第二个公式只适用于人类主观世界的中立对象和对世界的客观再现。

然而，从第二个观点看，因果关系公式对于生物学家也同样重要，他把中立对象登记在动物环境中，观察者好像手中握着一个非人类符号，从动物周围世界（对他而言是不可见的）投射到观察者的周围世界。通过这种巧妙的控制，他能改变附属的非人类符号，以这种方式实验性地研究符号在动物周围世界中的意义。在1905年的著作中，乌克斯库尔已经比较了动物周围世界中对按键有意义的对象，音乐盒的这些按键能使动物紧张并调动某种情绪。

2.7.2　连接异质符号系统的意义载体

术语"意义载体"（meaning-carrier）需要两个方面的进一步说明：

第一，意义载体像某种嵌合体（chimera）或双重结构（Janus-faced structure）连接着两个不同符号系统。它在每一个符号系统中都携带着不同的意义。打个比方，它连接着两个不同的意义并变成了异质符号系统的一个连接杆。在每一个系统中它都再现一个符号，且在另一个系统中不知道该符号。在我们的例子中，人类观察者周围世界中的意义载体具有物理对象意义，像一个符号那样把它和其他物理对象联系起来，并和作为意义使用者的物理学家联系起来。在被观察动物的周围世界中不存在这种意义。意义载体在这里具有完全不同的意义，比如一个障碍物（作为一个符号）指称动物（作为意义使用者）或猎物（作为符号）。意义载体被转换成与生物符号系统有关的一个符号，该符号系统的意义不属于人类观察者周围世界的一部分，但需要从被观察动物的行为中推断出来。

第二，意义载体不一定需要作为物理对象从动物的自我世界（观察者无法看到）投射到人类观察者的自我世界。比如，动物听到或制造的声音在人类观察者周围世界中表现为诱人的旋律或恐惧的叫声，但这些声音在动物的主观世界中可能具有完全不同的意义。声音在两个主观世界中都具有属于同一个音响符号系统的音响符号意义。然而，这些符号系统的代码却是非常不同的。声音不是物理过程，它们完成意义载体的功能，将不同符号系统的意义连接起来（Uexküll，1979）。

声音当然也可以与物理学家的符号系统联系起来。它们可通过空气震动得到测量并与不同频率的震动联系起来。如果空气震动到达一个有听觉的主体，那么它们就被转换为意义载体，把被符义边界分离的符号系统连接起来，也即它们将物理符号（空气震动）和生物符号（音调）的意义连接起来。

作为异质符号系统的连接，意义载体能将不同符号链连接起来，或产生复杂的、网状的或层级结构，超出许多符号系统的符义边界。它们的形成要求在每一个边界都有一个意义连接或转换。

看到自然中轻易就形成了如此复杂的符号链结构，考虑到我们接收到的所有符号必须先转换成我们神经系统的电流，我们总是很吃惊。神经电流被转换为声音或颜色，声音或颜色被转换为语词或图像，语词或图像再被转换为更加复杂的符号。

这些观察显示出乌克斯库尔公式的重要性，为生物学家进入我们被排除在外的动物世界提供了入口。

2.7.3 意义规则作为点和对位对应规则或系统形成规则

符号＝意义载体＋意义（意义＝指称意义使用者），这一公式不仅适用于有机体内部，细胞、组织、器官的符号系统，而且适用于有机体符号系统与它周围世界间的关系；此外，适用于主体间，像植物和动物这些不同机体的符号系统。正如意义理论中所表达的（1970：136），意义规则是两个基本规则的连接。

用贝塔朗菲系统理论（Bertalanffy，1968）的术语，乌克斯库尔用符号公式指称意义规则，描述系统的结构，因此在系统内是有效的，而且在系统间也有效，它们一起组成一个上级系统。可借助这个公式来研究那些符号系统的构成，它们控制着一个生物小区或生物群落里的植物和动物。

在意义理论（1970：111f.）中有这样一个例子，讲述一朵花（作为意义载体）在一个女孩、一只蚂蚁、一只蝉以及一头牛的主观世界中的不同意义。在女孩的主观世界中，花茎的意义是她上衣的一个装饰物。在这个上下文中，意义指称女孩的手是意义使用者。在蚂蚁的自我世界中，意义载体"花茎"，其表面粗糙，指称蚂蚁的腿（作为意义使用者）把花当作路。

为了尽可能清晰地阐释符号的公式：符号＝意义载体＋意义（意义规则），乌克斯库尔使用了一个音乐理论的术语，将两个音调互补的方式描述为"点"（point）和"对位"（counterpoint）。普莱斯纳（Plessner，1976）谈到了关联法则："根据乌克斯库尔提出的原则，我们肯定能得出这样的结论：有脚的地方肯定有路，有嘴就有食物，有武器就有敌人……"

对位相关（contrapuntal correlation）描写了符号结构（一物代一物，aliquid stat pro aliquo）。这种相关性是可以改变的，所以一个生物的机体和它的周围世界是互补的，即周围世界作为符号指称生物的机体，就像有机体作为符号指称它的周围世界。

符号的意义载体和意义的对位相关公式作为生物学的工具变得尤其重要，乌克斯库尔认为它的任务是发展出一门自然构成理论（1970：140）。在该理论中，我们周围世界和我们感觉器官的特征是相互构成的。比如，我们可以说，我们的眼睛（作为意义使用者）与发光的太阳是互补的，太阳（作为意义载体）指称我们提供视力的眼睛。歌德（Goethe，1970：158）曾说：

Were our eyes not like the sun, never could they see it.

如果我们的眼睛不像太阳，它们就永远看不到它。

我们还必须补充：

Were the sun not like our eyes, it could not shine in any sky.

如果太阳不像我们的眼睛，它就不能在天空中闪耀。

2.8　对位相关的特殊例子：　功能圈

符号线性公式的普遍有效性涉及乌克斯库尔（1970：114）想解决的一个问题，即赋予其他主体（动物）人类符号接收者的角色。他在提及植物和动物的根本区别时清晰地论述了其中的困难：动物拥有周围世界，但植物只是居住在世界中。

这种区别指出了植物意义使用者和动物意义使用者的一个本质区别：植物对意义载体的使用集中由同一个组织完成，但在动物中这一任务由两个具有不同功能的器官完成。在后者的例子中，意义载体被使用需要一个感知器官（接收器）和一个操作器官（效应器）的合作。

比如，桦树叶能通过它的叶绿素保障意义载体使用"太阳能"，或通过它的形式，就像一面旗帜，它能使用意义载体"风"的意义（1970：119）。在动物中这个集中性过程被分成了接收器和效果器。看起来如此简单的一个眼皮要求的眨眼动作，当异物靠近时，接收器和效果器就合作发挥作用，这样动物就能使用意义载体"异物"对眼睛来说所表示的意义（1970：115）。

因此，符号对位关系公式不足以将人类观察者周围世界中的中立对象转换为被观察动物周围世界中的对象。所以，需要修改这一公式，以便能够描述接收器官和效果器官的不同功能和它们的合作。乌克斯库尔带着这一目的发展了功能圈公式（functional circle），比维纳（Norbert Wiener，1943）的反馈原则（feedback principle）数学公式早了 20 年。

有必要重新定义符号理论的两个术语——"感知"（perception）和"操作"（operation），因为它们的心理学内涵经常导致误解。乌克斯库尔的长期合作伙伴布罗克（F. Brock，1949：173）描述了这一问题并试图通过以下定义来解决：外行人倾向于把"操作的"（operational）和"感知的"（perceptual）过程描述为有意识的和主动的操作。不幸的是，我们根本无法进入其他生物的内心生活。甚至人类也只是有意识地感知所有生物过程的一小部分。如果我们往舌头上滴一滴有一定浓度的醋酸，我们会感知到某种酸味；如果我们把相同浓度的醋酸滴在胃的括约肌上，那么，就不会有任何味觉。从生物学角度看，舌头像幽门一样"感知"，但只在第一个例子中我们是有意识地经历了感知暗示。

"从生物学角度看"指这样一个过程，对它的描写所使用的术语不关注意识/下意识的对立。"感知"描写的是意义使用过程的第一个阶段，还需要第二个阶段的补充，通过一个操作来确定被感知到的内容。从这一点看，操作几乎与一个自愿行为的心理学现象没有关系，就像感知（perception）与意识知觉（conscious awareness）没有关系一样。

符号活动像生命一样从植物到动物形式，符号发展的系谱学阶段变得清晰。在此基础之上，意识和意志，或有意识感知和符号的有意识传输，可被描述为重要符号活动的进一步区分（Uexküll，1980：81f.）。

这些进一步区分的基本模型是功能圈（图 7-1）。它描写了（在符号活动中）意义使用过程是如何区分为感知和操作，以及它们两者是如何作为部分而开展合作。该模型指出了作为意义使用的主体和作为意义载体的客体是如何连接成一个统一整体、一个系统（或复杂符号）的。

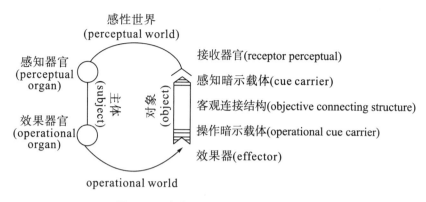

图 7-1　功能圈（the functional circle）

打个比方，每个动物主体用它一对钳子一样的双颚抓到它的对象——一个感知颚和一个操作颚。感知颚传递给对象一个感知暗示，而操作颚传递的是操作暗示。对象的特定属性就变成感知暗示载体，而其他属性变成操作暗示载体。既然一个对象的所有属性通过对象的结构连接在一起，由操作暗示再现的属性被迫通过整个对象对感知暗示属性施加影响并修正感知属性。以下文字恰当地描述了这一过程：操作暗示压制了感知暗示（1970：11）。

在图 7-1 中，意义使用者区分为一个感知器官和一个效果器官，意义载体区分为一个感知暗示载体和一个操作暗示载体。这一模式适用于动物生命中的所有符号活动，即适用于人类符号学和动物符号学，这样一来就可能解决这一问题：赋予动物以人类符号接收者的角色，并且把人类观察者周围世界的中立对象转换为动物周围世界的对象。为此观察者需要分析动物的接收器官和效果器官，这样才能确定动物能接收和传递的符号。他在人类周围世界中标记出中立对象，并以一种"客观连接结构"出现在功能圈模式中，这种知识赋予他把中立对象转换成动物周围世界对象的能力，用动物的特有特征和操作替换人类的特征和操作。

2.9　雅各布·冯·乌克斯库尔符号理论精要

经过以上对乌克斯库尔符号理论的刻画，我想对其中一些要点展开更详细的论述。这将引出对比并阐释乌克斯库尔符号理论与其他符号理论的相似之处和区别。

2.9.1 意义作为一个意义使用过程

在"符号＝意义载体＋意义"和"意义＝指称意义使用者"的公式中，"意义"的核心功能是把异质成分纳入一个整体（符号）。对乌克斯库尔而言，一个器官就是异质成分之一（意义使用者），即有机体的一部分。公式"意义＝载体和使用者的连接"具有了动态过程的本质。符号以符号活动的形式得以实现。

功能圈的公式或模型表明，这一过程在线性耦合链中并没有穷尽自己，而是一个循环形式：意义载体和意义使用者成为一个"力量域"的成分，在这一域中它们被分离和重新连接。

当一个生物有机体的意义使用者与连接形成意义交叉时，某中立对象作为一个意义载体，两个伙伴间的斗争或游戏就开始了，它们构成了点和对位关系。这样意义就变成了意义使用的"剧本"。"解剖"一个周围世界这个比喻就具有了深层意义；至此，我们看到了从人类和动物的细胞和器官中长出来的不可见触须，在环境中寻找着意义载体并将它们与细胞和器官联系起来。这些"触须"将有机体的解剖扩展到它的周围世界。

符号以这种方式活了。我们可观察符号在生物有机体和意义载体间的互动。我们可以看到，组织符号和内容符号之间外部世界的中立过程是如何被我们感觉器官的感知细胞接收为意义载体，并被用作可感的刺激的。我们还可看到，空气的物理震动是如何被我们的耳朵感知并参与到鼓膜和内耳听力器官的互相作用，而声音就源于这种互相作用。光子（photon）和眼睛视网膜细胞间存在同样的相互作用，这样点和对位就产生了光符号。

我们发现戏剧的情节变得更加复杂，但这里的意义载体总是对应它的对位意义使用者，我们看到行为脚本（图式）是如何再次改变了主体的意义使用。乌克斯库尔（1935）认为，有机体（作为意义使用者）的行为总是与对象（作为意义载体）的补充功能一致。比如，只有通过对我们身体操作的补充功能即"坐"，椅子才能被定义：它有坐的属性。

功能圈公式描写了人类和动物有机体与他们周围世界对象之间发生的戏剧的基本结构。这些戏剧原则上由两个行为组成：在第一个行为中，一个中立对象作为一个意义载体与一个感知器官或感知细胞交叉，在第二个行为中，它被效果器官（作为意义使用者）所修正，再次从周围世界中消失。操作暗示消灭了（压抑了）感知暗示。这一条件被创造出来是为下一个符号的出现，按照讨论的时间顺序生物与它的对象保持一致。

符号活动的基本结构甚至适用于这个初看起来是描写线性过程的简单公式。当符号关系在一个作为意义使用者的植物器官和作为意义载体的一个中立对象或过程之间被确立下来的时候，"符号＝意义载体＋意义（意义＝取决于意义使用者）"这个公式只描述意义使用的第一个行为。第二个行为导致意义载体的变形并指出戏剧的开始和结束是首尾相连的。如上述例子，桦树叶的绿色素（作为意义使用者）与太阳能（作为意义载体）发生交叉，意义使用者一次又一次地吸收太阳能的时候，一个过程就开始了，即意义使用者持续地消灭它的意义载体并使符号走向消亡。

2.9.2　符号活动作为自我和非自我的对立

对乌克斯库尔而言，控制着细胞的生命并保证用它的自我属性回应外界所有影响的代码是基本符号。或换句话说，最基本的符号活动是自我（自我属性）和非自我（非自我属性＝外部影响）的对立。细胞（作为意义使用者）把每一个中立影响转换为一个意义载体。

生命出现在每一个层级上，作为这些基本符号活动的变体和区别，或者换句话说，每一个符号都是自我和非自我这一对立和连接的变体和区别。这适用于一株植物和它的生存空间以及一只动物和它的周围环境之间的关系。猎人和猎物、男性和女性、媒介和媒介使用者的关系是主旋律、基本计划、基本代码"自我/非自我"的变体。

在乌克斯库尔那里，符号是一个三元结构。它们由意义使用者、意义载体和代码构成，代码定义意义并将意义使用者和意义载体连接起来。在功能圈中，动物生命阶段的符号活动公式定义着功能圈，有主体、客体、生物需求（如饥饿、敌人、猎物、媒介或性）等因素。

当功能圈中效果器官（直接通过主体）刺激自己的感知器官时，会出现自我和非自我对立的模型。"自我"可被解释为自我刺激，非自我是通过外部影响产生的自我刺激的变体。主体通过自我检测来确定自我，对主体而言，这些影响就成为非自我（Uexküll，1978）。

2.9.3 观察者与观察（observation）的不可分

认识论的基本问题，即所有知识和每一门科学都基于人类的认知本质，在符号学领域中是最重要的，而且与语言优先性相关。乌克斯库尔关注语言问题纯属偶然。他坚信，观察者能观察到的所有事物和他能从这些观察中得出的所有结论只能位于人类经验的界限内，并且人类经验只能发生在人类的周围世界中。

因此，在检查人在周围世界中遇到的中立对象之前，首先分析人类周围世界的结构至关重要。乌克斯库尔通过把康德的倡议进一步应用于生物学领域，从而把他自己局限于从我们周围世界的生物现实中推导我们对客观外部世界的再现。

不过，他并没有检验这一问题，即语言主要对人类周围世界做了什么，它在建构物理现实世界再现中发挥了什么作用。然而，乌克斯库尔关于生物符号活动渐进差别的概念使语言对人类的重要性以一种新的方式被提出来，这个符号活动首先从植物阶段到动物阶段，然后从生命的简单形式到使用中央神经系统的复杂动物，乌克斯库尔把低等动物世界称为"反射王国"。

2.10 结论性意见：乌克斯库尔、皮尔斯、索绪尔、莫里斯符号理论的比较

作为总结，我想提出生物符号活动和语言符号活动的一些区别，并尝试将这些区别与乌克斯库尔、皮尔斯、索绪尔符号理论的区别联系起来，记录与莫里斯符号理论的特定关联。

生物符号系统与语言的区别主要体现在两点：

第一，生物符号系统基于物种先天固有特征的代码。我们可将它们称为天然代码。语言基于特定文化代码，需要习得和一代一代的传承。

第二，在以下两种情况中，应区分符号的传播图式：语言中是对话式的；一个听话人（接收者）从一个说话人（发送者）那里接收符号。以上两种情况

使用的都是同样的特定文化代码。生物符号活动中的图式以独白为基础。在功能圈中，这一图式的模型，接收和传递功能都存在于主体内。主体通过拥有接收器而具有接收者功能，通过拥有效果器而具有发送者功能。这是通过物理或化学刺激添加的一种"附加发送者"，然而，作为一个客观连接结构在符义上位于符号活动之外。它的功能局限于修正符号，主体作为发送者向自己的接收器发送符号（Uexküll，1978），在这一基本过程中一个自我（作为意义使用者）被一个非自我（作为意义载体）补充。

通过比较乌克斯库尔的基本观点与皮尔斯和索绪尔的相关概念，我们看出一些显著区别。许多区别可归结于他们三人所研究问题的不同类型。乌克斯库尔研究生物符号活动，人类观察者和生物主体间的关系是首要问题。他需要考虑符号发展中层级统一（hierarchic integration）的重要性，以及能在生物学中被观察到，甚至是感觉器官（接收器）和中央神经系统器官（感知器官）之间的过程。他通过循环过程模型解决的另一个重要问题，是符号与行为的关系（感知与操作）。

这些方面对把人类语言和现实的逻辑结构作为研究对象的符号理论来讲并不重要。但因为语言和思维有生物学的基础和成分，那么，语言和思维中肯定存在生物学的影响。

这三种符号理论的一个重要区别是：皮尔斯的符号理论是三元的，索绪尔的符号理论是二元的，乌克斯库尔的符号理论是一个循环过程。

在我看来，如果皮尔斯的符号理论被理解为一个共时系统，乌克斯库尔的符号理论被理解为符号活动话语流的模型，那么，皮尔斯的三元和乌克斯库尔的循环模型的关系就变得清晰了。

通过比较乌克斯库尔和索绪尔的符号理论，我们得出了另一点重要认识。根据索绪尔的观点，一个符号的功能可被解释为两类成分的对立和联系，其中一个成分再现能指，另一个再现所指。乌克斯库尔补充了第二个对立：人类观察者的符号系统（或类）与被观察有机体的符号系统（或类）是对立的。关于符号以及有机体的接收者（接收器）、发送者（效果器）的所有结论都带有人类观察者的痕迹。

对人类观察者的符号系统来说，由局部符号和方位符号构成的空间以及它的物理关系系统尤其重要，因为他们反映出我们感官和（自愿的）运动能力的关系。用乌克斯库尔的术语来讲，物理对象是意义载体，其意义指称人的运动行为（作为意义使用者）。物理关系是人类观察者的坐标系统，人通过这一坐标系统能确定和描写被观察有机体与环境的关系（与人类观察者周围世界和它中立对象的关系）。因此，与有机体联系起来的符号作为感知符号总是来自观察者自己的符号目录（repertoire of signs）。但基于有机体接收器和效果器的知识，他能从这一目录中选出那些符号，被观察生物在自己的行为中与这些符号保持一致，并根据它们的重要性把它们和有机体周围世界的对象组合起来。

观察者的中立对象再现第三个成分，作为符号学链条的一部分补充到索绪尔的能指和所指模型，并建立起人类观察者和被观察有机体之间的关系。这第三个成分再现中立对象的物理特征，作为意义载体确立观察者物理符号系统和被观察有机体生物符号系统间的关系。从这一点看，我们能更好地理解为什么符号看起来不仅有一个双结构（意义载体＋意义），而且还经常有一个物质符号载体和非物质意义的二元结构。

对乌克斯库尔和莫里斯的比较得出其他的一些互补可能性：

在乌克斯库尔功能圈模型框架下，感知符号和操作符号，感知暗示（典型特征）和操作暗示，分别像能指和所指一样互相指称。两者都从具有生物"色彩"的功能圈（如食物圈、敌人圈、性伙伴圈等）获得它们的互补性意义指称（作为意义载体和意义使用者），也就是说，功能圈的色彩对应"有意识思维的解释"。一个行为的每一步，以及行为作为一个整体，遵循着功能圈的图式：只有当感知暗示被互补性的操作暗示压制时，一个新的感知暗示才能开始行为的下一步或完成该行为。

莫里斯的理论（乔治·米德的理论也是如此）没能把一个行为分成感知阶段和操作阶段，因此遗漏了负面反馈的循环原则。这就是实用主义的特征。莫里斯模型中行为作为一个整体被分为定位阶段、操控阶段和完成阶段，符号之间互相指称并拥有一个体现为"冲动"的共同意义指称（解释项），在生物学领域主要对应乌克斯库尔功能圈的"色彩"（tinge）。

把两个概念组合起来放在一个"双重结构"下审视将会是有益的。根据符号理论，描写一个行为个体步骤的功能圈可被解释为基本层级，它的成分被冲动组合成更高一级行为的三个阶段。

根据比较分析可得出以下结论：

第一，在以上分析的符号概念中没有替换物，即没有哪个符号概念比另一个更准确或更好。它们间更倾向于互相补充的关系。在一个广义上下文中，每一个符号似乎都强调一个不同的方面。

第二，普通符号学的未来任务是研究和描绘这个广义上下文。用乌克斯库尔的话说，它的目标可被描述为自然的构成理论，同时包括人和他的符号系统。

第三，如果根据意义使用者把符号系统区分为四个板块，那么，这一未来任务的轮廓会变得更加清晰。第一板块，细胞内符号系统，细胞器官作为意义使用者发挥作用；基本系统是基因代码。第二板块，细胞符号系统和细胞间符号系统，对应西比奥克（Sebeok，1976）的内符号学，包括不同层级上单细胞有机体的交际系统和细胞集合（植物）。这里的细胞最终是意义使用者。第三板块，有机体（动物）是它们环境中意义载体的意义使用者。西比奥克（Sebeok，1976）的动物符号学是其组成部分。第四板块，社会团体而不是个体有机体可被定义为意义使用者。该系统的原型是人类语言。雅各布·冯·乌克斯库尔的研究领域限于第二和第三个板块，但他的首创精神揭示了超出他研究领域的卓有成效性。

3　雅各布·冯·乌克斯库尔符号学核心文献

[1] Kalevi Kull. Jakob von Uexküll：An introduction. *Semiotica*，134−1/4（2001），1−59.

[2] Thure von Uexküll. The sign theory of Jakob von Uexküll. *Classics of Semiotics*，1987：147−179.

[3] Thure von Uexküll. Jakob von Uexküll's Umwelt-theory. *The Semiotic Web*，1988，1989：129−158.

[4] Thure von Uexküll. Anthropology and the theory of medicine. *Theoretical Medicine*，1995（16）：93−114.

[5] Thure von Uexküll. Jakob von Uexküll's Umweltlehre. *Semiotics: A Handbook on the Sign-Theoretic Foundations of Nature and Culture*，1998（2）：2183−2191.

4　关于《雅各布·冯·乌克斯库尔的符号理论》的思考

乌克斯库尔符号学具有结构主义、心理主义色彩，主要其研究方法是通过观察进行研究。"环境研究"（Umwelt-research）不同于皮尔斯通过实验和逻辑推理的方式，其研究内容是生物或有机体如何感知它们的生存环境以及这种感知是如何影响甚至决定它们行为的。乌克斯库尔的研究是广义的生物学研究，包括植物、动物和人类生命，生物行为与体内细胞和器官之间的相互作用以及个体与家族、群体间的相互作用。

从理论渊源来看，乌克斯库尔不熟悉皮尔斯、索绪尔的符号理论，因此，他在术语体系上呈现出明显的生物学色彩，西比奥克第一个承认乌克斯库尔的符号学家身份，此外，乌克斯库尔的儿子图尔·冯·乌克斯库尔以及卡莱维·库尔等人和塔尔图大学对乌克斯库尔生物符号学的理论贡献都做出了积极探索，使其生物符号学思想逐渐被符号学界熟悉。

从理论依托看，乌克斯库尔从"现实性"概念出发，这不同于传统哲学对外在物质现实性的定义，这种现实性既没有开始也没有结束，既不存在于外部无限空间中，也不存在于内部，可类比于莱布尼兹的"单子"（monads），图尔·乌克斯库尔将之解释为一种主观自我世界综合体或"环境界"（Umwelten），外部观察者无法清晰看见环境界。环境界的唯一呈现方式是符号活动，通过符号来自我揭示，其存在形态是一种动态的持续变化，环境界的变化通过符号接收者的思维活动来展开。

自然由无数个环境界构成，这体现出乌克斯库尔的多元互动观。自然和人类的关系、语言和人类的关系之间存在类比性，自然界存在和运行着自然法则，语言中则存在和运行着语言规则。环境界理论区分了生物界和非生物界，生物界是自治的，而非生物界是受外界支配的。所有生物包括细胞只对符号做出反应，而且符号永远是系统中的符号，不能单独存在和发挥作用。乌克斯库尔认为，符号活动是一个循环过程，一个接收器收到刺激后会将其编码为符号，并对其做出反应。最原始的符号关系是自我和非自我关系，这也是最普遍的关系。

如果从生物学意义上讲，每个符号都是生物主体的主观认知和加工，符号具有私有性，不存在客观符号，每个符号的意义只能由该主体确定。有机体通过时间和空间两个参数感知和加工符号。按照康德的理解，所有现实都只是一种主观显现，因为所有事物呈现的特征范围不可能超出我们的感觉范围。举例来说，狗的听力范围是 15～65000 赫兹，人的听力范围是 20～20000 赫兹，因此，狗可以听到蝙蝠发出的高音尖叫，人却完全听不到；此外，狗的嗅觉范围也要超出人的嗅觉范围，因此，警察常使用警犬来协助追捕逃犯。而不同的人之间也存在着感觉和认知能力的差异，如不同的人对颜色、温度、疼痛的感知并不相同。

那么，人类是如何建构一个可以互相理解的世界，客观外部世界又是如何在人的主观世界中形成一个抽象概念的呢？乌克斯库尔沿用了康德的时间和空间范畴概念，认为空间是感觉组织的重要部分，是局部符号、方向符号、效应符号和时间符号的组合构成了我们的经验世界。而且这些符号以整体的或格式塔的或系统的方式发挥作用，当我们感知一个单独的符号时，我们会下意识地感知该符号所属的整个系统。系统的存在，给看似无序的符号安排了秩序，符号与符号间的关系就是莫里斯的符构关系，而符号与对象之间的关系构成符义关系，符号活动产生了符效关系。当然符号活动是从简单到复杂、从植物到动物再到复杂的神经系统。简单符号活动或基本符号活动，如对颜色、声音、味道、疼痛、温度等的感知属于主观个体经验。乌克斯库尔认为，在我们的主观世界中，图式是一种复杂符号，人类的语词是图式符号的符号，因为语言是人类主体间信息交换的基础，所有听到这个词的人都会激活相同或相似的关于对象的认知，因此，图式具有主体间性。

乌克斯库尔不仅分析人类的主观世界，还赋予动物以符号接收者的角色，将符号活动扩展至动物符号学。人类符号主体是通过心智来思维，其主要载体是由细胞构成的感觉器官，因此，人类个体通过组织符号不断建构和完善自己的主观世界。动物主观世界中只有根据生存需要来判定的对象，不存在中立对象，只有人类能将中立对象转换为一个意义载体，因此，只有人类主体才是合格的环境研究者。人类接收符号的大致过程是：符号→神经系统电流→声音、颜色→语词或图式→复杂符号。意义载体能将不同符号链连接起来，从而形成更为复杂的、呈网状的或层级的结构。举例来说，在太阳和眼睛这对关系中，太阳是意义载体，指称为我们提供视力的眼睛，而眼睛是意义使用者，与发光的太阳构成互补关系或对位关系，符号结构就是一物代一物（aliquid start pro aliquo）。

乌克斯库尔的生物符号学包括植物，他认为动物是拥有了环境，而植物只是居住在环境中。这种区别基于动物需要使用感知器官和操作器官与环境互动，而植物的感知与操作是同时完成的。乌克斯库尔还引入了功能圈概念来进一步细化动物的感知与操作，如食物圈、敌人圈、猎物圈等，这一概念比维纳（Norbert Wiener，1943）的反馈原则（feed back principle）早了 20 年。功能圈更系统地描绘了符号活动中的感知与操作，意义使用主体与意义载体的互动构成了一个系统。

乌克斯库尔的符号是一个三元结构，由意义使用者、意义载体、代码构成，代码定义意义并将意义使用者和意义载体连接起来。乌克斯库尔指出了人类的界限问题：观察者能观察到的所有事物和从观察中得到的所有结论只能位于人类经验的界限内，并且人类经验只能发生在人的环境中。另外，就生物符号和语言符号的区别来看，生物符号是天然代码通过遗传方式获得的，而语言符号是文化代码，需要后天习得。最后，乌克斯库尔设想了普通符号学的构成：细胞内符号系统、细胞间符号系统、动物符号系统、语言符号系统。这一划分虽然扩展了原有的以语言符号为中心的符号学版图，但仍存在逻辑上的矛盾和错层关系，细胞内对应细胞间，但动物符号系统与语言符号系统却不是严格的非此即彼的关系，所以这一划分仍需要详细考察和进一步论证。

八、托马斯·阿尔伯特·西比奥克

（Thomas Albert Sebeok）

1　托马斯·阿尔伯特·西比奥克符号学关键词

西比奥克（Thomas Ablert Sebeok，1920－2001）1920 年出生于匈牙利首都布达佩斯，1944 年入籍美国，2001 年在美国印第安纳布卢明顿逝世，是 20 世纪著名人类学家、语言学家、符号学家。先后获得芝加哥大学人类学学士、普林斯顿大学语言学硕士和语言学博士学位。早期在印第安纳大学工作时主要从事芬兰－乌戈尔语的教学。1936—1937 年间，西比奥克最早接触到符号学，先后受到瑞恰慈（I. A. Richards）、布龙菲尔德（Leonard Bloomfield）、莫里斯（Charles Morris）、雅柯布森（Roman Jakobson）、列维－斯特劳斯（Claude Lévi-Strauss）等人的影响，西比奥克也从各种学科领域汲取知识，涉及人类学、艺术学、语言学、心理学、社会学、动物学等。他一直保持开放的学术态度，积极投身学术活动，组织学术会议、论坛、期刊出版、书籍出版，被誉为符号学助产士。1956 年在印第安纳大学建立语言和符号学研究中心，吸引着世界各地的符号学研究者。据安德森（Myrdene Anderson，2003：228）统计，西比奥克一生到过 20 多个国家 35 所大学访学[①]，是多所大学的荣誉博士，担任了多个学术组织的主席，如人类学学会（the Central States Anthropological Society，1956）、美国语言学会（The Linguistic Society of America，1975）、美国符号学会（The Semiotic Society of America，1984）等。

梳理西比奥克的学术发展路径我们发现，1936—1940 年间他接受语言学训练，受到瑞恰慈和布龙菲尔德的影响，然后莫里斯将西比奥克的研究从语言学带入人类学，其研究范围从语言学拓展到人类学、民俗学、符号学，1956 年西比奥克将人类学、民俗学和语言学研究中心更名为语言和符号学研究中心，从一个侧面反映出西比奥克学术方向的变化。西比奥克从研究人类语言到研究交际，并在广义交际模式下研究语词、图片、图式、表格、动作、心理语

[①]　1986 年西比奥克在 *The Semiotic Sphere* 一书中描写了 27 个国家和地区的符号学研究状况，此时未涉及中国。

言学、伴随语言学等。从学科领域看，西比奥克经历了从动物符号学到生物符号学再到全球符号学的转变。

西比奥克和德尼西（Marcel Denesi）提出的"模式化系统理论"（modeling systems theory）是从逻辑关系角度分析皮尔斯的符号三分（像似符、指示符、规约符），进一步探索了符号能指的心理行为方面，具有明显的认知科学倾向。西比奥克将能指与所指间的联结看作一种心理再现，"将信息从一种形式转换为另一种形式"（Sebeok & Danesi，2000：33），比如阿拉伯数字转换为罗马数字，语言文字转换为摩斯密码，指令转换为旗语，心情转换为歌曲、绘画、舞蹈等，从有形到有形，从有形到无形，从无形到有形。在对符号的分类方面，西比奥克根据符号能指与所指关系的复杂程度提出了符号与指称关系的层级化①，具体如下：第一层级，最简单层级或最低级符号是单一符号（singularized sign），能指与所指关系是单一符号/单一所指（simplex sings/simplex referents），如"女人"用来指某一位特定的女人或女人这一群体的指称域（Sebeok & Danesi，2000：20）。第二层级，关系是隐喻层，能指与所指关系是单一/复杂，如"他是一个老狐狸"中"老狐狸"是一个单一符号，但所指是包括了"猫科的"和"人的"复杂所指。西比奥克用"形式"来表示符号的层级。第三层级，符号能指与所指关系是复杂/简单，西比奥克称之为"综合符号"，比如"用于抓老鼠的家庭宠物"是一个综合符号，对应简单所指"所有的猫"。第四层级，符号能指与所指关系是复杂/复杂，一个聚合性符号提供了林奈（瑞典博物学家）式分类法，"家庭宠物"对应"猫，老虎，狮子，猎豹……"（Sebeok & Danesi，2000：3）。西比奥克和德尼西根据符号能指与所指复杂性程度，得到了涵盖皮尔斯三分的所有符号，即四类符号或符号的四个范畴分类。

西比奥克和德尼西（2000：11－13）给出了符号活动的六项原则，即符号能指与所指间建立联结的六项原则：（1）模式化原则，所有符号学再现是将概念或感知、印象转换为符号；（2）再现原则，知识与再现方式不可区分；（3）维度原则，符号的模式化在三个层级或三个维度展开，即皮尔斯的指示、

---

① 这里我们需要区分"denotata"和"connotata"，"denotata"指一般意义上的直接意义，"connotata"指暗示的间接意义。

像似、规约；（4）拓展性原则，抽象模型基于具体模型；（5）互相联系原则，每一个具体符号与其他符号相互联系；（6）结构原则，所有符号都具有同样的结构属性，即聚合性、组合性、相等性、共时性、历时性、意指性。

在符号分类方面，西比奥克和德尼西（2000：20）在皮尔斯的像似符、指示符、规约符基础上，增加了征候符、信号符和命名符，但这并非六元观，深入分析我们会发现，征候符可归为指示符，符号和内在症状间存在自然因果联系；信号符则可以是三种符号中的任何一种，用于引发符号接收者的某种反应或后续行为；命名符，属于一种约定关系，即规约符。

西比奥克和德尼西进一步提出了系统分析理论用于研究符号活动，并且认为符号活动除了存在于人类世界，还广泛存在于植物和动物世界，他提出植物符号学、动物符号学和生物符号学。西比奥克认为，系统分析具有层级性，可分为一级模式化系统、二级模式化系统、三级模式化系统。一级模式化系统（primary modeling system）是有机体模仿某物，产生像似符，从而与其他有机体交际，主要是有机体的感知转换为符号。模仿行为可再分为自然的和模仿的，如人和动物的表情就是一种自然状态，而人们使用的拟声词就是一种模仿。二级模式化系统（secondary modeling system）是一种指示关系。三级模式化系统（tertiary modeling system）是一种规约关系，基于文化环境或历史情境等因素，因此，主要出现在人类的符号活动中。一级系统可拓展为二级系统，二级系统可拓展为三级系统，西比奥克称之为"向上拓展"，即像似和指示可发展为规约，而三级系统可在抽象层级上转换或发展为另一种规约，西比奥克称之为"横向拓展"，当然还存在"向下拓展"，而皮尔斯使用的是正符号活动和逆符号活动这一对概念。可见，不同于以往对符号逻辑本质的探究，西比奥克将重心放在符号与所指的联结方式和过程，即符号活动的研究上。西比奥克和德尼西（Sebeok & Danesi，2000：161）分别定义了符号活动是"制造符号的神经生物能力"，而模式化是揭示某物如何被符号再现的，如何将有机体的外在主观感知转换为内在的思维和外在的再现，因此，西比奥克的符号学与心理学、认知科学联系紧密。

西比奥克对模式化系统的思考始于 20 世纪 70 年代，1970 年西比奥克参加了塔尔图第四届模式化系统夏季研讨班，并会见了洛特曼、伊万诺夫等塔尔图符号学派的代表人物。西比奥克在《符号学：现状调查》（"Semiotics：a survey of the state of the art") 一文中首次论述了模式化问题（余红兵，2016：120），《意义的形式——模式化系统理论和符号学分析》（*The Forms of Meaning：Modeling Systems Theory and Semiotic Analysis*，2000）较为集中和系统地论述了模式化系统理论以及意义的组织形式，把意义的生成过程视为各类模型或形式的转换过程，最终完成了西比奥克对模式化系统理论的建构。

　　谈及模式化系统①，就需要比较莫斯科－塔尔图符号学派文化符号学中（洛特曼、乌斯宾斯基、伊万诺夫等）所创立和倡导的模式化系统概念与西比奥克模式化系统的区别，它们都使用 modeling systems theory 这一英文术语，其主要区别可概括为如下几个方面：第一，关于定义。洛特曼1967年（Lucid，1977：7)② 给出了模式化系统的经典定义，即模式化系统是一个由元素及元素组合法则组成的结构，它和知识、思考或规则的对象整体处于一种固定的类比状态。因此，模式化系统可被视为一种语言。以自然语言为基础、获得补充性的超结构，从而创造出语言的第二层级，即二级模式化系统。第二，洛特曼提出的是二级模式化系统，自然语言构成一级模式化系统，以自然语言为基础构成的其他模式化系统为二极模式化系统，也即文化系统。模式化能力是物种认知和建构自己生活世界的能力。在西比奥克的三级模式化系统中，一级模式化系统是生物以感觉为基础的模式系统，是生物复制、拷贝和模拟自身和外界的先天能力；二级模式化系统是自然语言；三级模式化系统是文化。第三，西比奥克受到洛特曼、乌克斯库尔的影响，但选择了更为广阔的生物学为背景和基础；洛特曼受到维尔纳茨基生物学影响，同时也受到结构主义语言学、信息论、控制论等的影响，是面向文化领域的，具有语言中心主义、人类中心主义色彩。第四，西比奥克（Sebeok，1988：23)③ 公开评论过塔尔图学派的模式化系统理论：

---

　　① 张杰、康澄、余红兵把塔尔图学派的"modeling systems"译为"模拟系统"，余红兵把西比奥克的"modeling systems"译为"建模系统"，把"systems analysis"译为"诸系统分析"。王铭玉等将塔尔图学派的"modeling systems"译为"模式化系统"。

　　② Daniel Lucid. *Semiotics：An Anthology*. Baltimore：The John Hopkins University Press，1977. 转引自 T. A. Sebeok. *Signs：An Introduction to Semiotics*. Toronto：University of Toronto Press，2001：140.

　　③ T. A. Sebeok. "Language：how primary a modeling system?" In *Semiotics* 1987. Ed. John Deely. Lanham：University Press of America，1988. 转引自余红兵：《西比奥克建模系统理论与塔尔图学派的渊源》，《俄罗斯文艺》，2016年第4期：第122页。

"我认为苏联人的一级模式化系统和二级模式化系统是不正确的。很明显应该有三个，而不是两个，因为他们没有考虑语言产生之前所进化出的一切。"

2 托马斯·阿尔伯特·西比奥克的符号学说

〔美国〕欧根·贝尔（Eugen Baer）

霍巴特和威廉史密斯学院哲学系

Semiosis must be recognized as a pervasive fact of nature as well as of culture. In such matters, then, I declare myself not only as a Peircean but a (René) Thomist. (Sebeok, 1979a: 64)

符号活动必须同时被视为一个普遍的自然事实和文化事实。这样一来，我宣称自己不仅是一个皮尔斯主义者，还是一个托姆主义者。

2.1 西比奥克的事业和理论起点

这纯属个人猜测，我想借此机会公开承认，20 世纪 40 年代初期，我有幸在芝加哥大学一次研讨会上首次接触到莫里斯的符号学概念，准确地说是 40 年代中期，也就是在他的《符号理论基础》（*Foundations of the Theory of Signs*，1938）和《符号、语言和行为》（*Signs, Language, and Behavior*，1946）之间的那段时间。我也许是唯一一个能如此幸运的既和莫里斯一起研究，不久之后又和雅柯布森一起研究的人，他们两人在那些年间曾互相影响。（Sebeok, 1976: 155）

1920 年托马斯·阿尔伯特·西比奥克生于匈牙利首都布达佩斯，1937 年来到美国，先是追随他一生中最为重要的教授查尔斯·莫里斯在芝加哥大学学习（1941 年获得学士学位）。随后他进入普林斯顿大学（1943 年获硕士学位，1945 年获博士学位），在此期间纽约的罗曼·雅柯布森对西比奥克产生了重要影响。从 1943 年开始，西比奥克在位于布卢明顿的印第安纳大学讲授语言学、人类学和符号学，同时负责语言和符号学研究中心（the Research Center for Language and Semiotic Studies）的工作。1975 年成为美国语言学协会（the Linguistic Society of America）主席。1976—1980 年间，作为美国符号学协会（the Semiotic Society of America）的执行理事，西比奥克通过自己的积极倡导极大推动了协会的发展，1984 年成为该协会主席。

西比奥克出版和编辑出版了多部著作，涵盖语言学、符号学、人类学、动物行为学（ethology）的交叉研究。他的主要作品有《对符号学说的贡献》（*Contributions to the Doctrine of Signs*，1976）、《符号及其大师们》（*The Sign & Its Masters*，1979）、《默思游戏》（*The Play of Musement*，1981）。他从 1969 年开始担任《符号学》（*Semiotica*）杂志主编，至 1985 年出版了 55 卷。此外，他还是许多语言学和符号学系列丛书的编辑，包括《语言学研究现状》（*Current Trends in Linguistics*，1963—1976，共 13 卷加上 1 卷目录）、《符号学研究方法》（*Approaches to Semiotics*，1968—）、《符号学研究》（*Studies in Semiotics*，1975—1978）、《符号学进展》（*Advances in Semiotics*，1974—）、《当代符号学进展》（*Studies in Contemporary Semiotics*，1979—）、《纽贝里非言语行为研究系列》（*The Newberry Series in Nonverbal Behavior*，1979—1985）。

西比奥克符号学说的出发点是生物学。在这一点上，他确认自己与皮尔斯具有密切联系，皮尔斯在逻辑的基础上为符号学理论找到了起点，把宇宙的逻辑、生命的逻辑、语言的逻辑化约为一般符号关系的共性。与之类似，西比奥克把交际系统置于整个生物学范围，从细胞到动物到人，都处于符号的系统性相互作用框架中。在最广泛的意义上，这种相互作用被视为遗传学和语言学的汇合（Sebeok，1976：69）。

遗传学中的许多术语来自语言学和交际理论，正如最近雅柯布森（1974）所指出的，他强调了遗传代码和语言代码在结构和功能上的明显相似性以及同样明显的重要区别。这些观点亟须进一步阐释。非常确定的是，遗传代码必须被视为所有符号网络中最基本的并且是动物（包括人）所使用的所有其他符号系统的原型。从这一观点出发，分子是量子系统（quantum system），作为稳定的物理信息载体，动物符号系统，最后，文化符号系统，理解语言，在宇宙进化中组成了一个更加复杂的能量层级阶段的自然结果。然而，可以从统一的控制论观点出发，把语言描述为生命系统（living systems）。也许现在这还只是一个类比，如果还不能提供新的信息，希望能提供某种启示，遗传学、动物交际研究、语言学的交叉可能会导向对符号活动动态性的全面理解，最终会是生命的定义。

西比奥克在这段话中主张如此广义的符号学，即基于生物学，是对人类宇宙原则的一个回应（Barrow & Silk，1980）。根据这一原则，宏观物理宇宙的先决条件最初就被确定下来了，所以后来把人类生命带到了地球，这一状况的结果是使人类观察者成为宏观物理宇宙必不可少的一部分。西比奥克以一种相似的形式建构了遗传代码和语言间的同源关系，即作为预想主题的一个变体。在西比奥克看来，尽管符号活动具有无限多样性，但它们都发生在地球上两个一般符号系统的内部。第一个基础系统由遗传代码构成，地球上的所有生物似乎都表现出同样的结构。另外一个至高无上的符号系统是自然语言的语词代码，地球上所有人之间也表现出或多或少的相同结构。在这两个系统之间，各种各样的生命形式都在自然发展着，但都是关于"符号活动"这一个主题，西比奥克认为，符号活动是所有生命的组织原则和规范。

符号活动的最小结构是皮尔斯所创立的三元符号关系。根据这一结构，有机体和环境（Umwelt，使用乌克斯库尔的术语来表示环境，一个有机体根据它的组织和生物需要来建构环境）具有互指关系，因此，它们之间是一种相互符号关系。一个有机体作为它环境的一个符号载体发挥作用，即我们能从有机体的结构推出它环境的结构。反过来，环境作为有机体的符号载体发挥作用，对环境的分析能使我们推断出有机体的结构。有机体和环境是一种可逆关系，互为符号载体和符号对象。在有机体和它环境的意义平面基础上，这种关系成为可能，作为符号活动（称为代码）所必需的第三个成分发挥作用，并在符号载体和其对象间建立起意义关联。

在个体发生方面意义平面先于个体有机体，之后的各代生物被视为意义平面的积极解释链。意义平面自身在这一进化过程中发生变化，尽管这些变化只有在相当长时间以后才会被发觉。西比奥克认为，符号学基础在于生物的繁殖过程，一个符号只有通过在另一个符号中复制才能完成自我。生物就是自我复制的符号，它们通过持续繁殖来阐释环境，一个环境也是通过相同的过程产生，相反，生物被环境所阐释并获得它们的特定形式。

基于对符号活动的这种理解，西比奥克有意识地将符号学置于信息和交际理论的基础之上，就像德语世界的本特勒和比斯托伊纳（Bentele & Byström，1978）所致力去做的。符号活动伴随着信息传递，这已是无核原生物（monerans）的例子。被视为信息交换的符号活动包含着我们通常称之为生命的全域。谢林顿①（Sherrington，1963）认为，"生命"这个概念虽然非常有用，但不精确。我们传统上称为"生命"的东西也许最好理解为组织的一体化形式，一个能量系统与它周围另一个能量系统处于有序的交换过程中，它能同时是一个非独立（开放的）系统和独立（封闭的）系统，换句话说，同时是自我又是非自我。这两种状态之间的联系是通过代码建立起来的，正如西比奥克（Sebeok，1976：2）所指出的：

> 信息的发出和/或接收，或由无机物，如机器，或由有机物，比如动物（包括人），或由它们的某些部分来完成［比如，被称为核糖体的核糖核酸和信使核糖核酸，其承载的信息被以粒子形式读取，承载着氨基酸序列信息（Ičas，1969：8）］；也许有人会谈到心血管运行中的信息，从末梢血管到大脑，从那里到心脏然后回到大脑（Adey，1967：21）。有机物和无机物之间的相互作用（如人和计算机之间的交互）也可被视为一个符号学问题。

我们这里持一种最广义的符号学观。西比奥克认为，他进一步发展了由皮尔斯所确立的符号学传统。他自己的历史起点可追溯到更久远的古代医学。符号学最初等同于医学征候学。正如自然科学的起源在医学（Buchanan，1938：44），符号学最深的根源也在医学，西比奥克所坚持的观点正逐渐显现，一切领域知识的一般工具（尤其指推理法或逻辑系统的思维工具——译者注）都源于希波克拉底传统的符号学。

2.2　符号学传统历史概览

术语 semiotic 最早局限在医学领域，指人身体状态的感觉变化，即征候学，随后被斯多葛学派用于更广泛的意义，被约翰·洛克在《人类理解论》（1690）的 21 章中引入英语哲学话语（Sebeok，1976：63）。

虽然西比奥克合理地声称，至今还没有一部详尽的符号学史著作（1976：4n. 8，55），但他提供了一系列简要的系统性提纲（1976：3—26，59f.，150—156，181—185）。他最重要的史学纲要也许就是三个基本的符号学传统，正如他所说（1976：181）：

> 在符号学名人堂中，索绪尔的名字象征着语言亲缘关系以及层级性领域的扩展，而皮尔斯则是"整个符号历史哲学分析的继承者"（Morris，1971：337），现在显然已经成为当代所有描述人类智慧最深层起源的标准。第三，符号学所依赖的，很可能也是最深深扎根于其中的学科是医学，而最让人尊敬的人当然是希波克拉底（公元前 460 年—公元前 377 年），符号学之父（Kleinpaul，1972：103）。

根据西比奥克的观点，符号学说发源于医学，毫无疑问，至少部分原因是在古代社会环境中，医生、牧师、族长是同一个人，在客观方面对应医学、信仰、生活方式的同质性。比较民族学提供了许多医学和神话、医学诊断和神圣启示关系的例子。在有些文化中通过身体的征候来推断宇宙的征候，或者相反，这种方法是完全正常的。小亚细亚的前苏格拉底时期和中国道家（通过引用两个平行例子）把身体和宇宙理解为一个功能整体，成分之间处于一种和谐关系（小亚细亚是四种成分，中国是五种）。斯多葛学派和炼金术师们进一步发展了这种一体概念，他们认为宏观宇宙和微观宇宙具有同源性。在西比奥克（Sebeok，1976：125—126）努力下，在这一领域做出开拓性贡献的医生们引起了我们的注意，如塞克斯都・恩皮里克（Sextus Empiricus）和盖伦（Galen）。

> 征候学或符号学（cf. Sebeok，1976：53f.），最终发展为特别关注诊断学的一个医学分支，聚焦此时此地，同时投射到记忆中的过去和预测未来。［或者如盖伦（Galen，A. D. 130—? 200）所言："符号学分为三个部分，过去的知识、现在的检查和未来的规定。"］

1690 年洛克重新阐释了原医学术语"semiotic"，把它引入了认识论。西比奥克认为，医生们没能发现医学的符号学根基。大概是因为冯・贝塔朗菲

（von Bertalanffy，1950）对生物学的系统性哲学思考（Kant，1781；Hegel，1807），只是到了最近才将医学从心理分析和精神病学重建为一门交际科学。在美国主要的代表有帕罗奥图小组（D. D. Jackson，J. Haley，J. Weakland，J. Ruesch，G. Bateson，P. Watzlawick）和 Harley C. Shands（1970）。在德语世界需要特别提到的是维克托·冯·魏茨泽克（Viktor von Weizsäcker，1947）和图尔·冯·乌克斯库尔（Thure von Uexküll，1979c；reviewed in Baer，1981）。

在所有的当代符号学家中，西比奥克提及符号学说的医学起源次数最多，为医学符号学领域著作的出版付出了最多的努力（Shands，1970，1977；Ruesch，1972；Scheflen，1973；Baer，1975；Staiano，1979）。乌克斯库尔（Thure von Uexküll）编辑的《身心医学教科书》（*Lehrbuch der Psychosomatischen Medizin*），是西比奥克多年以来一直致力去做的经典案例，在更广泛的人类学和民族学框架内，即跨文化和生物学角度。

西比奥克符号学三元体系的第二个支柱是哲学，产生于前苏格拉底时期的本土医学，诡辩家们把它进一步发展成为一门特殊学科。从赫拉克利特继承过来的符号学遗产，扎根于德尔菲神谕（the Delphic oracle），并在宇宙意义中追求自我（Romeo，1979），经过了苏格拉底、柏拉图、亚里士多德，到斯多葛学派时第一次明确发展了符号学术语。然后中世纪的普罗提诺（Plotinus）和奥古斯丁（Augustine）将其发展为最终科学（语法学、逻辑学、修辞学）。约翰·普安索（John Poinsot，1589—1644），又称约翰·圣·托马斯（John of St. Thomas），出版了《论符号》（*Tractatus de Signis*，1632；Deely，1985：470），随后过渡到莱布尼茨（Leibniz）和英国的经验主义者们。莱布尼茨致力符号结构研究并尝试建立一个通用符号系统，之后的逻辑学家们，如布尔（Boole）、卡尔纳普（Carnap）、弗雷格、贡珀茨（Gomperz）、胡塞尔、兰伯特（Lambert）、皮亚诺（Peano）、拉塞尔（Russell）、塔尔斯基（Tarski）、怀特海（Whitehead），进一步推动了这一工作。英国经验主义者倾向于语义研究维度，如培根、边沁（Bentham）、贝克莱（Berkeley）、霍布斯（Hobbes）、休谟、洛克。除了这两种类型的研究，黑格尔把康德的先验哲学发展为一门辩证科学，其深刻的符号学维度有待研究。皮尔斯曾声称，他的哲学是"复兴黑格尔的一种特别形式"（c. 1892：1.42），归根结底，皮尔斯是

"现代符号学的真正奠基人和第一个系统研究者"（Sebeok，1976：5）。他将符构学和符义学进行了整合性研究，被西比奥克视为符号学三元体系的主要哲学代表。

索绪尔改造和重新开启的语言学是三元体系的第三个支柱（Sebeok，1976：11−12）。

> 皮尔斯是符号哲学分析整个传统的继承者，与皮尔斯相反，索绪尔的出发点和关注重心是语言。对他而言，符号的概念首先是一个语言事实，进而以某种方式扩展至涵盖人类的其他过程，特别是社会符号行为。索绪尔之前的洛克以及之后的许多学者，如布龙菲尔德，都声称"语言学是符号学的主要贡献者"（1939：55），魏因赖希（Weinreich）称自然语言是"最卓越的符号学现象"（1968：164），对索绪尔而言，语言在所有符号系统中占据主要地位。

索绪尔认识到，对阐释自然语言来说，一个普通符号学理论是必不可少的。为此，他对比了语言和人类的其他符号系统。与皮尔斯相反，索绪尔认为，语言模型为符号学提供了共同模型。西比奥克认为，虽然语言非常重要，但语言模型在符号学研究中的优势地位限制了普通符号理论，并牺牲了动物符号学。西比奥克坚持认为，从索绪尔的语言中心主义出发，很难把符号活动视为一个生物过程和人类社会过程。关于这一点，在洛克−皮尔斯−莫里斯模式和索绪尔模式之间存在着一种张力。然而，这种张力不应为符号学带来破坏性后果，而它们之间应是有益的、互补性的关系，正如罗曼·雅柯布森的研究所体现的。西比奥克（Sebeok，1976：152）指出："我在其他地方也指出过，现代符号学的这两种主要传统，即洛克−皮尔斯−莫里斯模式和索绪尔模式，正是在雅柯布森的著作中有效地结合起来的。"

虽然如此，在下面的第六部分，我们在讨论西比奥克与罗兰·巴特和勒内·托姆（René Thom）的分歧时，仍然会看到索绪尔和皮尔斯间另一种形式的张力。这两种观点的对立，可被粗略地称为"语言学"和"生物学"的对立，但对西比奥克而言，这个问题是如此重要，他不能把两者简单地综合在一起。对西比奥克而言，在这种张力中的危机也存在于整个动物符号学领域，西比奥克正是因为对动物符号学的命名和研究而成名的。

2.3 人类符号学和动物符号学

人类的整个交际技能由两类符号系统构成：人类符号系统，即人类专有的，和动物符号系统，即进化系列的终端产品。这两种系统常被混淆，但从人和某些祖先物种共享的动物符号系统中区分出纯粹的人类符号系统是重要的（Sebeok，1976：65）。

西比奥克（Sebeok，1963：465－466）1963 年引入了"动物符号学"（zoosemiotics）这一术语，用来指符号学说与动物行为学之间的相互联系。动物符号学是生物符号学的一个分支，但并不局限于动物的交际行为，这一点如今常被误解。与之相反，动物符号学还研究人类与动物共同的交际和信息过程。仪式化和形态学是两个中心概念。

1914 年朱利安·赫斯利（Julian Huxley）创造了"仪式化"（ritualization）这一概念用来表示凤头鹛鹏在求爱期间跳的"企鹅舞"。它把基因形成行为的排序和通道命名为"符号化"（semiotization）。西比奥克（1979a：29）把仪式化称为基因依存符号活动（the semiosis of gene-dependency），并把它和其他符号活动区分开（图 8-1）。

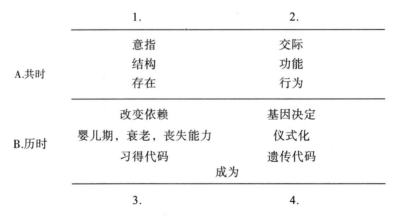

	1.	2.
A.共时	意指 结构 存在	交际 功能 行为
B.历时	改变依赖 婴儿期，衰老，丧失能力 习得代码	基因决定 仪式化 遗传代码
	成为	
	3.	4.

图 8-1　符号活动的四个变体（Sebeok，1979a：30）

当然，现实中符号活动的四种变体不能如此截然地区分开。在共时层面上，符号的自我依赖再现着它们的组织和结构。这是符号结构分析的对象，在交际科学中通过功能分析的方法研究依存性。在历时层面上，基因中介符号结构（如基因代码）和社会中介结构是区分开的（如交通代码）。但整个框架必须通过它所有成分的互动来理解，比如"发生"，例如当一个小孩学习母语时。根据西比奥克的观点，符号学研究仍处于婴儿期，需要首先学习它自己的母语，即符号学说的一般理论。忽略这一共同语言的后果是，我们地球上数以百万的生物学意义平面和仪式化，没有一种得到了充分研究。西比奥克的原话是（1976：87）：

> 对于一个完美图表的目标，不幸的是，这种状态仍未改变，虽然研究动物行为的文献现在非常丰富，而且还在快速增长，在使用的数百万代码仍未被人完全理解。甚至研究最充分的代码，调节蜜蜂（Apis mellifera）交际系统的代码也是如此。当这些蜜蜂做一些复杂动作的时候——它们著名的舞蹈，告知蜂伴们食物源或新的住处，已被广泛报道且现在已是一个熟悉的故事，但却鲜有人知，这些昆虫也通过声音手段传递信息。一些实验室的研究人员互相独立地开展工作，一直在尝试完成蜜蜂行为谱，尽管有些重要学者认为，蜜蜂通过声音交际是一种幻想的预断，蜜蜂确实使用声音交际，或许比预想的更复杂和重要。冯·弗里希（K. von Frisch）曾指出："蜜蜂的生命就像一口魔法井。你从中汲取的越多，就有更多的等待汲取。"当我们关于它们的交际能力和方法停留在更初级阶段时，关于所有其他无语言生物的生命无疑也是如此。

勒内·托姆（René Thom, 1974）借助数学拓扑学发展了一般生物形态学，它与仪式化的行为并列，甚至更加重要。我将在接下来的第六部分详细论述。一言以蔽之，对西比奥克而言，形式的生物生成或形态生成（morphogenesis）就是最卓越的符号功能，更准确地说，如我们在第一部分所讨论的，一个器官或有机体与它功能相关物（或环境）在结构上和功能上的相互关系。

西比奥克将人类符号学分别和动物符号学、生物符号学进行了对比。生物符号学研究所有生物的符号系统，而人类符号学只研究人类特有的符号系统。人类符号学的主要成分是语言，除了研究语词方面，还有代替语词的声音和视觉形式，比如有视觉、听力和言语障碍的人所使用的符号。语言交际的所有其他替代形式，比如僧侣的符号语言（Barakat，1975）、在澳大利亚和美洲特定人群使用的符号语言（Umiker-Sebeok & Sebeok，1978）、摩尔斯代码和相似的传输代码，也都属于人类符号学。苏联符号学家们（莫斯科－塔尔图学派）发现的第二模式化系统概念也属于人类符号学。这类系统作为世界的共同模型隐含在艺术、科学、文学、宗教、政治等领域中，最终可追溯到自然语言——第一模式化系统（Winner & Winner，1976），或维特根斯坦（1958）的"语言游戏"（languages games）。所有的第二模式化系统都是人类符号学系统。

在西比奥克看来，动物符号学和人类符号学之间的临界值并不突然。存在一个更加广阔的符号系统，传统上被视为人类符号学领域，但动物也具有这些特征（Sebeok，1979c；Sebeok，1981：210－259）。举例来说，今天我们有鸟类音乐学这一领域（Szöke，1963）。有可能鸟的旋律在系统发生学上影响了人类音乐的出现。除了音乐，还有其他形式的非言语艺术，它们可被视为人类符号学现象的动物符号学预示（prefigurements），比如猿类的抽象画（nonrepresentational painting）和有些鸟巢的彩色装饰。所有那些不是明显依赖语言的符号系统［比如动觉符号（kinaesthetic）、音乐符号、艺术符号、建筑符号］只要还未被证实为人类符号系统，就可被视为动物符号系统。西比奥克认为，这是一般性启发规则（1979a：40；1979c）。

语言和它的替代形式看起来确实是唯一的人类符号系统。在语言中，西比奥克发现了一条连接语言和基因代码生物学基础结构的原则（1976：86－87）：

> 动物交际系统的代码与任何语言都很不同，前者仅相当于动物物种所使用信息的总清单，而一门真正的语言总是遵循结构原则，语言学家们称之为"双重分节"（double articulation）或"二元模型"（duality of patterning），包括一个受规则控制的装置，从有限的、小单位（即一致的二元区分特征）建构无限的更大单位序列（比如自然语言中的句子）。达尔文经过细致观察发现了这个非常强大的具有生产能力的层级装置："低等动物与人的唯一区别在于人类将完全不同的声音和意义连接起来的无限能力"，这句话在地球进化中似乎出现了两次，每一次都具有惊人效果：同样的结构原则指出了基因代码（Beadles 称之为生命的语言）和言语代码（我们自身的语言能力）。然而，这一点至今还未在任何其他动物交际

系统研究中得到确认（顺便说一句，包括美国西部圈养的黑猩猩，它们最近受到了以前只给予瓶鼻海豚的那种宣传，瓶鼻海豚是过去事实和小说中逐渐褪色的明星）。因此，"动物语言"这一说法在科学上是不准确的，即便是比喻用法也具有很大的误导性。

在西比奥克看来，这个独一无二的结构类比说明需要一门比较符号学，它的研究对象除了大量的人类符号系统，还有其他两百多万种现存动物的信号行为。西比奥克自己的研究证明了，动物符号学对于符号学分类的总体事业而言是卓有成效的。

2.4　对符号分类和符号系统分类的贡献

现在已经可以设想一个非人类中心主义的动物行为学的符号学框架。看起来，一种成熟的综合即将实现，即可为多样化的符号活动对比分析提供一个新的范式和方法论，从一端的两种紧密联系的聚合物语言（polymer languages）到另一端的上千种自然语言，在每一种有机体的体内和体外都有信息编码和传递装置。符号活动独立于形式或实质，因此被视为生命存在的一个普遍范畴特征（Sebeok，1976：93）。

从西比奥克的比较符号学立场出发，符号不能按照传统的区分方式来分类，即从亚里士多德开始的语言符号使用者和非语言符号使用者的区分。西比奥克的生物学基础使他看到，语言符号（即人类符号）只占据相对较小的一部分，这个观点体现在他的一个图表中（图8-2）。

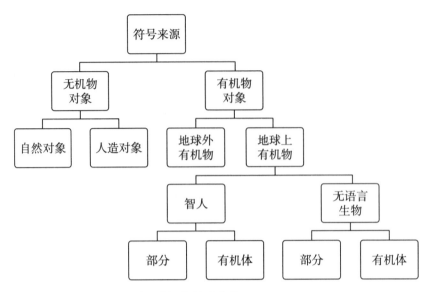

图 8-2　按照来源的符号分类（Sebeok，1976：27）

　　这一模式局限于生物且其组成部分都是活的，是基于符号来源或符号生产者的，即从输入的角度，信息交换开始的编码阶段。这是一个极度简化的图示，但当我们站在符号接收者一方引入相同的模式时，情况就马上变得非常复杂，即一个交际情境反馈链的另一方，随之也引发了分类目的的第二个观点，即发送者和接收者的互动。在动物发送者和接收者参与下，符号互动或发生在单独物种内或发生在两种或多种物种之间，其中一种可以是人或机器（Hediger，1967）。人类专属的信息交换可进一步分为个体内的，这种情况下只需一个参与者（比如内在言语或自我对话），人际的（如，一个对话除了"我"，还要求"你"），多主体交际［爱斯基摩人口语传统中，神话讲述者是以多对多形式，而非个人对个人（Carpenter，1960；Sebeok，1976：28）］。西比奥克坚持认为，符号学范式的职责在于为还未发现相关性的学科和观点找到共性：

　　　　一条人类信息也许是针对一台机器的，或拟人化的超自然事物，如咒语或对神的祈祷（Sebeok，1962a）；与祖先精神的交流在许多文化中是很常见的，比如在新几内亚（Eilers，1967：34—36）。反之亦然，生物可能从环境中获得符号，参照回声定位现象（Griffin，1968），或想要接收符号，"在卡利马科斯（Callimachus）及其模仿者的一些短诗中，石头被想象为正与行人对话"（Hadas，1954：50—51），或从星星和星球的位置，手掌线的长度和相互交叉，羊的肠子，茶杯中残渣的位置，简单地说，那些虚假的符号占卜术有各种不同的称呼，如占卜术（augury）、占星术（astrology）、相手术（palmistry）、占卦（haruspication）等（Kleinpaul，1888：Ch. Ⅲ；Kahn，1967：92）。

符号分类中的第三个因素是传输媒介或渠道，将发送者和接收者、输入和输出连接起来。西比奥克（1976：30）按照渠道标准制作了一个符号分类简表（图8—3）。

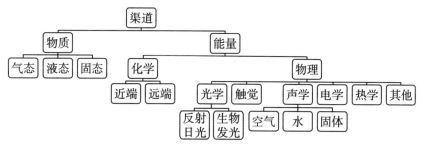

图8-3　基于渠道的符号分类简表

如果我们从图8-3中拿出一个单独成分并进一步细分，我们马上就能了解西比奥克符号学视野的宽度。西比奥克（Sebeok，1979a：48）已经做了有声符号的分类（图8-4）。

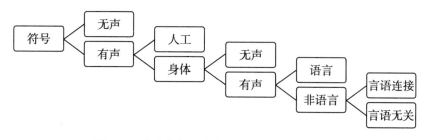

图8-4　有声符号的分类（Sebeok，1979a：48）

西比奥克想把符号学的研究领域扩展至更加广泛的和大部分领域还未被研究的动物符号学，这体现在他的第四个观点上，即建议符号的分类标准可依据只由身体产生的符号（organismal）和借助工具产生的符号（artifactual）。人类符号系统和动物符号系统都可以这样区分。西比奥克（1979c）经常熟练地展示动物中大量和丰富的符号系统。1971 年在一篇文章中，西比奥克描述了动物王国中使用符号工具的情况（Sebeok，1976：30-31）：

> 把现有客体和人工制品作为工具使用，在动物界是一个非常普遍的现象，从蛾和蜘蛛到鸟、獭和其他灵长目动物。比如，坦桑尼亚贡贝溪保护区的黑猩猩们建筑巢穴，选用特定的树叶饮水或洗澡，使用棍、树枝和草去抓白蚁、获取蜂蜜，或作为嗅觉探针；它们还用石头砸坚果，用棍棒和石头示威（van Lawick-Goodall，1968）。黑猩猩的工具行为较典型地展示了人和动物使用工具的双重功能：首要的增强功能和次要的符号功能。相比纯身体符号，动物的工具符号有时具有非常特别的形式，比如鲍尔鸟（bower birds）在求偶期会用闪耀的天然珠宝装饰它们的巢穴（Gilliard，1963）。

或许西比奥克对符号学说的最大贡献在于，他将符号学核心概念系统地应用于动物世界。从 1971 年开始，他不知疲倦地投身于证实不但在人类领域，在其他动物领域也存在信号（signal）、症状（symptom）、综合症状（syndrome）、像似符（icon）、指示符（index）、规约符（symbol）。面对这一巨大研究领域，我仅希望通过西比奥克的三个基本概念——像似符、指示符、规约符来首先说明西比奥克的定义，然后简要概述他的部分评论。有关这一主题参见西比奥克不同时期的文献（Sebeok，1968，1972，1976，1979a，1979b，1979c）。

2.4.1　像似符（icon）

> 当一个符号的能指和它的所指对象（denotata）处于一种拓扑相似性关系时，我们把这个符号称为像似符（Sebeok，1976：43）。

对一个人而言，一个蚜虫的腹部可指另一个蚂蚁的头部（图 8-5）。蚜虫是为蚂蚁提供食物的小型昆虫，蚂蚁把震动的触须放在蚜虫的背上，刺激蚜虫分泌甘露供蚂蚁食用。这种有趣的关系似乎源于蚜虫腹部和蚂蚁头部的相似性，这种相似性人类至今仍未解释清楚。在西比奥克看来，我们这里讨论的是肖像（effigy），像似符的一个次类。根据乌克斯库尔的术语（1920），他把蚜虫身体后部与蚂蚁身体前部的相似性称为"像似释放图式"（iconic releasing schema，Sebeok，1979a：14），认为其引发了蚂蚁行为链模式。

图8-5　蚜虫和蚂蚁，A 像似符，B 对象（Sebeok，1979a：13）

这把行为学分析和符号学分析简化为一个公分母。然而必须指出的是，与作为观察者的我们相比，西比奥克为动物建立的像似性（iconicity），只有当蚂蚁的接收器官（比如眼睛、触须、气味的信息素感觉）被理解为像我们的视觉感知那样，对蚜虫的后部编码才站得住脚。让我们回忆一下，雅各布·冯·乌克斯库尔（1940）一生都在努力让人们注意到这一谬论，即用我们的术语来设想动物的感知模式。

2.4.2　指示符（index）

> 当一个符号的能指与它的所指是一种临近性关系，或是它的一个样本，这个符号被称为指示符（Sebeok，1976：43）。

在 Picoidea 家族的指示物种中有一种食蜡鸟（wax-eating birds），是广为人知的蜂蜜向导（Sebeok，1979a：14-18）。这些鸟跟随特定的哺乳动物，如蜂蜜獾、狒狒、人类等，找到野蜂巢。这是差异较大的两个物种的共生现象。这种鸟能找到那些位于几乎难以到达的树枝上的蜂巢，但不能打开它们。上面提到的那些哺乳动物不能轻易找到隐藏很好的蜂巢，却能轻易打开它们。这一物种和其他物种便构成一种伙伴关系。举例来说，这种鸟可接近美洲土著（有时土著用信号召唤鸟）并在土著跟上它们之前不断鸣叫。虽然鸟在上下来回飞翔时张开白色羽毛的尾巴非常引人注目，这种蜂蜜向导主要还是依靠不断的鸣叫声来指示路线，只有当它们看到目标即飞翔的蜜蜂或听到蜂鸣才放低叫声。这种鸟并不把蜂蜡蜡作为食物。由此可得出这样的结论：除了变异和自然选择外，在这种指示意义的形成上，必然还有其他因素发挥了作用。但目前还不知道到底是哪些因素。此外，个体发生之谜，强调和强化了这种系统发生问题。这种蜂蜜向导是一种巢寄生，抚养它的"继父母"与此事没有任何关系，因此，就出现了它是如何习得这种指示行为的问题。

2.4.3 规约符（symbol）

符号的能指与所指对象（denotata①）间不具有相似性或临近性，只有约定性且其所指（designatum）具有意图性，这类符号称为规约符（Sebeok，1976：43）。

所谓的气球苍蝇是肉食类舞虻科（Empidiae）的一员，它会在求爱期为雌性提供一只捕获的昆虫作为"结婚礼物"（Sebeok，1979a：18）。当交配时，雌性吮吸捕获的昆虫。交配后雌性会丢下这一礼物，如果它还饥饿，就会把已经没用的配偶吃掉。奥斯滕（Osten-Sacken）发现，舞虻科苍蝇中的另一个品种（Hilara sartor）的雄性会提供给雌性一个空气球，结婚礼物只是一个空包裹。按照西比奥克的观点（Sebeok，1979a：19），我们在此面对的是"美国梦的实现—— 一个空空如也的包裹"。雌性专注于打开包裹，雄性可以顺利地交配并维持它的幸福。空气球显然只是一个完全任意符号。对这个规约符号的发现挽救了雄性气球苍蝇的生命。

西比奥克用它的三个生物符号学故事展示了动物对像似符、指示符、规约符的使用，他像皮尔斯（1902：2.303）一样坚持认为，像似符、指示符、规约符的区分并不是一个互相排斥的三分法。同一个符号可能具有所有这些方面的特征，一个给定的符号，即使具有不确定性，但仍按照它的主导方面来界定（Sebeok，1976：121）。

---

① Designata 是 designatum 的复数形式，译为"所指对象"或"涉指"，是所指的具体化，如我们在动物园看到的大象是"大象"的涉指。

2.5 内符号学（endosemiotics）和外符号学（exosemiotics）：符号自我

> 生命只不过是以一个符号的形式生产另一个符号（Sebeok，1979a：xiii）。

西比奥克与浪漫主义者的共性不仅在于他们对自然界华丽的系统性秩序的称赞，他还对自我/非自我的对立以及通过相关镜像形成的极性感兴趣，然而西比奥克和浪漫主义者之间存在着如下区别：西比奥克把这种镜像关系扩展至整个生物秩序并以符号学的形式重构。以这种方式，雅各布·冯·乌克斯库尔把康德的系统扩展至动物世界，与诺瓦利斯（Novalis）和黑格尔的辩证逻辑关联起来，这种关联具体化为一对概念：内符号活动（endosemiosis）和外符号活动（exosemiosis）。

为了理解这种极性，有必要从诺瓦利斯和黑格尔的表述以及它们在西比奥克著作中的转换谈起。诺瓦利斯（Novalis，1901：239）认为，只有当自我（ego）还是一个非自我（non-ego）的时候才是自我。黑格尔（Hegel，1807：239−240）把非自我视为自我的一种翻译（meta-phora，trans-latio），通过自我的行为来实现（Hegel，1973：227）："行为只是把最初的隐性存在翻译为显性存在。相应的，一个个体直到通过行为把自己变为现实时，才知道自己真正是什么。"这里的环境（Umwelt）被视为内在世界（Innenwelt）的再现或对立面。从这到西比奥克那里只不过是术语的变化。对西比奥克而言，内在世界与环境是以符号的方式连接的；外在和内在的关系是如此密切，"从内在获得的最少量信息都是外部环境的可靠指示"（Shands，1976：303）。西比奥克把机体内发生的符号活动称为内符号学（endosemiotic），而外符号学（exosemiotic）则是包括有机体及其环境的符号活动。广义代码控制着内符号活动和外符号活动间的双向翻译。自我和非自我世界的边界遵循着一条有趣的生物调节韵律，从睡眠状态下几乎完全去除边界到抵御敌人时有机体的高度紧张状态。

内符号学和外符号学把这些调节过程作为它们的对象，西比奥克称为"符号自我"（1979a：263—267）。这里的"自我"，一方面是免疫系统，另一方面是焦虑信号系统，这些系统互相补充。西比奥克把这些视为记忆系统，免疫系统大部分是生物学继承的，焦虑信号系统大部分是习得的。器官或有机体内化，它们按照一个总代码把上述自我和非自我的边界保存下来。按这样的方式，调节了内符号活动与外符号活动间摇摆的平衡，因此，必须被视为具有复杂符号功能的交际系统，如果它们不能对信息做出正确反应，就会对自我产生破坏性影响。在进化中，免疫系统必须尽早出现。随着信息过程不断增强符号的复杂性，为了繁殖后代，特别是哺乳动物的解释焦虑信号系统，以一个补充符号系统的形式发展起来。

西比奥克相信，地球上的生命源于一个单一的原始模式，和叔本华的观点一致，西比奥克把"自我"视为生命主题的一个优化变体，因此，作为一个可区别的符号，被赋予了重新生产特定区别作为同一现象变体的惊人能力。

2.6 西比奥克的 "托姆主义"（Thomism）

在我看来，法国博学家勒内·托姆是符号学的富矿，给符号学说发展为一门科学理论指明了方向（Sebeok，1979a：viii）。

西比奥克《对符号学说的贡献》（Contributions to the Doctrine of Signs，1976）主要是审视符号学并检验它的术语。三年之后出版的《符号和它的大师们》（The Sign and Its Masters，1979a）展示了一般符号学作为"科学工具"的整体威力（Morris，1971：17），延续了亚里士多德和培根的工具论概念。由于这个原因，西比奥克（Sebeok，1976：156）高度评价了法国数学家勒内·托姆：

至少在我看来，进化论的生物学和人类学框架中朝向符号学思维定义的运动代表着20世纪这一领域中唯一真正的创新和明显的整体趋势；至今，在这一方向上最大的进步归功于法国拓扑学家勒内·托姆的完美想象力……

西比奥克把符号学的研究对象——符号，视为我们人类和世界的构成材料。如果按照海德格尔（Heidegger，1959）和维特根斯坦的观点，我们关于世界的经验是以语言为中介的，那么，即使把语言作为研究对象，我们还是被语言包围着。在西比奥克（追随皮尔斯的观点）看来，不仅语言，所有符号都是这样的。我们在符号中就像身体在时间和空间中一样，我们用符号思考和感知，我们自己以及我们对符号的分析都是由符号产生的（Peirce，c.1895：2.302）。西比奥克认为，符号学具有某种特殊的整体力量，因为，思考者、思考行为以及所思考的内容都属于符号范畴（Romao，1976）。

皮尔斯和西比奥克都认为，符号的区分特征就是所谓的"三级范畴"，它连接着符号载体和符号对象。物理学家乔治·伽莫夫（George Gamow，1904－1968）喜欢讲关于匈牙利贵族们的故事，他的《一，二，三……无限》（*One，Two，Three ... Infinity*，1959）就以两个匈牙利贵族的故事开头，这两个贵族决定玩一个游戏，谁说出最大的数字谁就赢。

> 好吧，其中一个说，你先说个数字。
>
> 经过几分钟的认真思考，第二个贵族最终说出了他能想到的最大数字。
>
> 三，他说。
>
> 现在轮到第一个贵族思考了，但十五分钟后，他最终放弃了。
>
> 你赢了，他说。（Gamow，1959：15）

这个故事和其他所有关于匈牙利贵族和布达佩斯花花公子们的故事能为我们提供关于复杂事项的重要线索，对我们而言，就是关于符号的区分特征。就像黑格尔在《现象学》（*Phenomenology*，1807）开篇指出的，一旦一个人意识到对立物在第三个成分中相互包含，那么，他就达到了思维的无限性，因此，皮尔斯发展了三级范畴，把它作为符号学的区分范畴，或在某种意义上，是最大的符号学数字（c.1890：1.363）。符号载体与内容、能指与所指、是与否、在场与不在场、主体与客体、自我与非自我、有限与无限、生与死之间通过三级范畴连接起来（c.1890：1.359）。这是"从第一到最后的过程"（c.1890：1.361），因此，本质上是中介、阐释、某种中观场景。在最基本的原型形式中存在一个悖论，三级范畴符号既是连接符号载体与内容的桥梁，同时又能维持它们之间的断裂。因此，最好再现为一个包含着扭曲的变形循环，就像莫比乌斯环（Moebius strip，Lacon，1966）的跳跃，内外互换。托姆把这类循环称为"突变"（catastrophes），即原型形式再现非连续性中的连续性，图示符号（schematic signs）模拟生命所有形式的形状及变化，从有机体和器官到经济增长和通货膨胀。有机体－环境相互反馈环（the organism-environment mutual feedback loop，Uexküll' Wechselwirkung）是这类突变循环的范式，也是西比奥克生物符号学论文的基础。对托姆和皮尔斯而言，一个有机体应被视为它周围环境的解释符号，反之，环境也是对有机体的解释。洛特曼（Lotman，1971：96）指出："'相等但不同'这个矛盾公式是每一次交换的基础"，这把哲学话语的惯用表达即"一致性悖论性的包含差异性"（Heidegger，1957）置于符号学研究的中心。这种说法很恰当，因为一个符号不仅是不在场的一个在场，还是由非连续性"突跃"或相异性构成的一个连续性整体，其最简单的几何图像是辩证的图形/背景关系（figure/ground，图8-6），一个图形指示另一个图形作为它可能性的条件。

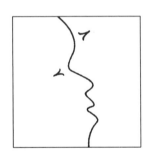

图8-6　图形－背景（Ehrenzweig，1967：23）

我们似乎需要简单的几何图形来解释复杂的符号学问题，不仅如古希腊哲学家们所言"上帝永远是一个几何学家"，而且如皮亚杰（Piaget，1971）所充分证明的，感觉运动图示在所有知识和行为中占据核心位置。托姆对西比奥克吸引力的部分原因在于这一事实，即他用几何学的形式和符号学方法解释了基本的生物生产。西比奥克（1979a：vii）指出："把问题从传统的形而上学领域带入几何学，虽然犹豫不决，但托姆的新贡献变得非常有价值、有启发性。"

托姆把拓扑学巧妙地运用于符号学领域受益于雅各布·冯·乌克斯库尔的意义理论。乌克斯库尔的长子图尔·冯·乌克斯库尔（Thure，1979：39）指出，西比奥克因为"发现雅各布·冯·乌克斯库尔对一般符号学理论的贡献"
而应该获得赞誉。对西比奥克（1979a：12）而言，乌克斯库尔"不仅预示了
一条控制论基本原则，而且清晰解释并举例证明了我所引用的皮尔斯（1906：
5.448n. 1）关于符号学的权威原则，'整个宇宙都充满了符号……'"西比奥
克认为，乌克斯库尔的意义理论加强了他的"符号活动是生命的范畴属性"这
一观点。他在托姆的突变理论中看到了在类比理论中发现这一属性的尝试，其
目的在于确定"原型拓扑结构清单以及它们的组合规则，能够形式上模式化自
然界所有动态和静态的形态学"（Sebeok，1978：25）。

　　鉴于托姆的理论对西比奥克如此重要，让我们简单列举托姆的一个类比，
即他的抓握形态学（the grip morphology，图 8-7）。托姆假设，抓握形态学
产生于一个称为"吸引子"（attractor，图 8-8）的原始符号（Ur-Zeichen，
比如一个点、一条线、一个圈）。当吸引子进入自我竞争时，或用亚里士多德
的术语"自我反省"，一个"再生产"就出现了，托姆在所谓的"分叉突变"
过程中发现了这种结构（图 8-9）。分叉突变是双向过程的典型形式，如再生
产、重复、一致性、翻译。如果第三个吸引子插入了分叉或被捕获，那么，我
们就有了一个抓握原型（a grip archetype，图 8-10）。

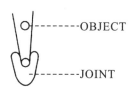

图 8-7　抓握形态学（The grip morphology，Thom，1975：306）

图 8-8　吸引子（the attractor）

图 8-9　分叉突变（bifurcation catastrophe）

图8-10　抓握原型（the grip archetype）

　　抓握这样的基本形态几何化的威力，在于对不同层级形态发生的适用性，从有机体的生长到思维的发展。比如，有机体抓握它的对象类似于一对钳子的上下颚之间，即接收器符号和效果器符号之间（Thure von Uexküll，1979a：46）。我们在以下对象里也看到相同的抓握：在骨头结构中（膝盖、肘、手）；在行为图中（抓、攫取、抱）；在工具结构中（钳子、剪刀、起重机）；在内化的感觉运动图中（即图式）；最后，通过符号学延伸，在概念思维中［concept源于拉丁语 capere，意为"抓住"（to capture）］，正如语言表达中所清晰表明的"抓住想法"（grasping a thought），"想法的吸引力"（the gripping power of an idea）。甚至西比奥克符号学的基本模型都受益于抓握原型，正如我们在第一部分已经论述过的，他（Sebeok，1979a：Ch. 3）认为，符号学研究领域一边局限于基因代码，另一边局限于语言。如果从更广泛的功能应用角度看抓握原型，比如在捕食者和猎物的功能循环中，这一关系具有深刻的符号学本质，因为主体和客体间同时存在着悖论性的统一和区别。托姆（Thom，1975：299）指出，饥饿的捕食者与它的猎物是同质的（consubstantial），"猎物的形象支配着捕食者的思维。在某种意义上，神经系统是这样一种器官，它允许动物变成自己之外的某种存在，一个异化的器官。外部的猎物一旦被捕食者感知和识别，它又变回了自己，它瞬间从猎物的角度转换为自己的角度"。

　　在符号学的这些公式中，主体-客体关系被视为一种镜像关系（mirror-image relation），或更确切地说，被视为一种回声现象（Thure von Uexküll，1979c：78），赋予我们谈论一门根植于符号学的科学理论的新范式（Thure von Uexküll，1979b），生命及其现象学被视为意义跳跃，托姆的突变理论中列出了它的基本结构。西比奥克在托姆的突变理论框架下设想了一门"生物学符号科学"和一门"符号学意义上的生命科学"（1979a：34）。当他有理由对这个强大的综合理论保持乐观时，托姆自己坚持认为，像德尔菲神谕一样（他相信在 2500 年后他重新表述了这一神谕对符号活动的洞见），还不确定它的未来影响（1977：621）。

突变理论持辩证的、赫拉克利特式的宇宙观，世界就是"逻各斯"（logoi）间、"原型"（archetypes）间持续冲突的连续空间。这也许和心理分析具有相同的命运。毫无疑问，弗洛伊德心理发现的基本要素是真的。但关于这些事实的知识本身只有有限的实践结果（尤其是针对精神障碍的治疗）。正如伊利亚特的英雄只能通过祈求对立神（比如雅典娜）的力量，才能对抗波塞冬的旨意，我们也只能通过反对的方式才能限制一个原型行为，在模糊的对抗中，一个对立原型的结果必须保持不确定。在某种特定的情况下能扩大我们行为可能性的原因，在其他情况下却无能为力。特定突变具有不可避免性，比如疾病和死亡。知识不再一定是成功或生存的保证；它也可能是我们失败的必然性因素，我们的结局。

2.7 生命形式和语言形式

Willst du ins Innere der Physik dringen, so lass dich einweihen in die Mysterien der Poesie.

——Friedrich Schlegel，1799：266

如果你想深入物理学，那就去了解诗歌的奥秘。

——弗里德里希·施莱格尔

Poetry is indeed something divine. It is at once the centre and circumference of knowledge; it is that which comprehends all science, and that to which all science must be referred.

——Percy Bysshe Shelley，1821：32

诗歌确实是某种神圣的事物。它是知识的核心和边界；它能理解所有的科学，在它看来所有科学都必须指向诗歌。

——雪莱

西比奥克从符号学角度将亚里士多德关于人的定义"有理性的生物"（the

living being that possesses the logos) 拓展为一个整体的生命和生物。"逻各斯"（logos）并不是在狭义上被理解为"语言"（language），而是符号（sign），是一个图示把有机体和环境组成乌克斯库尔意义上的环境。语言模型在符号学中的优势地位问题又一次出现了，这在东方（如莫斯科－塔尔图学派）和西方都是一个有争议的问题。西比奥克的动物符号学为语词模式赢得地位（语词符号系统）做出了巨大贡献。关于这一点，他与法国符号学家罗兰·巴特的争论构成他符号学系统的重要内容。

西比奥克在巴特"只有命名才有意义"这句话中，看到了和普罗泰哥拉（Protagoras，希腊哲学家，约公元前 480—约公元前 410）取自柏拉图《泰阿泰德篇》（*Theaetetus*）格言一样的傲慢，即"人是万物的尺度"（man is the measure of all things）。然而，重要的是坚持这样一种观点：动物符号学是以语言为中介的。动物符号学与所有其他科学的共性在于，它是皮尔斯（1868：5.283）意义上的一个人类符号建构。

> ……每当我们意识到某种感觉、形象、感知或其他再现时，它都是一个符号。但它因我们的存在而存在（这一点被无知和错误的发生所证实），我们所感知的每一个事物都是我们自身的现象化表现。

因此，知识的自传方面——集体的或个人的——就被曝光了。我们关于世界的经验基本上是以语言为中介的，实际上是我们自己生命形式的一种显现。从人类符号学角度看，人类的生命是语言，并且语言总是一种生命形式（Baer，1980）。

将托姆和霍尔顿（Holton，1973）做个比较是有益的。托姆把"所有形态发生归因于冲突，是两个或多个吸引子间的争斗"（Thom，1975：323），并将这一方法与前苏格拉底时期阿那克西曼德①（Anaximander）和赫拉克利特做了比较，他们"用人类和社会起源（冲突、不公等）的词汇来解释物理世界的出现"。他为这种无法避免的拟人化申辩说："根据以下可靠的直觉：控制自然现象进化的动态情况基本上和控制人和社会进化的情况是一样的。"（Thom，1975：323）他在几何原型中而不是在语言符号结构中为此找到了根据。根据托姆（Thom，1975：323）的观点，几何原型对于所有生命形式包

---

① 希腊哲学家和天文学家，他猜测宇宙是由一个原生质的相反品种分裂产生的。

括语言是很常见的："当我们把'信息''消息''计划'这些词用几何图形来表示时，正如我们的模型所努力去做的，就不存在反对使用这些术语了。"

霍尔顿（1973）持与托姆相反的观点，认为生命形式与语言形式既对立又互补。霍尔顿指出，在气泡室照片（类似于某种几何形式）中可以看到，核物理学家用生命周期的术语来描述核粒子的生产。一些粒子遇见了其他粒子，与它们互相作用；它们像人一样互相吸引或排斥；它们经受力的作用，被捕获或逃脱。它们活着和衰退。霍尔顿（Holton，1973：106-107）说："……正如在巴比伦和希腊，家庭关系被投射在天上用于命名星座，核物理学家把人类关系映射到他的设备和数据上。"

霍尔顿的观点是，几何形式通过语言来表达意义。巴特也持同样的观点。必须强调的是，存在着需要中介的事物，这正是托姆的互补性论题：语言的存在与基本的形态发生学原型有关。整个争论可辩证的总结如下：主题在图示中找到它在"生活中的位置"，反之亦然。

关于世界的语言中介论题，最深刻之处在于，当语言无法满足我们的经验时，即在那些情况下，语言破坏了或变得不适合使用，导致我们无法言说。黑格尔（Hegel，1807）和弗洛伊德（Freud，1925）把否定逻辑发展到极致，即沉默是最卓越的语言现象。因为某种原因，它成了我"不能说"的符号，也正是这个原因，我断言在最深层的意义上语言是相关的。在这种情况下，沉默变成了一个符号，语言的根基不在语言中发现，而是如黑格尔以单一方式所展示的，必须进入它的对立面。

当一个人凭直觉认识到，我们关于世界描写的所有分类直接或间接地与语言相关，那么，只有用它自己的术语来颠倒辩证关系并研究非语言（至今仍被理解为一个语言结构）才是合适的。从西比奥克的生物学优势观出发，这一领域完全是符号学的。世界的语言中介观并不需要承认语言模型是符号学分析的主导。与之相反，为了展示语词符号系统与非语词符号系统间的互相包含，这些分析模型和规则必须在每个系统内产生。西比奥克（Sebeok，1979a：158）坚持认为："对土著居民原始符号语言的分析，像对视觉符号系统的分析一样，因为占主导的语言概念和方法而让人困扰。"他自己以及与吉恩·乌米克-西比奥克合作，就这个主题出版了 2500 多页的著作（Sebeok & Umiker-Sebeok，1976；Umiker-Sebeok & Sebeok，1978），1986 年 Plenum 出版社出版了关于寺院的符号语言的著作。西比奥克展示了人类符号学与动物符号学的相互前提条件，比如托姆的突变理论，自治与他治的相互作用。这也是索绪尔《普通语言学教程》中的一条核心观点，他（Saussure，1906－1912：168－169）写道："无论我们从哪个角度研究语言，语言都是一个复杂的存在；总是不同术语之间的复杂平衡。"

2.8　图腾与禁忌

"先生，恐怕我不能自我解释"，爱丽丝说（对着毛毛虫说），"你看见了，因为我不是我自己……"（Carroll，1886：49－50）

伽莫夫（Gamow，1959：15n.）报道了一个令人愉快的故事，故事讲的是一群匈牙利贵族在阿尔卑斯山徒步旅行时迷路了，其中一个拿出地图，研究了好久之后，大声说："现在我知道我们在哪里了。""哪里？"其他人问道。"看到那边那个大山了吗？我们就在它的山顶上。"

我们很难更充分地描绘符号活动中发生的替换和转换。在皮尔斯的无限符号活动概念中，一个解释项不是从它自身而是从它所不是的某物获得意义，即从另一个解释项获得意义，如此这般，以至无穷（Peirce，1902：2.303），所有意指都是从自身到他者，将两个异质成分组成一个整体。一个符号总是一个关于自我和他者的功能单位，因此，是内在隐喻性的（传递，转移），它的意义总是从那个非他引进的。这个原则适用于动物符号学，我们所熟悉的图腾崇拜是最早的意指系统之一，我们可以观察在这一过程中它的工作机制。关于这个主题的两本相对较近的杰作，弗洛伊德的《图腾与禁忌》（*Totem und Tabu*，1913）和列维－斯特劳斯的《野性的思维》（*La pensée sauvage*，1962）可作为我们的灵感来源。

弗洛伊德描写了自足性或自我联合（孩子与母亲）的恋母情结，阻断并强调了对于一个孩子而言，通过成为他者来找到自我身份的必要性。在俄狄浦斯原型中的父亲，他者也不是绝对自足性或完全权威的保证人，对弗洛伊德而言，通过杀死父亲这个事实实现其象征化。弑父触发了替代品的链条（经常是图腾动物），原则上是无限的，结构上再现皮尔斯的无限符号活动。我们可以借助符号学的悖论性公式来总结弗洛伊德的主要论点，自知之明是对他人的认识，自我指称总是指向他者。

列维-斯特劳斯采用了相似的方法研究图腾，他认为神话系统基于自然与文化的互相抑制，神话现象学存在于同源性形态学（1962：123）。

人类符号学与动物符号学的同源性结构显示出两种经常混淆的神人同形同性论（anthropomorphism）。第一个和不可避免的说法，即人类符号学是由世界的语言中介构成的。世界与我们建构的模型是一致的；在我们的描述之外不存在世界，世界依存于我们对它的各种不同描述。但那些认定和评价拟人论不同程度的人，假设存在一个独立的和有意义的世界，他们把一个所谓的客观世界命名为他们层级性的尺度。假设这样一个尺度是错误的，然而，既然我们打交道的世界是以语言为中介的，则只有在语言中介框架下世界才是有意义的或无意义的。神人同形同性论没有这种等级性。关于世界的所有描述都是平等的人类描述。

还存在着第二种神人同形同性论，但它可以被合法地删除，西比奥克的动物符号学对此做出了重要贡献。这在于未能从语言中介中认识到这样一个事实，即所有现实都与主体相关，西比奥克将术语"主体"理解为适用于所有有机体。西比奥克的许多研究构成乌克斯库尔环境的重要进展，把符号分类引入动物王国并在具体的功能圈中展现它们物种特性的应用性，它们将交际渠道以及发送者和接收者的互动归属于一个新的符号学研究。

这种研究避不开的一个例子是西比奥克对"聪明的汉斯"（Clever Hans）的分析，认为接收者（即名字叫汉斯的这匹马）有数数能力是错误的，数数的反应实际上是得到了人类发送者的暗示（图 8-11）。此外，在那些声称动物已经习得了一种自然语言的例子中，西比奥克展示了对符号状态的错误解释。借助聪明的汉斯现象，西比奥克认为，人类-动物二元关系是通过模仿的传播，动物借此对人类的非言语符号如肌肉运动做出反应。人类却错误地把这些反应解释为对语词符号的反应。聪明的汉斯现象于是成为西比奥克交际镜像效应的范式，发送者以失真形式（或转换形式）从接收者那里收到自己的信息（Lacan，1966）。对父母-孩子二元关系来说也是这样，同样适用于主体-客体和有机体-环境二元关系。西比奥克的生物学定位，动物（即聪明的汉斯这匹马）是传统的身-心或自然-文化问题的原型，而不是人类。对西比奥克而言，符号学的核心问题仍然是内符号活动如何变成外符号活动以及相反，或换句话说，内在世界（Innenwelt）如何变为环境（Umwelt）以及相反。

图 8—11　**Blondie and Clever Daisy**

我们可以看出，为什么西比奥克对医学符号学表现出如此浓厚的兴趣（Sebeok，1984）。医学总是抓住肉体（soma）和灵魂（phyche）的关系作为生与死的一个存在问题，现在似乎在符号学中发现了一个语言的整合形式，正如图尔·冯·乌克斯库尔（Thure von Uexküll，1979c：48）所指出的：

> 符号学能为医学获得重要意义，特别是身心医学（psychosomatic medicine），通过帮助我们克服身体和心灵的二分以及分解为不同技术术语的威胁（生理学的、心理学的、社会学的）。在信息理论框架下，（主观）抱怨和（客观）诊断之间的根本差异将变得不相关。

2.9　翻译中的符号学

> 一个和尚问赵周："一条狗有觉醒的天性吗？""没有"，大师回答。有一次另外一个和尚问他："一条狗有觉醒的天性吗？"赵周回答："有。"（Thich Nhat Hanh，1974：59）

西比奥克的《符号和它的大师们》一书以布达佩斯的一个故事开始（1979a：ⅶ）：

> 两个布达佩斯的花花公子见面时，其中一个也许会碰到熟悉的政治隐喻的前半句："今年是过渡年。"对方很可能会回以一个叹息而不是笑声："是啊，今年肯定比去年差，但肯定比明年好。"

西比奥克的作品是符号学从单面的隶属语言学模型到基于生物学的环境研究的一个过渡。这种过渡表现在西比奥克和布拉迪（Sebeok & Erica Brady，

1979a：168－179）合著的《希罗多德的历史》（*Herodotus' Histories*）中关于克里萨斯王的故事中。克里萨斯王神话对西比奥克的作用，类似俄狄浦斯对弗洛伊德的作用。我们在其中看到了从人类符号学向动物符号学和生物符号学的转移。这种符号最高程度的合并被发现于克里萨斯王的两个儿子身上。一个儿子叫阿迪斯（Atys），有雄辩的口才和解释的特殊天赋。另一个儿子没有名字，又聋又哑。在逆转的命运中，又聋又哑没名字的儿子开始说话，他因此救了他的父亲。另一个儿子却因为他的口才被送往沉默的坟墓。德尔菲神谕预言了这种意外逆转。女祭司（Pythia）声称，神谕懂得无法言说的他。

西比奥克在这则故事中看到了他自己的历史和命运。他的动物符号学指向了缺乏言语的符号学分析，但这看起来却包含着真正的富有和符号学的真正之谜。

3　托马斯·阿尔伯特·西比奥克符号学核心文献

［1］T. A. Sebeok. *Contributions to the Doctrine of Signs*. Lanham：University Press of America，1976.

［2］T. A. Sebeok. *The Sign and Its Masters*. Austin：University Press of Texas Press，1985.

［3］T. A. Sebeok. *The Play of Musement*. Bloomington：Indiana University Press，1981.

［4］T. A. Sebeok. *I Think I Am a Verb*. New York：Plenum，1990.

［5］T. A. Sebeok. *The Forms of Meaning—Modeling Systems Theory and Semiotic Analysis*. Berlin and New York：Mouton de Gruyter，2000.

［6］T. A. Sebeok. *Global Semiotics*. Bloomington and Indianapolis：Indiana University Press，2001.

［7］Myrdene Anderson. Thomas Albert Sebeok（1920－2001）. *American Anthropologist*，No. 1，2003，105（1）：228－231.

［8］余红兵：《西比奥克建模系统理论研究》，南京师范大学博士学位论文，2014 年。

4 关于《托马斯·阿尔伯特·西比奥克的符号学说》的思考

西比奥克（Thomas Ablert Sebeok，1920—2001）跟随莫里斯学习了人类学和符号学，他将人类学、生物学、神经认知科学、控制论、信息论等知识融入符号学研究，指出生命与符号活动是同义的，符号活动是生命的标准属性，除了自然语言，还存在着声音、气味、运动、颜色、形状、磁场、波、触觉等生命符号形式。全球符号学无疑是对语言中心论和人类中心论的超越，将符号主体的范围不断扩展：人→动物→生物→宇宙。

西比奥克1976年创造了内符号学（endosemiotics）和外符号学（exosemiotics）概念，对有机体而言，在它私有的环境界以外不存在任何东西。由此可推断，环境界是一个复数性存在，即每一个个体有自己的环境界，它通过自己与周围环境（包括植物、动物、空气、水、土壤等）的互动建构自己的生活空间。另一个普遍的符号关系是个体发生层面自我（self或ego）与他者（other或alter）的对立（Sebeok，1989d）。由自我与他者的对立引发符号过程的内在与外在对立关系，正是内在与外在对立使有机体进入其周围生态系统中，与其他生命系统发生互动与关联。这样一来，西比奥克宏观上把符号学分为元符号学、对象符号学、应用符号学，微观上探讨基因代码、新陈代谢代码、神经代码等，发展了动物符号学、植物符号学、生物符号学、环境符号学、菌类符号学、机器符号学等学科方向。

西比奥克从广义的符号概念出发研究交际行为、动物行为以及一般的交际和意指活动，将符号分为六类（信号、征候、像似、指示、规约、命名），通过模式化系统理论（modeling systems theory）来表示意义形式的模型，这些模型又分为符号、文本、代码、喻体四种形式，构成他符号学思想的重要内容。西比奥克发展了莫斯科-塔尔图符号学派的二级模式化系统理论，将人类语言产生之前的非言语符号纳入考虑范围，提出了三级建模系统：非言语的一级建模系统、语言二级建模系统、文化三级建模系统。

马丁·克兰佩恩（Martin Krampen）1981年提出植物也有符号活动，倡导植物符号学（phytosemiotics）。克兰佩恩（1981：195）举例说明植物符号过程，树叶的形状是能指（signifier），雨滴的物理行为是所指（signified）。将雨滴和树叶连接起来的代码是树对于营养的需要。克兰佩恩（1981：187）

认为，植物符号学（phytosemiotics）是关于植物的符号学，探究植物的符号过程，与研究人类交际的人类符号学（anthroposemiotics），以及探究发生在动物物种内部和之间符号过程的动物符号学（zoosemiotics）是并列关系，这三个领域一起构成生物符号学（biosemiotics）。西比奥克认为基因代码是一个符号学网络，正是基于基因代码发展出生命的无限可能性，与之相似，通过语言代码人类符号过程的认知无限性得以发展。

1991年西比奥克提出细菌符号学（mycosemiotics），乌克斯库尔（Thure von Uexküll，1993：5，9）将西比奥克（Sebeok，1974a：213）内符号活动（endosemiosis）延伸至指称所有真核生物细胞内的符号传递过程，并把有机体视为层级化的符号活动网络（web of semioses），发生在细胞内的第一级符号活动称为微符号活动（microsemiosis），第二级信息网络称为细胞符号活动（cytosemiosis），第三个编码过程通过神经细胞网络把细胞组合为器官，进一步将西比奥克关于内符号系统的基因代码、免疫代码、新陈代谢代码和神经代码的分类假设向前推进。就研究范围而言，真核细胞符号学属于内符号学进而属于生物符号学。

西比奥克提供了符号学的三个传统：源于希波克拉底的医学符号学或医学征候学，医学是符号学最深的根源；源于索绪尔的语言符号学；源于皮尔斯的哲学符号学。从前苏格拉底时期的本土医学开始经过苏格拉底、柏拉图、亚里士多德，到斯多葛学派时第一次明确发展了符号学术语，到中世纪的普罗提诺和奥古斯丁发展为科学即语法学、修辞学和逻辑学。皮尔斯是"现代符号学的真正奠基人和第一个系统的研究者"（Sebeok，1976：5），他整合了符构学和符义学研究，是符号学三元体系的主要哲学代表。雅柯布森（Jakobson，1971：698）最早将符号学定义为探究所有类型信息交际的学问，西比奥克（Sebeok，1974a：212）在雅柯布森研究基础上提出，"符号学的主题是信息交换及其符号系统基础。"

从亚里士多德开始发展起来语言符号和非语言符号的划分，认为语言是人类范畴化的主要工具，也是人类知识的起点。索绪尔（1981：103－104）认为："语言学可以成为整个符号学中的典范，尽管语言也不过是一种特殊的系统"，符号首先是一个语言事实，进而是一个社会事实，对索绪尔而言，语言在所有符号系统中占据主要地位。西比奥克则认为，正是语言中心论导致人类中心论，从而因为语言过于重要的位置限制甚至遮蔽了生命的真正形式或其他交际形式。在语言中心论和人类中心论主导下，很难把符号活动视为一个生物过程。基于这一认识，西比奥克从整个生物学领域考察交际，从细胞到动物再到人，提出遗传代码才是所有符号网络中最基本的原型，而并非语言（Sebeok，1976：69）。西比奥克持广义符号学观，除了语言代码符号系统，还存在遗传代码符号系统，这是地球上两个最普通的符号系统，而符号活动是所有生命的组织原则和规范。符号活动的最小结构是皮尔斯所创立的三元符号关系即符号载体、对象、解释项，不同于以往对主客体关系的认识，西比奥克强调主体（有机体）与客体（环境）是一种相互符号关系或可逆关系，互为符号载体和对象。遵循这一逻辑，我们可以得出这样的结论：自然创造了人，同时人在自己的环境中创造了自然。符号活动就是一个信息交换过程，整个生命就是一个符号活动。一个能量系统与它周围的另一个能量系统处于有序交换过程中，因此，该能量系统同时是自我和非自我、独立和非独立、开放的和封闭的。

西比奥克（Sebeok，1963：465－466）于1963年提出"动物符号学"（zoosemiotics）① 这一概念，但强调动物符号学并不局限于研究动物的交际行为，还要研究人类与动物共同的交际和信息过程，其中"仪式化"（ritualization）和"形态学"（morphology）是两个核心概念。所有那些不是明显依赖语言的符号系统（如动觉符号、音乐符号、艺术符号、建筑符号等），只要还未被证实为人类符号系统，就可以被视为动物符号系统。一个基本的差别是：人类符号系统的主要成分是语言，次要形式是视觉、听觉、触觉等。马克思认为，人与动物的主要区别是会制造和使用工具。在达尔文那里，人与动物的唯一区别是人能将完全不同的声音和意义连接起来的无限能力。西比奥克不赞成"动物语言"的提法，认为这一表达具有极大的误导性，动物并不具备人类语言的双重分节功能。

西比奥克的动物符号学为符号活动研究提供了更宽泛的领域，也提供了新的范式和方法论。符号活动存在于每一种有机体的体内和体外，呈现为信息编码、传递和解码，因为，符号活动是一种独立于形式或实质的存在，是生命的

---

① 1963年西比奥克完成了《动物符号学的概念》（"The notion of zoosemiotics"）一文，1977年收录在《动物如何交际》（*How Animals Communicate*）一书中，并将题目改为"Zoosemiotic components of human communication"。

普遍范畴特征。西比奥克还根据符号主体（发送者和接收者）、符号主体间的互动关系以及符号传播渠道提出了符号的分类和符号系统的分类模型，但他对符号学说的巨大贡献是他将符号学核心概念系统性地应用于动物世界，或者说他发展了动物世界适用的符号学概念系统。西比奥克把有机体内发生的符号活动称为内符号学，有机体及其环境中发生的符号活动称为外符号学，内符号活动和外符号活动都受到代码的制约和控制。

符号学具有某种特殊的整体力量，人、人的思考与认知、人与世界的互动都是以符号为中介的，人是符号的动物，"整个宇宙都充满了符号"（CP 5.448n. 1）。符号既连接对象与意义，同时又维持它们之间的断裂，因此，我们世界中的是与否、在场与不在场、主体与客体、自我与非自我、有限与无限等的连接与断裂需要符号（或三级范畴）。需要指出的是，西比奥克是在勒内·托姆"突变理论"框架下设想和建构生物符号学的，因为突变理论下，世界就是逻各斯（Logos）间、原型间持续冲突的连续空间。逻各斯已经从亚里士多德的理性、语言升级为符号。西比奥克曾把符号学类比为拼图，学者们对于采用哪些符号碎片以及它们在符号学中的相应位置很难达成一致意见，因此，关于一幅完整符号学版图的设想在让人激动的同时，也存在误导的可能，这也许就是至今我们还没有看到一份详尽的符号学史纲的原因。更深层的原因或许是符号思想历史久远、深刻广博、学派纷呈。西比奥克的全球符号学将皮尔斯"宇宙沉浸在符号之中"的断言发展为一个学科领域。三级模式化系统理论和模式化系统分析方法，赋予了人类的模式化系统处理神话与现实之间的差异问题的能力。

美国在符号学世界版图中的位置不言而喻，但美国符号学的边界并不容易划定，科学家可以有国籍，但科学无国界。美国符号学人数众多，往往从不同的学科领域涉及符号学研究，如语言学、诗学、人类学、教育学、哲学、信息论、神经科学、控制论、生物学、伦理学等，基本涵盖了人文科学和社会科学甚至自然科学的交叉与互动，遵循着西比奥克全球符号学的设想向纵深发展。